역설계

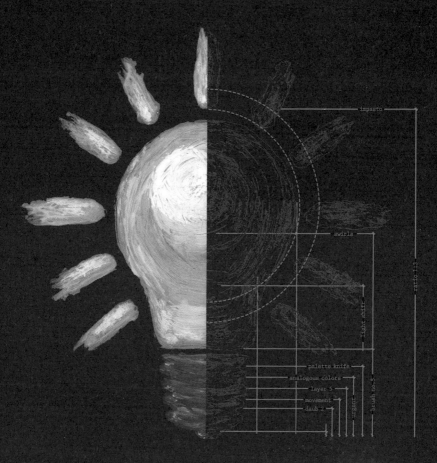

DECODING GREATNESS 역설계

숨겨진 패턴을 발견하고
나만의 설계도를 만드는 법

론 프리드먼 지음 | 이수경 옮김

어크로스

모험을 감수하는 것과 사랑하는 이들의 손을 잡는 것과
(거의) 모든 요리에 레몬과 딜을 넣는 것이
중요하다는 것을 가르쳐주신 할머니께

차례

제1부
탁월함의 암호를 푸는 역설계 접근법

제2부
나만의 설계도를 완성하는 4가지 기술

서론

가진 자의 전략을 내 것으로 만드는 가장 유용한 기술

• • ● • •

스티브 잡스는 뒤통수를 맞았다는 사실을 알았지만 이미 너무 늦어 버렸다.[1] 기자회견도 끝나고 뉴스도 다 나간 상태였다. 먼저 움직인 애플의 유리함이 사라질 것이라는 불안감이 그를 휩쌌다.

때는 1983년, 캘리포니아주 쿠퍼티노. 잡스가 약 7년 전 공동 창업한 컴퓨터 회사 애플은 놀라운 성장세를 이어오고 있었다. 몇 년 후면 월 스트리트에서 10억 달러 이상의 가치로 평가받게 될 회사였다. 하지만 잡스는 애플의 야심 찬 혁신 제품 매킨토시의 출시를 불과 6주 앞두고 허를 찔렸다는 사실을 알게 됐다.

잡스를 당혹케 한 소식의 근원지는 쿠퍼티노에서 4000킬로미터도 더 떨어진 뉴욕의 헴슬리 팰리스 호텔이었다. 수많은 기자가 모인 화려한 행사장의 무대에 오른 빌 게이츠가 마이크로소프트에서 사용자 친화적인 운영체제를 개발할 계획이라고 발표했다. 매킨토시와 비슷한 점이 한둘이 아닌 운영체제였다.

당시 컴퓨터는 직관적 사용이 가능한 오늘날의 컴퓨터와 완전히 달랐다. 1983년에 컴퓨터로 뭔가 작업하려면 키보드로 텍스트 기반의 명령어를 입력해야 했다.

애플의 매킨토시는 혁신적인 두 가지 특성을 자랑했다. 멋진 그래픽 디스플레이와 마우스였다. 사용자들이 어려운 컴퓨터 명령어와 더는 씨름할 필요가 없었다. 이제 매킨토시에서는 그저 마우스로 클릭만 하면 되었다.

잡스는 매킨토시를 세상에 공개할 날을 손꼽아 기다리고 있었다. 이제 한 달 뒤면 그의 회사가 퍼스널 컴퓨터의 세계에 혁신을 몰고 오게 될 터였다. 그런데 그 시점에 게이츠가 윈도우인지 뭔지 하는 새로운 운영체제를 만들겠다고 공표하고 나선 것이다.

잡스는 부아가 치밀었다. 어쨌거나 그에게 게이츠는 경쟁자가 아니라 제품 납품업자일 뿐이었으니까. 잡스는 애플 컴퓨터에 들어갈 소프트웨어를 개발할 회사로 마이크로소프트를 선정했고 그동안 게이츠한테 충분히 잘해줬다고 생각했다. 그와 함께 이런저런 콘퍼런스에 참석했고, 애플 행사에 초대해 무대에 함께 섰으며, 그를 자신의 측근처럼 대우했다. 그런데 이런 식으로 되갚다니?

"빌 게이츠 오라고 해." 잡스는 사내의 마이크로소프트 담당 직원에게 지시했다. "내일 당장!" 게이츠가 미국 동쪽 끝에 있다는 사실은 안중에도 없었다.

다음 날 잡스의 지시에 따라 임원들이 애플 회의실을 가득 채웠다. 마이크로소프트 쪽 사람들과 마주했을 때 기선을 제압하려는 심산이었다. 하지만 쓸데없는 준비였다. 게이츠는 혼자 나타났다. 게이츠는 어색하게 걸어 들어와 당장 총살형이라도 집행할 기세의 애플 직원들을 마주했다.

잡스는 기다렸다는 듯이 게이츠를 공격하기 시작했다. "이렇게 뒤통수를 치다니!" 잡스가 소리치자 부하들이 일제히 게이츠를 쏘아봤다. "당신을 믿었는데, 우리에게서 도둑질을 하고 있어!"

게이츠는 조용히 듣고 있다가 아무도 예상치 못한 말을 툭 던졌다. 방 안의 모두가 어안이 벙벙할 지경이었다. "음, 스티브, 이 문제는 다른 시각으로 볼 수도 있을 것 같은데요. 우리 둘에게 제록스라는 부자 이웃이 있었는데 내가 TV를 훔치려고 그 집에 침입했다가 당신이 이미 훔쳐 갔다는 사실을 발견한 것과 비슷하다고 봐요."

게이츠는 윈도우가 자신의 독창적 아이디어가 아니라는 사실을 인정했다. 하지만 마우스를 이용하는 그래픽 기반의 운영체제가 스티브 잡스의 독창적 아이디어라고 인정할 마음은 없었다. 애플이 언론에 퍼뜨리는 영웅적 이야기들은 전혀 중요하지 않았다. 게이츠는 진실을 알고 있었다. 매킨토시는 애플의 발명품이 아니었다. 그것은 뉴욕주 로체스터의 복사기 회사 제록스의 제품을 역설계(reverse engineering)해 탄생시킨 결과물이었다.

스티브 잡스가 아직 고등학생이던 1970년대에 제록스는 존립의 위기를 느꼈다.[2] 제록스 경영진은 앞으로 종이 없는 사무실의 시대가 되는 것이 불가피하다고 생각했다. 가만히 넋 놓고 앉아 그런 미래가 도래하는 것을 지켜보기만 할 수는 없었다. 그들은 혁신에 시동을 걸고자 캘리포니아주에 팰로앨토 연구소(PARC, Palo Alto Research Center)를 설립했다. PARC는 혁신 기술을 쏟아내는 아이디어 발전소로 급부상했다. 흔치 않게도 탄탄한 자금력, 모험적 시도를 장려하는 문화, 최상의 지리적 위치라는 삼박자가 맞아떨어진 덕분이었다.

PARC에서 탄생한 수많은 발명품 중에는 개인용 컴퓨터도 있었다. 대부분의 사람들이 잘 모르는 알토(Alto)라는 컴퓨터다. 알토는 훗날 매킨토시의 핵심이 될 많은 특징을 구현했다. 컴퓨터를 더 쉽게 사용하게 해주는 그래픽 유저 인터페이스와 마우스가 대표적이다. 알토가 매킨토시보다 10년 먼저 개발됐다는 점만 달랐을 뿐이다.

제록스는 알토가 가치를 지녔음을 알았지만 '얼마나' 가치 있는지는 깨닫지 못했다. 그들은 알토를 일류 대학이나 대기업에서 관심을 가질 만한 고가의 사무기기로 여겼다. 그럴 만도 했다. 오늘날 가치로 치면 한 대 가격이 10만 달러를 훌쩍 넘는 데다 최소 의무 구매량이 다섯 대였던 알토는 아무리 돈 많은 부자라도 선뜻 구입하기 힘들었다.

제록스의 시각에는 맹점이 있었다. 제록스의 경영진들은 1940년대와 50년대에 성인이 된 사람들이었고, 이들은 자판을 두드리는 것은 비서가 하는 일이라고 생각했다. 컴퓨터가 가정의 필수품이 되는 세상을 상상하지 못한 것이다. 그랬기 때문에 많은 방문객 앞에서 기꺼이 알토의 시연을 보여줬을 것이다. 그중에는 스티브 잡스도 있었다.

잡스는 알토를 보자마자 완전히 매료됐다. "당신들은 엄청난 걸 갖고 있군요." 알토를 보여주며 설명하는 제록스 엔지니어에게 그가 한 말이다. 설명회가 진행되는 동안 잡스가 흥분을 억누르려고 애쓰는 게 확연히 보였다. 중간에 불쑥 "제록스에서 왜 이걸 활용하지 않는지 도저히 이해가 안 가는군요"라고 말하기도 했다.

PARC에서 나온 잡스는 서둘러 애플 사무실로 향했다. 답답하고 고루한 제록스 경영진과 달리 그는 이 기계의 중요성을 간파했다. 잡스는 그 자리에서 컴퓨터의 미래를 보았다고 확신했다. 그는 팀원들을 향해 말했다. "바로 이거야! 우리가 해내야 돼!"

PARC에서 돌아온 다음 날부터, 마우스를 이용하는 그래픽 유저 인터페이스를 개발하는 일이 애플의 핵심 프로젝트가 됐다. 하지만 알토를 그대로 모방할 생각은 없었다. 잡스는 알토보다 더 나은 제품을 만들 수 있다고 확신했다. 알토와 달리 버튼이 하나만 있는 단순한 마우스를 만들고, 컴퓨터의 그래픽을 최대한 이용해 예술적인 폰트를 개발할 생각이었다. 또 개인용 컴퓨터를 대중화할 수 있도록 터무니없이 비싼 가격을 대폭 낮출 기술적 해법도 찾아야 했다.

그러나 이 모든 것에 앞서 잡스는 자신이 원하는 것을 설명하고 그것을 직원들이 제대로 이해했는지 확인했다. 그는 알토에 대해 기억나는 것을 빠짐없이 설명했다. 기능, 특성, 디자인의 세세한 부분까지 말이다. 애플 엔지니어들은 알토가 조립된 방식과 원리에 최대한 가깝도록 그 기능과 구조를 그려내는 역방향 작업에 착수했다. 그렇게 파악한 정보를 활용해 세상을 깜짝 놀라게 할 새로운 컴퓨터를 탄생시키겠다는 것이 그들의 목표였다.*

...

스티브 잡스의 접근법은 보기 드문 특별한 것이 아니었다. 적어도 실리콘밸리에서는 말이다. 실리콘밸리는 역설계를 통해 얻은 통찰력을 바탕으로 하루가 멀다 하고 혁신 제품이 탄생하는 곳이었다.

만일 컴팩(Compaq)이 IBM의 퍼스널 컴퓨터에 역설계 관점으로 접근해 휴대용 컴퓨터를 개발하지 않았다면 지금 내가 이 글을 쓰는 노트북 컴퓨터는 존재하지 않았을 것이다.[3] 내가 손에 쥐고 있는 마우스에

---

* 이 일화를 듣고 잡스와 게이츠에 대해 어떤 판단을 내려야 할지 혼란스러울 독자를 위해 약간의 상황 설명이 필요할 듯싶다. 몇 가지 사실을 짚고 넘어가자. 첫째, 제록스는 일반 소비자를 위한 저렴한 컴퓨터를 제작 및 판매할 계획이 없었다. 대다수 사람들이 알토를 모르는 것은 잡스가 그 아이디어를 훔쳤기 때문이 아니다. 제록스가 이 기술의 잠재력을 깨닫지 못했기 때문이다. 둘째, 게이츠가 매킨토시를 보기 전부터 마이크로소프트는 이미 그래픽 유저 인터페이스를 개발하고 있었다. 잡스는 그 사실을 몰랐지만 게이츠 역시 제록스의 컴퓨터에 매혹돼 있었다. 마지막으로, 잡스도 게이츠도 단순히 제록스의 기술을 똑같이 모방하는 것은 원치 않았다. 그들은 각자만의 방식으로 그 기술을 한층 개선하려고 애썼다. 애플은 사용자 친화적인 컴퓨터를 만드는 데 주력했다. 마이크로소프트는 저렴한 가격을 중요하게 여겼다. 이들은 가치에 비해 충분히 활용되지 못하고 있는 아이디어를 발견하고 그것을 더 발전시키려고 노력한 것이다.

는 제록스에서 영감을 받은 스티브 잡스의 영향도 묻어 있지만, 마우스를 발명한 원래 주인은 제록스가 아니다. 마우스의 발명자는 스탠퍼드 대학교 연구원 더글러스 엥겔바트(Douglas Engelbart)로, 그는 1964년 내부의 금속 원반을 이용해 움직임을 인식하는 작은 나무 상자 모양의 프로토타입을 만들었다.[4] 제록스도 당연히 엥겔바트의 발명품을 알고 있었다. 엥겔바트의 연구실은 PARC에서 불과 9분 정도 떨어진 거리에 있었다. 내가 이 글을 쓰는 데 사용하고 있는 도구인 구글 문서도 하루 아침에 느닷없이 생겨난 것이 아니라 기존 워드 프로세싱 어플리케이션들에 대한 면밀한 분석 과정을 거쳐 만들어진 것이다.[5]

역설계, 즉 대상을 체계적으로 분해해 내부 원리를 알아내고 중요한 통찰력을 뽑아내는 접근법은 기술 업계에서 목격되는 흥미로운 특징이기만 한 것이 아니다. 상당히 많은 혁신가들이 역설계 접근법의 기질을 타고나는 듯하다.

마이클 델은 열여섯 번째 생일에 선물로 받은 애플 II를 켜보지도 않았다.[6] 대신 조용히 자기 방으로 가져가 문을 닫고는 그것이 어떻게 조립돼 있는지 살펴보기 위해 분해하기 시작했다(부모님으로선 아연실색할 일이었다). 몇 년 후 그는 델컴퓨터(Dell Computers)를 세우고 고객이 원하는 사양대로 맞춤형 컴퓨터를 주문받아 판매하는 차별화된 비즈니스 모델을 택했다. 구글의 래리 페이지는 아홉 살 때 형이 준 드라이버로 아버지의 전동 공구를 분해하며 놀았다.[7] 아마존 창업자 제프 베이조스의 어머니 재클린은 늘 아들이 여느 아이들과 다르다고 느꼈다.[8] 그것을 확실히 깨달은 것은 이제 막 걷기 시작한 아들이 유아용 침대를 분해하는 모습을 보고서였다.

강한 호기심은 역설계를 추동하는 한 요인이다. 그리고 기술 업계의 개발자들이 이 접근법을 활용하는 데에는 현실적인 이유도 있다. 기존 운영체제와 호환되는 소프트웨어를 만들려면 해당 운영체제의 기능을 역분석해야 하는 경우가 많기 때문이다.[9]

앱의 획기적인 기능이 세상에 공개되기 전에 '미리' 발견하는 과정에서도 역설계 접근법이 중요한 역할을 한다. 26세의 제인 만춘 웡(Jane Manchun Wong)은 홍콩의 앱 전문가다.[10] 당신에게는 낯선 이름일지 몰라도 그녀는 온라인 세상에서 슈퍼스타다. 그녀는 실리콘밸리에서 가장 자주 입에 오르내리는 트위터 계정 중 하나를 갖고 있다.

웡은 이를테면 탐정이다. 코드를 샅샅이 뒤져 앱 개발자들이 은밀히 테스트하고 있는 미공개 기능을 찾아내기 때문이다. 스마트폰이나 태블릿의 앱이 업데이트될 때는 일련의 새로운 프로그램 지시가 포함된다. 때때로 이 지시들의 일부 영역은 사용자 입장에서는 비활성 상태이고 개발자들만 알 수 있다. 웡이 활약하는 것이 이 지점이다. 그녀는 비활성 코드를 자세히 분석한 후 머지않아 소비자에게 서비스될 예정인 흥미로운 최신 기능을 찾아내 그 소식을 자신의 트위터에 올린다.

웡의 트위터 계정에는 페이스북, 인스타그램, 스포티파이, 에어비앤비, 핀터레스트, 슬랙(Slack) 등에서 제공할 획기적인 기능을 공식 서비스 개시 전에 미리 알고 싶어 하는 스타트업 설립자, 프로그래머, 기술 업계 기자들이 모여든다. 비밀리에 테스트되던 중 윙이 알아내 세상에 알린 많은 프로젝트에는 스포티파이의 노래방 기능, 인스타그램에서 게시물의 '좋아요' 수를 타인에게 보이지 않게 하는 기능, 페이스북의 새로운 데이팅 서비스 등이 있다.

확실히 실리콘밸리는 역설계에 익숙하다. 기술 분야의 혁신가들은 역설계를 통해 동시대인들로부터 배우고, 뛰어난 아이디어를 발판 삼아 진보하고, 시대를 앞서간다.

만일 당신도 그렇게 할 수 있다면 어떨까?

■ ■ ■

역설계가 IT 분야에서 꽃을 피운 데는 그만한 이유가 있다. 변화의 속도가 엄청나게 빠른 이 분야에서 성공하려면 민첩한 정보 수집과 학습이 꼭 필요하기 때문이다. 만일 당신이 실리콘밸리에서 성공하고 싶다면 업계의 중요한 혁신을 잡지 기사나 전문가 콘퍼런스를 통해 알게 돼서는 안 된다. 그때는 너무 늦다. 선두를 지키기 위해서는 획기적 발견과 유용한 기술, 중요한 트렌드를 늘 훤히 꿰뚫고 있어야 한다.

이런 이야기가 당신이 현재 일하는 업종과는 상관없는 것처럼 느껴질지도 모르지만 그 생각은 곧 바뀔 것이다. 실제로 변화는 이미 시작돼 진행 중이다.

1980년대 말 코넬대학교와 듀크대학교의 두 경제학자가 우려스러운 추세를 발견했다.[11] 갈수록 많은 시장에서 소득이 최상위 소수 개인에게 집중된다는 사실이었다. 그들은 과거에도 프로 스포츠, 팝 음악, 할리우드 블록버스터 영화 등 대중에 노출되는 화려한 직업군에서 그런 현상을 목격했었다. 그런데 이제는 달랐다. 균등하지 않은 부의 분배 현상이 급속도로 퍼져 회계사, 의사, 대학 교수 등 덜 화려한 직업에서도 나타나고 있었던 것이다.

이런 변화가 생긴 이유가 무엇일까? 이 두 경제학자 로버트 프랭크(Robert H. Frank)와 필립 쿡(Philip J. Cook)이 1995년 공저《승자독식 사회》에서 설명했듯이, 기술 발전에는 종종 골치 아픈 부작용이 따른다. 기술 발전은 좋은 일자리를 차지하려는 경쟁을 가속화하고 이것이 '승자독식' 시장에 일조하는 것이다.

프랭크와 쿡은 기술 발전이 경쟁을 심화시키는 양상을 설명하기 위해 오페라 가수를 예로 든다. 19세기에는 어디에나 오페라 가수가 있었다. 유럽의 도시마다 유명한 대형 오페라 회사가 하나씩은 꼭 있었다. 당시는 요즘과 달리 먼 거리 이동이 쉽지 않았으므로 오페라 회사들은 특정 지역을 중심으로 운영됐고, 전문 오페라 가수가 되고 싶은 사람에게 진입 장벽이 비교적 낮았다. 근처 몇 킬로미터 이내에 사는 다른 지원자들보다 노래를 더 잘 부르기만 하면 되었다.

20세기가 되자 상황은 완전히 달라졌다. 이동 수단, 녹음 장비, 무선 커뮤니케이션의 혁신으로 지리적 경계가 허물어진 것이다. 뛰어난 가수들이 이제 자신이 사는 도시에서 라이브 공연만 할 필요가 없었다.

사람들이 음반을 통해 언제 어디서나 노래를 들을 수 있게 됐으니 말이다. 소비자 입장에서는 반가운 일이었지만 많은 가수에게는 절대 그렇지 않았다. 이제 같은 지역의 가수들뿐만 아니라 세상의 수많은 루치아노 파바로티와도 경쟁해야 했기 때문이다.

당신도 이런 현상이 비단 클래식 음악에만 국한되지 않는다는 사실을 금세 알아챘을 것이다. 기술 발전으로 고용주가 뛰어난 인재를 발견하고 채용하기가 훨씬 쉬워진 탓에 모든 분야에서 경쟁이 더 심해졌다. 당신의 직업이 무엇이든, 현재 당신은 10년 전 그 분야에 종사한 사람들보다 훨씬 더 치열한 경쟁을 마주하고 있다. 당신은 단순히 당신이 사는 지역의 사람들과 경쟁하는 것이 아니라 세계 곳곳의 전문가와 경쟁한다.

물론 여기에는 긍정적 측면도 있다. 남들과 다른 가치를 가진 확실한 차별화를 이뤄내 당신 분야의 파바로티가 되기만 한다면, 거기서 돌아오는 보상은 과거 세대의 스타들이 누린 보상보다 훨씬 크다.

그렇다면 어떻게 해야 그런 성공을 이룰 수 있을까? 그 답을 구하는 중요한 퍼즐 조각 하나는 민첩한 학습 능력을 키워 계속해서 새로운 지식과 기술을 습득하는 것이다. 전문성의 기준이 계속 높아지는 세상에서는 남들보다 앞서려면 지식과 정보를 끊임없이 흡수해야 한다. 이제는 엄청난 야심가들만 늘 촉수를 세우고 새로운 혁신과 업계 트렌드를 파악해야 하는 것이 아니다. 그것은 최소한 뒤처지지 않고 싶은 이들에게도 꼭 필요하다.

물론 올바른 종류의 학습은 단순히 뒤처지지 않게 해주는 것보다 훨씬 큰 것을 가져다준다. 창의력을 키워주고, 인접 분야에서 값진 아이디어를 얻게 하고, 여러 기술을 남다른 방식으로 조합할 수 있게 해준다는 얘기다. 시간이 흐르면 이런 요소들이 차곡차곡 쌓여 당신이 속한 분야에 의미 있는 기여를 할 가능성이 높아지고, 당신은 눈에 띄는 특별한 존재가 될 수 있다.

과거에 교육은 학교가 맡는 영역이었다. 오늘날은 전통적인 교육이 시대를 따라가지 못한다. 중요한 혁신이 교실이나 온라인 강좌에서 언급된다면 그 혁신이 일어나고 이미 몇 년이 흐른 뒤일 가능성이 높다. 우리의 교육 제도는 애초에 빠른 혁신의 세계에 맞게 설계되지 않았다.

그렇다면 결론은 명확하다. 오늘날 눈부신 속도로 변화하고 치열한 경쟁이 벌어지는 세상을 사는 우리에게는 새로운 접근법이 필요하다. 선생님이 지시해주기만 기다리는 태도에서 벗어나, 자신이 속한 분야의 주요 발전과 트렌드를 훤히 꿰뚫게끔 계속 실력을 키우게 해주는 접근법이 필요하다.

대부분의 사람들이 스스로 학습하며 깨우쳐가는 지구상의 유일한 공간인 실리콘밸리로 다시 가보자.[12]

∎ ∎ ∎

스티브 잡스는 윈도우 건과 관련해 빌 게이츠를 용서할 수 없었다.

그리고 회의실에서 마주한 결전의 순간에 눈곱만큼도 물러설 마음이 없었다. 게이츠 입에서 어떤 말이 나오든 상관없이 잡스는 확신했다. 만일 마이크로소프트가 매킨토시를 위한 소프트웨어를 개발하지 않았다면 윈도우도 세상에 존재할 수 없을 것이라고 말이다.

그날 애플 회의실에서 잡스는 제록스를 언급한 게이츠의 날카로운 말을 어물쩍 비켜갔다. 그는 화제를 전환하며 개발 중인 윈도우를 보여달라고 요청했고 게이츠도 동의했다. 시연이 끝나자 잡스는 이런 결론을 내렸다.

"완전히 쓰레기군요." 그는 안도하는 척하면서 오만한 말투로 말했다.

게이츠는 선뜻 잡스에게 잠깐 승리감에 젖을 시간을, 체면을 세울 기회를 주었다. 그러고는 이렇게 대꾸했다. "그래요, 멋진 쓰레기지요."

그로부터 10년도 안 돼 윈도우는 시장을 장악하면서 세계적으로 가장 큰 성공을 거둔 운영체제가 된다. 한편 애플은 거듭 위기를 겪으며 휘청거렸다. 1997년에는 부도 직전에 몰렸고, 이때 결정적인 1억 5000만 달러의 투자가 애플을 벼랑 끝에서 살려냈다. 그 투자를 한 사람은 다름 아닌 빌 게이츠였다.

그럼에도 잡스는 게이츠에게 가혹했다. 특히 기자들 앞에서 자신의 라이벌을 언급할 때면 더욱 그랬다. 그는 자신의 전기 작가 월터 아이작슨에게 이렇게 말했다. "빌은 원래 상상력이 없고 뭔가를 발명한 적도 없어요. 그래서 이제 기술보다는 자선 활동이 더 편한 거겠죠. 그는 뻔뻔하게 남의 아이디어를 훔쳐다 썼어요."[13]

자비심 없는 마음 씀씀이에도 불구하고 잡스는 결국 최후의 승리자가 된다.

2005년 잡스와 게이츠는 마이크로소프트 엔지니어의 생일 파티에 초대받았다. 잡스는 엔지니어의 아내와 오랜 친구지간이어서 마지못해 참석했다.[14] 저녁 내내 식사 자리에서 빌 게이츠의 얼굴을 봐야 한다는 게 내키지 않았다. 그날의 파티가 애플의 미래를 완전히 바꿔놓게 될 것이라는 사실은 물론 모르고 있었다.

생일 주인공인 엔지니어는 상사에게 잘 보이고 싶은 마음에, 자신이 진행 중인 프로젝트에 관한 상세한 설명을 늘어놓으면서 그 제품이 컴퓨터 세계에 혁신을 일으킬 것이라고 말했다. 그것은 태블릿 PC였다. 그는 태블릿 PC가 등장하면 노트북 컴퓨터가 세상에서 사라질 것이라고 했다. 그러면서 태블릿의 세련된 디자인, 실용성, 간편한 휴대성을 끊임없이 강조했다. 특히 태블릿에 딸려 있는 스타일러스를 자랑스러워했다. 그는 자신의 개발물이 앞으로 업계를 완전히 바꿔놓을 테니 애플이 그것의 라이선스를 확보하는 게 좋을 것이라는 말까지 했다.

잡스는 겉으로는 적당히 동조하며 분위기를 맞췄지만, 속으로는 조용히 아이디어들을 흡수하고 있었다.

다음 날 잡스는 팀원들을 소집해 도전 과제를 제시했다. "태블릿을 만들어야겠어. 하지만 키보드나 스타일러스가 딸려 있으면 안 돼." 그는 마이크로소프트의 프로젝트를 그대로 모방할 생각이 없었다. 그 아이디어를 발전시켜 훨씬 뛰어난 제품을 만들 작정이었다.

6개월 후 그들은 프로토타입을 완성했다. 사용자가 손가락으로 화면을 터치해 입력하는 태블릿이었다. 잡스는 보자마자 이렇게 외쳤다. "이게 컴퓨터의 미래야." 하지만 그는 태블릿 생산을 추진하는 대신 다른 결정을 내려 팀원들을 당황스럽게 했다. 이 스크린 터치 기술을 수개월 동안 애플 엔지니어들이 머리를 싸매고 있던 다른 프로젝트에 적용하라고 지시한 것이다. 일단 태블릿 개발은 보류됐다.

그로부터 1년이 지나 스티브 잡스는 샌프란시스코에서 열린 맥월드 콘퍼런스의 무대에 올라, 이후 애플을 세계에서 가장 수익성 높은 회사로 만들게 될 새 제품을 공개했다. 바로 아이폰이었다.

이번에는 빌 게이츠가 허를 찔릴 차례였다. 세월이 흐른 후 그는 당시 이런 생각이 들었다고 술회했다. "이런, 마이크로소프트는 목표를 더 높게 잡았어야 했어."[15]

경쟁 관계였던 스티브 잡스와 빌 게이츠의 이야기에는 셰익스피어 희곡의 요소들이 모조리 들어 있다. 결함 있는 주인공, 끝없는 갈등, 깨진 동맹, 배신, 복수, 카타르시스, 심지어 비극적인 때 이른 죽음까지. 그 중심에는 비범한 인물 두 명이 있다. 창의성 넘치는 이상주의자 잡스와 기민한 프로그래밍 천재 게이츠다. 이 스토리에서 우리는 그들의 개성과 결점, 천재성에만 주목하기 쉽다.

그러나 이들의 이야기가 특히 흥미로운 것은 단순히 성격의 복잡한 특징들 때문도, 두 사람이 퍼스널 컴퓨터의 미래를 두고 오랜 세월 벌인 전투 때문도 아니다. 여기에는 흔히 간과되는 프로세스가 있다. 이 프로세스는 두 사람의 스토리에서 조용히 반복적으로 등장하면서 항상 그들의 탁월한 혁신을 뒷받침한다. 그것은 바로 역설계다.

잡스와 게이츠는 동시대인들이 개발한 결과물을 분석해 중요한 통찰력을 뽑아내고 그것을 새로운 제품 개발에 적용하는 방식으로 엄청나게 값진 것을 얻었다. 이런 접근법을 사용한 것은 이 둘만이 아니다. 컴퓨터 분야의 역사는 단순히 뛰어난 개별적 업적들의 합이 아니다. 그것은 서로에게서 뭔가 배우고, 여러 출처에서 얻은 아이디어를 통합하고, 이전 세대의 제품과 기술을 토대로 새로운 결과물을 만들어내는 혁신가들의 이야기다.

역설계가 IT 분야 바깥에서는 그다지 유용하지 않다고 추측할 독자들이 있을지 모르지만, 사실 이 접근법을 활용할 수 있는 범위는 대단히 넓다. 곧 알게 되겠지만 역설계는 비즈니스 거인들만 애용하는 도구가 아니다. 문학계의 거장, 유명한 셰프, 전설적인 코미디언, 명예의 전당에 오른 뮤지션, 최고의 스포츠 팀도 이 도구를 빈번히 활용한다.

더 중요한 것은, 당신이 어떤 분야에 있든 다른 이들에게서 배우고 훌륭한 아이디어를 뽑아내 당신의 프로젝트를 새로운 방향으로 발전시키는 데 이 접근법을 활용할 수 있다는 사실이다.

. . .

이 책은 1부와 2부로 구성된다. 1부에서는 다양한 분야의 뛰어난 인재들이 역설계 접근법으로 자신이 동경하는 작품이나 결과물에서 숨겨진 통찰력을 발견하고 새로운 기술을 습득해 창의성을 발휘하는 과정을 살펴본다. 우리는 그들의 기법을 분석해, 패턴과 공식을 찾아내는 방법, 우리를 끌어당기는 작품이 지닌 힘이 정확히 무엇인지 알아내는 방법을 배울 것이다.

또한 똑같이 모방하는 전략의 본질적 문제점, 자기 자신의 독특한 강점을 결합해 성공의 공식을 수정하는 일의 중요성을 살펴본다. 곧 알게 되겠지만 대개의 경우 모방하거나 기존 방식에 과도하게 의존하는 것은 실패하는 전략이다. 하지만 검증된 공식을 아예 무시하고 지나친 독창성만 밀고 나가는 것도 마찬가지로 위험하며, 왜 그런지 이유를 살펴본다. 손꼽히는 혁신가들이 청중의 기대치를 (깨트리지 않고) 이용하면서 공식을 발전시키는 모습을 살펴보고, 그들의 전략을 우리의 일터에 적용하는 방법을 소개할 것이다.

2부는 지식의 단계에서 전문성의 단계로 도약하는 것을 다룬다. 역설계 접근법을 통해 탁월한 결과물을 만드는 데 필요한 요소를 알아내는 것과 그 지식을 효과적으로 활용하는 것은 완전히 다른 문제다.

탁월한 선례를 분석하는 과정에는 종종 불안이 따른다. 자신이 만들어내고 싶은 결과물과 현재 가진 능력 사이의 괴리를 인식할 때 생기는 불안이다. 이와 관련된 장에서는 충분한 근거로 뒷받침되는 다양한 전략을 이용해 이런 '비전-능력 격차'에 대응하는 로드맵을 제공한다. 간단한 점수판이 발전을 촉진할 수 있다는 점, 흔히들 연습을 너무 제한된 의미로 정의하는 이유, 대부분의 피드백이 해로운 이유도 설명한다. 전문가가 미래를 예측하는 방식, 피드백을 구하는 이상적인 시점, 당신이 동경하는 전문가에게 던져야 할 가장 효과적인 질문도 살펴본다. 아울러 경력이나 평판을 위태롭게 하지 않으면서 자신의 능력을 최대치로 발휘하기 위한 다양한 기회를 살펴본다.

본문에서 우리는 여러 매력적인 인물의 특별한 스토리도 만나볼 것이다. 여기에는 별다른 교육을 받은 적이 없음에도 역설계 접근법으로 최고가 된 예술가, 다른 분야의 기술을 활용하는 전략의 힘을 보여준 대통령, 처음엔 글쓰기 우상의 스타일을 따라 했지만 결국 자신만의 스타일을 완성한 베스트셀러 작가 등이 포함된다.

최신 연구에 토대를 둔 여러 실용적 전략도 만나게 될 것이다. 신경과학, 진화생물학, 인간 동기, 스포츠 심리학, 학습, 기억, 전문성, 문학, 영화, 음악, 마케팅, 비즈니스, 컴퓨터과학 등 다양한 분야의 연구 결과를 소개한다. 이들 연구는 탁월한 성공 사례를 분석해 우리의 능력을 향상시켜 훌륭한 결과물을 만들어내는 비법에 중요한 실마리를 던져준다.

이 책은 당신에게 꼭 필요한 기술을 선사할 것이다. 이 기술을 활용하면 당신도 동경하는 대상을 분석해 핵심 원리를 정확히 포착한 후 그 지식을 이용해 당신만의 창의적이고 효과적인 공식을 개발할 수 있다.

제1부

탁월함의
암호를 푸는
역설계
접근법

1장

최고들은
무엇이 남다른가

• • ● • •

사람들이 뛰어난 업적과 위대한 성공을 바라보는 관점은 대개 두 가지다.

하나는 재능이 탁월한 성취를 낳는다는 것이다. 이 관점에 따르면 우리는 누구나 특정한 재능을 타고난다. 한 분야에서 최고에 오른 사람이 성공한 까닭은 타고난 재능을 발견해 그 재능이 가장 빛날 수 있는 직업을 택했기 때문이다.

다른 하나는 연습이 탁월한 성취를 가져다준다는 것이다. 이 관점에 따르면 뭔가를 이루는 데 재능만으로는 한계가 있다. 정말 중요한 것은 효과적인 연습과 끊임없이 노력하는 의지력이다.

하지만 종종 간과되는 세 번째 길이 존재한다. 이것은 예술가, 작가,

요리사, 운동선수, 발명가, 사업가 등 각 분야의 최고 자리에 오른 이들이 기술을 습득하고 숙달의 경지에 이르기까지 많이 활용하는 방법이다. 그것은 역설계다.

역설계는 표면적으로 보이는 것에서 더 깊이 파고들어가 숨겨진 구조를 찾아내는 것이다. 이를 통해 대상물이 설계된 원리, 더 중요하게는 그것을 재현할 방법을 알아낼 수 있다. 역설계란 일테면 맛있는 음식을 먹고 조리법을 추론하는 것, 아름다운 음악을 듣고 코드를 파악하는 것, 공포영화를 보고 내러티브 구조를 포착해내는 것이다.

문학과 미술부터 비즈니스 세계에 이르기까지 각 분야에는 타인의 작품이나 성과물을 분석하지 않았다면 이루지 못했을 업적을 가진 인물이 수없이 많다.

영화 제작자 저드 애퍼타우(Judd Apatow)를 보자.[1] 애퍼타우는 각본가나 감독, 제작자로 활동하면서 〈앵커맨〉, 〈내 여자친구의 결혼식〉, 〈40살까지 못해본 남자〉를 비롯한 수많은 코미디 영화를 성공시켰다. 그는 이런 실력을 어떻게 쌓았을까? 존경하는 코미디언들의 성공 사례를 체계적으로 분석하고 연구한 것이 그 비결이었다.

애퍼타우의 비밀 병기는 라디오 쇼였다. 고등학교 시절 그는 코미디광이었다. 또래 친구들이 록 스타에 열광하는 동안 그는 코미디언들에 흠뻑 빠져 있었다. 그는 코미디 공연이 녹음된 앨범을 모으고, TV 코미디 프로그램을 중심으로 일주일 계획을 세우고, 여름이면 동네 코미디 클럽에서 설거지 아르바이트를 했다. 그러던 중 충동적으로 학교의 라디오 방송국에 들어갔는데 거기서 흥미로운 것을 보게 된다. 또래의 디제이가 수많은 유명 밴드와 인터뷰를 하는 모습이었다.

애퍼타우는 '바로 이거다!' 싶었다. 내가 직접 라디오 쇼를 제작해 코미디 분야의 고수들에게 조언을 들어보면 어떨까?

그는 훗날 이렇게 썼다. "일단 코미디언의 담당 에이전트나 소속 회사의 홍보팀에 전화를 걸었다. 그리고 나는 롱아일랜드에 있는 WKWZ 라디오의 저드 애퍼타우다, 그쪽 코미디언을 인터뷰하고 싶다, 하고 말했다. 내가 열다섯 살이라는 말은 하지 않았다. 그들은 대부분 로스앤젤레스에 있었기 때문에 우리가 전파 범위가 주차장을 간신히 벗어나는 정도의 방송국이라는 사실을 몰랐다. 인터뷰 당일이 돼서야 그들은 속았다는 사실을 깨달았다."[2]

이 작전은 애퍼타우에게 만족스러운 결과물을 안겨주었다. 이후 2년 동안 그는 제리 사인필드(Jerry Seinfeld), 게리 샌들링(Garry Shandling), 존 캔디(John Candy), 샌드라 버나드(Sandra Bernhard), 하워드 스턴(Howard Stern), 헤니 영맨(Henny Youngman), 마틴 쇼트(Martin Short), '위어드 알' 얀코빅('Weird Al' Yankovic), 제이 레노(Jay Leno) 등 내로라하는 많은 코미디 배우와 방송인을 인터뷰했다. 그리고 코미디 소재를 개발하는 방법, 에이전트를 찾아내는 방법, 대중의 주목을 받는 가장 좋은 방법 등 온갖 질문을 던졌다.

이런 인터뷰를 통해 애퍼타우는 코미디언이 자신의 목소리를 내며 자리를 잡기까지 대략 7년이 걸린다는 사실, 무대에 오르지 않고 며칠

이 지나면 대사 전달력이 떨어진다는 사실, 실력을 키우고 싶은 아마추어에게 가장 중요한 것은 최대한 자주 무대에 오르는 일(무대 공포증을 없애기 위해서라도 꼭 필요하다)이라는 사실을 알게 됐다.

애퍼타우가 녹음한 인터뷰 중에는 방송에 나가지 않은 내용도 많았다. 그에게 라디오 쇼는 부차적인 목표였으니까. 고등학교를 졸업할 무렵 그는 코미디 대본을 쓰고 연기력을 키우고 이 분야의 경력을 쌓는 데 요긴하게 쓸 수 있는 '설계도'와 '바이블'을 갖게 됐다.

동경하는 우상을 인터뷰하는 것은 그들의 비법을 알아내는 효과적인 전략이다(이때 적절한 질문을 던지는 것이 중요하다. 이는 7장에서 살펴본다). 누구나 라디오 방송국에서 일하는 척하면서 인터뷰 작전을 꾸며야 한다는 얘기는 아니다. 블로그와 팟캐스트가 흔해진 요즘은 전문가를 대화에 참여시키기가 훨씬 더 쉬워졌다. 하지만 만일 그들이 선뜻 대화에 응하지 않는다면? 또는 심지어 그들이 이미 이 세상 사람이 아니라면?

베스트셀러 작가 조 힐(Joe Hill)은 새 작품을 집필하는 도중 바로 그런 난관에 부딪혔다. 그는 글쓰기가 막혀 답답했지만 그 순간에 어떤 종류의 정비 작업이 필요한지 정확히 알았다. 그는 범죄소설과 서스펜스의 거장 고(故) 엘모어 레너드(Elmore Leonard)의 작품을 펼쳤다.

"나는 내 원고를 덮어두고 약 2주 동안 레너드의 《빅 바운스(The Big Bounce)》를 옮겨 썼다."[3] 힐은 팟캐스트 〈작가의 작업실 10분 엿보기(10-Minute Writer's Workshop)〉와의 인터뷰에서 말했다. "날마다 그 책을 펴서 두 페이지를 필사했다. 한 문장 한 문장 옮겨 적으면서 글의 리듬을 받아들이고 대화 처리 방식, 단 몇 줄로 인물의 성격을 암시하는 기법 등을 음미했다. …… 그렇게 엘모어와 2주쯤 함께하고 나니 스릴러를 쓰는 데 필요한 리듬과 감을 되찾을 수 있었다. 그의 목소리를 분석해 결과적으로 내 목소리로 돌아가는 길을 찾았다."

힐이 사용한 방식은 아버지에게 배운 것이었다. 그의 아버지는 여섯 살 때 편도염 때문에 꼼짝없이 집에 틀어박혀 있게 됐다. 그리고 남아도는 시간을 보내려고 만화책을 한 마디 한 마디 공책에 베껴 썼다.[4] 이따금 자신이 쓴 문장을 추가해 줄거리를 즉흥적으로 고치기도 했다. 이연습은 그에게 값진 밑거름이 됐다. 이제 그는 만화책을 쓰지 않는다. 대신 그가 쓴 책들은 지금까지 3억 5000만 부가 넘게 팔렸다. 그의 이름은 스티븐 킹이다.

킹과 힐 모두 모방의 힘을 활용한 것이다.[5] 모방은 벤저민 프랭클린에 의해 널리 퍼졌고 F. 스콧 피츠제럴드, 잭 런던, 헌터 톰슨 같은 여러 위대한 작가도 활용한 방법이다. 이것은 좋은 글을 주의 깊게 읽고 나서 며칠 후에 기억에 의존해 그대로 다시 써보고, 그렇게 재현한 글과 원래의 글을 비교해보는 것이다.

우리가 창의적 천재로 칭송하는 많은 위대한 화가도 상당한 시간을 모사에 할애했다.[6] 클로드 모네, 파블로 피카소, 메리 카사트, 폴 고갱, 폴 세잔, 이들은 모두 프랑스 화가 외젠 들라크루아의 작품을 모사하면서 실력을 키웠다. 들라크루아는 자신이 동경한 르네상스 시대 화가들의 그림을 따라 그리는 데 많은 시간을 바쳤다. 그리고 심지어 르네상스 시대의 위대한 화가들(라파엘로, 레오나르도 다빈치, 미켈란젤로)도 동시대 화가들의 작품을 모방하면서 기법을 연마했다.

모방 작업이 효과적인 까닭은 화가나 소설가가 단순히 작품 내용을 기억해내는 것이 전부가 아니기 때문이다. 어떤 작품을 재현하려면 고도의 집중력을 발휘해 원본의 구조적 특징과 스타일을 파악해야 한다. 초보 작가는 모방 작업을 통해 창작 과정을 재현하고, 자신의 본능적 경향과 거장의 선택을 비교해볼 수 있다.

결국 그 과정은 작품에 담긴 의사 결정 패턴을 드러낸다. 그리고 어떤 작가의 작업 방식이 품고 있는 암호가 풀리면, 그것을 분석해 독창적인 작품을 만드는 데 적용할 수 있게 된다.

마음을 움직이는 이야기들의 공통점

모방 작업은 숨겨진 공식을 알아내는 여러 접근법 중 하나일 뿐이다. 논픽션 작가들이 애용하는 또 다른 방법은 책 말미의 주석을 훑어보면서 저자가 해당 작품을 축조하는 데 사용한 문헌들을 살펴보는 것이다.[7] 비유하자면, 식당에서 맛있는 음식을 먹은 후 주방장의 식료품 저장실을 급습해 식재료를 알아내는 것과 비슷하다.

색인 역시 저자의 머릿속을 열어보는 데 도움이 된다. 심지어 그 저자가 자기 자신인 경우도 말이다. 예컨대 작가 척 클로스터먼(Chuck

Klosterman)은 자기가 쓴 책의 색인을 읽는 시간을 즐긴다. 자신에 대해 많은 것을 깨달을 수 있기 때문이다. 그는 자신의 에세이들을 엮은 최근 책의 도입부에 이렇게 썼다. "당신이 쓴 책의 색인을 읽는 것은 마치 다른 누군가가 도끼로 쪼개놓은 당신의 머리를 들여다보며 그 내용물을 정독하는 것과 비슷하다. 그것은 당신의 의식을 알파벳순으로 정렬해 검토하는 행위다."[8]

픽션의 경우 훌륭한 패턴에 대한 탐색의 기원이 멀리 고대 그리스로 거슬러 올라간다. 아리스토텔레스는《시학》에서 훌륭한 이야기의 본질과 요건을 분석하면서, 훌륭한 이야기는 3막 구조(시작-중간-끝)를 갖추고 놀라움의 요소(특히 예상치 못한 반전)를 능숙하게 활용한다고 말했다.[9]

현대에 와서 문학의 거장 커트 보니것은 이야기의 구조를 드러내는 멋진 도구를 만들었다.[10] 만일 당신이 꽤 많은 소설이나 영화를 봤다면 대부분의 내러티브가 어떤 공식을 따르는 경향이 있음을 알아챘을 것이다. 그 이야기들 대부분에서는 몇 가지 종류의 플롯이 반복된다. 대표적인 것은 인생 역전(〈록키〉, 〈올리버 트위스트〉, 〈레디 플레이어 원〉 등), 남녀의 사랑(〈그리스〉, 〈제인 에어〉, 대부분의 로맨틱 코미디), 영웅의 여정(〈스타워즈〉, 〈라이온 킹〉, 〈반지의 제왕〉 등)이다.[11]

각각의 이야기가 흡인력을 갖는 데 중요한 역할을 하는 것은 고유의 감정 곡선이다. 영화〈베스트 키드(The Karate Kid)〉같은 전형적인 인생 역전 스토리를 보는 관객은 부정적 감정에서 긍정적 감정으로의 상승 경험을 한다. 초반에는 보잘것없고 경멸과 조롱이나 당하던 주인공이 나중에는 세상의 인정과 칭송을 받는 인물로 변하기 때문이다.

반면 《오즈의 마법사》 같은 영웅의 여정 이야기들은 감정의 지형도가 상당히 다르다. 이때는 평범한 삶을 살던 주인공이 어느 날 뜻밖의 사건으로 위험에 빠진다. 이후 주인공이 온갖 장애물과 역경을 극복하고 불확실한 상황을 헤치고 나아가며 능력과 자신감을 갖게 되는 모습을 보면서 독자도 함께 감정의 롤러코스터를 타게 된다.

보니것은 사람들에게 사랑받은 유명한 이야기들(성경 속 이야기, 고전 문학, 블록버스터 영화 등)을 아래의 여섯 가지 형태 중 하나로 분류할 수 있다고 생각했다.

　1. 인생 역전(감정 곡선: 상승)

　2. 인생 추락(감정 곡선: 하강)

　3. 곤경에 빠진 인물(감정 곡선: 하강 후 상승)

　4. 이카로스(감정 곡선: 상승 후 하강)

　5. 신데렐라[12](감정 곡선: 상승, 하강, 상승)

　6. 오이디푸스(감정 곡선: 하강, 상승, 하강)

보니것은 특정 이야기의 감정 곡선을 시각화하는 방법으로서 주인공의 운명을 그래프로 그려보는 것을 권했다.

신데렐라

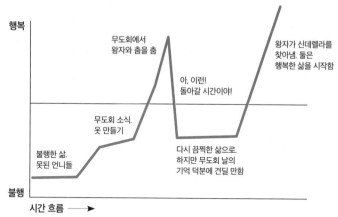

행복

무도회에서
왕자와 춤을 춤

왕자가 신데렐라를
찾아냄. 둘은
행복한 삶을 시작함

아, 이런!
돌아갈 시간이야!

무도회 소식.
옷 만들기

불행한 삶.
못된 언니들

다시 끔찍한 삶으로.
하지만 무도회 날의
기억 덕분에 견딜 만함

불행

시간 흐름 ——➤

애니(영화)

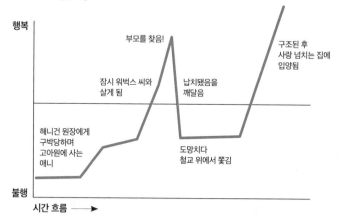

행복

부모를 찾음!

구조된 후
사랑 넘치는 집에
입양됨

잠시 워벅스 씨와
살게 됨

납치됐음을
깨달음

해니건 원장에게
구박당하며
고아원에 사는
애니

도망치다
철교 위에서 쫓김

불행

시간 흐름 ——➤

이와 같은 그래프는 제삼자가 훌륭한 소설이나 영화를 분석할 때만 유용한 것이 아니다. 작가가 자신의 작품을 멀찍이서 바라보며 감정 곡선에 방해되거나 그 효과를 반감시키는 사건을 점검하는 데도 활용할 수 있다.

몇 년 전에, 그러니까 보니것이 위와 같은 이론을 처음 제시하고 약 70년이 흐른 후 데이터 과학자들이 소설 2000여 편과 영화 각본 6000편 이상이라는 두 종류의 방대한 데이터베이스를 분석했다.[13] 그리고 대부분의 이야기가 위의 여섯 가지 내러티브 곡선 중 하나를 따른다는 보니것의 견해를 뒷받침하는 강력한 근거를 발견했다. 오늘날 우리에게 보니것은 블랙 유머와 풍자가 섞인 SF 소설로 유명하다. 그러나 그가 문학에 남긴 더 큰 기여는 작가들이 훌륭한 이야기를 해부해 자신만의 독창적 작품 집필에 활용할 수 있는 분석 도구를 제공했다는 점일지도 모른다.

인기 있는 이야기에 숨어 있는 효과적인 패턴을 찾는 작업은 최근에 와서 새롭게 주목받았지만, 그러한 패턴 인식은 오래전부터 음악 교육의 기본이었다. 악기 연주를 배우는 것은 결국 악보 위의 음표들을 그대로 재현하는 과정이기 때문이다. 처음 배울 때는 '반짝반짝 작은 별'이나 '해피 버스데이 투 유'에서 시작해 나중에는 루이 암스트롱이나 모차르트, 리조까지 나아간다. 그 과정에서 미래의 음악가는 곡의 멜로디, 코드 진행, 편곡 방식 등을 꼼꼼히 살펴볼 수밖에 없다.

그렇기 때문에 음악 하는 사람들이 다른 분야의 창작자들에 비해 자신의 역설계 프로세스를 훨씬 더 솔직하게 드러내는 것인지도 모른다. 지금이라도 유튜브에 들어가보라. 조금이라도 알려진 곡이라면 갖가지 악기로 연주하는 모습이 담긴 동영상이 우르르 나온다.

비교적 최근까지만 해도 인기곡의 연주법을 배우고 싶으면 능숙한 연주자를 찾아가거나 음반 매장에서 악보를 구입해야 했다. 하지만 이제 그것은 옛날 풍경이다. 요즘은 카포(Capo) 앱을 깔면 아이폰에 있는 곡들의 코드, 박자, 조성을 바로 분석해준다.[14]

음악인들은 다른 음악인의 기법을 알아내는 것을 자랑스럽게 생각한다. 이것은 비단 음악 분야만의 얘기가 아니다. 사진가도 마찬가지다. 대다수 사람은 사진을 볼 때 피사체에 집중한다. 사진가는 다른 것에 집중한다. 바로 그림자다. 그들은 오랜 경험으로 이미지 속에서 그 이미지가 완성된 방식을 드러내는 단서를 찾을 줄 안다. 그림자의 길이와 방향은 카메라 각도, 하루 중의 시간대, 조리개 사용 방식에 이르기까지 많은 것을 말해준다. 그림자의 색깔과 짙은 정도도 중요하다. 가장자리가 선명하다면 밝고 강한 광원이 있었음을, 선명하지 않고 뭉개져 있다면 더 부드러운 광원이 있었음을 알 수 있다.

이것은 시작에 불과하다. 노련한 사진가는 반사된 상(예컨대 피사체의 눈동자에 나타나는 상)을 유심히 살펴 광원의 위치를 판단해낸다.[15] 또한 사진의 전경과 배경의 대비 및 이미지의 왜곡 정도를 토대로 렌즈 사용 기법을 추정할 수 있다. 그리고 이 모두는 이미지를 포토샵에 띄워 더 상세하게 분석하기 '전에' 이뤄진다.

500만 부가 팔린 요리책과 스타 셰프의 비밀

이메일이 일상화되기 전인 1980년대 말, 미시즈필즈(Mrs. Fields) 초콜 릿칩 쿠키의 비밀 레시피를 첨부했다고 주장하는 익명의 편지가 수많 은 가정의 우편함에 배달되기 시작했다. 소문에 의하면 편지를 발송한 사람은 성난 고객이었다. 그녀는 한 미시즈필즈 매장에서 2.5달러에 쿠 키 레시피를 샀는데 나중에 신용카드 청구서를 보니 250달러가 결제 돼 있었다고 한다. 그녀는 환불을 요청했지만 해당 매장에서 거부한다 고 주장했다. 그래서 쿠키 레시피를 퍼뜨려서 복수하기로 한 것이다.

수많은 편지 수취인에게는 실망스러운 일이었지만 그 안에 적힌 레 시피는 가짜였다. 하지만 이는 한 가지 예상치 못한 결과를 낳았다. 토 드 윌버(Todd Wilbur)가 특별한 직업을 갖는 데 영감을 준 것이다.[16]

윌버는 베스트셀러 '톱 시크릿 레시피(Top Secret Recipes)' 요리책 시리 즈를 만든 주인공으로, TV 리얼리티 쇼에도 출연하고 (아이러니하게도) '톱 시크릿 레시피' 상표를 내세운 향신료 블렌드와 럽(rub: 향신료와 허브 등을 섞어 고기를 굽기 전에 바르는 혼합물 – 옮긴이) 제품도 출시했다. 미시즈 필즈 고객의 가짜 편지 소동을 보고 아이디어를 떠올린 윌버는 만사를 제쳐놓고 누구나 알고 싶어 하는 그 쿠키 레시피를 연구하기 시작했다. 3주 동안 그의 집 주방은 임시 연구실로 바뀌었다. 그는 쿠키를 굽고 굽 고 또 구웠다. 오븐에서 쿠키가 한 판 구워져 나올 때마다 미시즈필즈 매장에서 사 온 쿠키와 비교해보면서 노트에 꼼꼼하게 메모했으며, 쿠키를 만들 때마다 살짝살짝 레시피를 수정해가며 비밀을 풀었다는 확신이 들 때까지 계속했다.

월버는 이 작업에 완전히 빠져들었다. 다음 목표물은 맥도날드의 빅맥이었고, 그다음은 웬디스의 칠리, 그다음은 호스티스의 트윙키였다. 지난 25년 동안 그는 수많은 패스트푸드 메뉴의 레시피를 역설계로 분석했다. 가장 최근에 나온 그의 책은 "복제의 즐거움"이라는 문구를 내걸었다. 요리책의 고전《요리의 즐거움(Joy of Cooking)》의 제목을 살짝 바꾼 표현이었다.

월버의 집요한 연구가 좀 극단적으로 보일지 모르지만, 음식을 재현하려는 그런 욕구는 결코 드물거나 특별한 것이 아니다. 독특한 점이라면 그는 자신의 연구 결과를 책으로 출간했다는 사실뿐이다. 셰프들은 늘 훌륭한 요리를 분석해서 영감을 얻고 자신이 아는 것을 시험하며 새로운 기술을 익힌다. 요리계의 명성 높은 제임스 비어드 상(James Beard Award)을 수상한 셰프 미셸 번스타인(Michelle Bernstein)도 직원이나 제자를 가르칠 때 그런 관점으로 접근한다.[17] 그녀는 자신의 주방에서 일하는 요리사들에게 "돈이 생기는 족족 외식을 하라"고 말한다.[18] 이유는 간단하다. 훌륭한 결과물을 경험하면 새로운 가능성들에 눈이 뜨이기 때문이다.

다른 셰프의 요리를 분석하기 위해 반드시 식당을 찾아가야 하는 것은 아니다. 세계 각국의 요리를 공부하기가 요즘처럼 쉬운 때도 없다. 인터넷에 들어가면 자신의 요리법을 보여주는 셰프의 동영상도, 음식에 만족한 손님들이 올리는 사진도 볼 수 있다.

탐구심 강한 셰프는 독특하거나 인상 깊은 음식을 만나는 순간 탐정과 화학자를 섞어놓은 존재로 변신한다.[19] 그의 첫 번째 미션은? 물론 음식에 들어간 재료를 알아내는 일이다.

경력이 얼마 안 된 셰프는 인터넷에서 관련 레시피를 검색해 다양한 접근법을 비교하면서 공통점을 찾아보기도 한다. 반면 경력이 많은 셰프라면 자신의 풍부한 경험과 미각을 활용해 식재료를 추측해볼 수도 있다.

그다음은 가설 검증이다. 자신의 추측이 맞는지 확인해보는 방법 하나는 식당 웨이터를 부드럽게 심문하는 것이다. "여기 생강이 들어간 것 같은데요?" 하는 식으로 말이다. 또는 이런 방법도 있다. "판정 좀 해주시겠어요? 저는 여기 들어간 허브가 분명히 타임(thyme) 같은데, 남편은 타라곤(tarragon)이라고 우기네요. 누구의 미각이 더 정확한가요?"

또 다른 방법은 음식을 집에 포장해 가서 분석하는 것이다. 예컨대 들어간 재료가 잘 보이도록 음식의 양념을 흰색 접시에 얇게 펴 바르고 핀셋과 돋보기를 이용해 관찰하고 맛도 보면서 조리 과정을 추정해본다.

셰프들이 남이 만든 음식을 역설계로 분석하는 목적은? 단순히 레시피를 복제하기 위해서가 아니다. 자존심 있는 셰프라면 남의 레시피를 가져다가 자신이 개발한 것인 양 행세하지는 않는 법이다. 그들은 참신한 기법과 내면의 패턴을 찾아내서 다른 요리에 적용해 자신의 요리 레퍼토리를 풍부하게 만들려는 것이다.

눈 밝은 셰프가 발견해낼 수 있는 여러 법칙 중 하나는 대비 효과의 중요성이다.[20] 기억에 남는 맛있는 음식은 단순한 한 가지 색깔인 경우가 거의 없다. 그런 음식은 대개 상반되는 특징을 동시에 제공해 미각에 놀라움을 선사하고 먹는 사람의 관심을 끌어당긴다. 부드러움과 오도독거림(해바라기 씨가 들어간 어린잎 채소 샐러드), 달콤함과 매콤함(닭 날개 바비큐), 어두운 색과 밝은 색(잘게 썬 파슬리와 붉은 후추를 뿌린 스테이크), 따뜻함과 차가움(바닐라 아이스크림을 얹은 애플 크리스프)이 공존하는 음식을 떠올려보라.

때로는 어떤 맛들이 서로 합쳐지면 최상의 조화를 이룬다는 사실을 알게 되기도 한다. 음악의 토대는 여러 음이 합쳐져 만들어진 화음이다. 특정 음들을 함께 연주하면 아름다운 조화를 이루면서 듣는 이의 귀를 즐겁게 한다. 음식도 마찬가지다. 아래의 경우를 생각해보라.

바질 + 모차렐라 + 토마토

마늘 + 생강 + 콩

코코넛 + 민트 + 칠리

음식 전문 저자 캐런 페이지(Karen Page)는 다양한 음식에서 반복적으로 나타나는 이런 식의 조합이 독특한 "맛의 화음"을 만들어낸다고 말한다. 셰프는 음식에서 결정적 역할을 하는 맛의 조합을 찾아냄으로써 요리법을 향상하고 새로운 기회를 발견할 수 있다.

데이비드 장(David Chang)은 요식 업계에 발을 들인 초반에 발견한 패턴을 이용해 자신만의 거대한 요리 제국을 일궜다.[21] 그는 제임스 비어드 상을 받은 셰프이자 세계 여러 도시에서 40개가 넘는 레스토랑을 운영하는 레스토랑 제국 모모푸쿠(Momofuku)를 만든 인물이다. 그는 자신이 발견한 패턴을 "맛의 통일론(Unified Theory of Deliciousness)"이라고 부른다.[22]

"이마를 탁 칠 정도로 맛있다면 그건 단순히 접시에 담긴 음식 자체 때문이 아니다." 그는 최근 〈와이어드〉에 기고한 글에 이렇게 썼다. "그 사람은 십중팔구 자기 인생의 어떤 시점으로 되돌아간 것이다. …… 그런 경험을 만들어내는 가장 쉬운 방법은 사람들이 수없이 먹어온 익숙한 음식을 만드는 것이다. 하지만 '낯설게' 느껴지는 음식에서 그런 맛의 추억을 떠올리게 하는 것이 훨씬 더 강렬한 효과를 낸다. 낯선 맥락 속에서 그런 기본 패턴을 유지하는 것이 핵심이다."

장은 뜻밖의 상황에서 갑자기 어린 시절의 맛을 느낀다면 특별한 감정이 밀려온다는 점에 주목했다. 기억에 남는 요리를 만드는 비결은 단순히 맛을 좋게 하는 것이 아니다. 가장 예상치 못한 순간에 어린 시절의 추억을 불러일으키는 것이다.*

---

* 향수(鄕愁)를 연구하는 사람들은 데이비드 장이 정든 음식(comfort food)의 힘을 이용한다고 말할 것이다.[23] 정든 음식은 실제로 긍정적 감정을 불러일으키고 스트레스를 낮춰주는데, 이는 (일반적으로) 지방이 풍부하기 때문만은 아니다. 그런 음식을 먹으면 어릴 적에 경험한 친밀한 관계들, 특히 우리에게 그 음식을 만들어주던 사랑하는 사람들이 떠오르기 때문이다.

장은 이런 공식을 어떻게 활용할까? 그는 특정한 문화권의 색깔을 가진 맛의 조합을 찾은 후 그것을 다른 문화권의 요리로 재탄생시킨다. 그를 뉴욕 요식 업계의 스타로 만드는 데 한몫한 대표 메뉴 모모푸쿠 포크번(pork bun)을 예로 들어보자. 포크번은 찐 빵과 두툼한 고기, 아삭한 오이 절임으로 만든 비교적 간단한 요리다. 낯선 색깔과 식감 탓에 까다로운 식성을 가진 사람에게는 이상하게 보일 수 있다. 하지만 용기를 내 한 입 먹어보면 얘기가 달라진다. 물론 맛 자체도 훌륭하지만, 장은 이 음식이 미국인들의 머릿속에 자리 잡은 전통적인 BLT(베이컨, 양상추, 토마토를 넣은 샌드위치 - 옮긴이)를 무의식적으로 떠올리게 해주길 바란다.

근본적 패턴을 찾는 작업은 예술 활동에만 국한되지 않는다. 작가, 화가, 음악가, 사진가, 또는 셰프만 타인의 작업물을 분석해 숨겨진 코드를 찾아내는 것이 아니다. 그런 과정은 사업가에게도 필요하다.[24]

로컬 맛집이 글로벌 프랜차이즈가 되기까지

제프 베이조스, 마크 쿠반(Mark Cuban), 리처드 브랜슨(Richard Branson) 같은 성공한 유명 사업가들이 남들과 다른 점은 무엇일까?

연구에 따르면 그들은 창의성과 지능, 추진력만 뛰어난 것이 아니다. 그들의 또 다른 강점은 바로 패턴 인식 능력이다. 그들은 과거에 자신이 목격한 성공 사례와 현재 시장에서 일어나는 변화를 연결해 수익성 높은 기회를 포착하는 남다른 능력을 갖고 있다.

흔히 우리는 기업가 하면 창의적 해결 능력, 참신한 아이디어, 독창성 같은 것만 떠올린다. 하지만 그것은 부적절한 연상 작용이다. 여러 연구에 따르면 기발한 아이디어에 집중하는 것은 신참내기 사업가다. 노련한 사업가, 일테면 수십 년간 성공적으로 회사를 운영한 경험이 있고 몇 년에 한 번씩 수익성 높은 새로운 비즈니스를 시작하는 사업가는 전혀 다른 것, 즉 '실행 가능성'에 집중한다.

당신이 구상한 새로운 사업 아이디어를 저녁을 먹으면서 친구들한 테 들려준다고 치자. 친구들의 호응을 좌우하는 것은 그 아이디어의 독창성일 가능성이 높다. 하지만 같은 아이디어를 경험 많은 사업가에게 들려줘보라. 그들은 아이디어의 참신함보다는 고객의 수요, 생산 관련 세부 계획, 현금 흐름 예상도 등에 집중할 것이다.

그들은 성공하는 사업에는 어떤 패턴이 있다는 사실을 오랜 경험으로 알고 있다. 몇 가지 핵심 요소가 사업의 성패를 예측하는 데 중요한 역할을 한다. 그리고 그런 패턴을 가장 확실히 목격할 수 있는 곳은 다른 성공한 기업들의 비즈니스 모델이다.

눈 밝은 사업가는 어떤 종류의 패턴을 찾아낼 수 있을까? 우선, 성공하는 비즈니스 전략은 분야에 상관없이 적용 가능한 경우가 많다.

1990년대에 샌프란시스코에서 요리사로 일하던 스티브 엘스(Steve Ells)는 멕시칸 식당을 시작해볼까 생각 중이었다.[25] 하지만 성공 가능성이 낮아 보였다. 샌프란시스코 일대는 이미 멕시칸 음식점이 넘쳐나서 경쟁이 치열했던 것이다. 그래서 그는 타코가 비교적 덜 대중화돼 있는 콜로라도주 덴버로 가서 간소하면서도 세련된 멕시칸 식당을 열었다. 식당 이름은 치폴레(Chipotle)였다.

엘스는 처음엔 프랜차이즈를 만들 생각이 없었다. 그저 임대료를 낼 수 있을 만큼만 벌 생각이었다. 하지만 손님들이 길게 줄을 설 정도로 장사가 잘되자 이 사업의 잠재력을 놓칠 수가 없었고, 결국 지점을 계속 늘려 지금의 치폴레가 되었다.

엘스의 스토리에서 인상적인 지점은 그가 내린 결정 하나가 첫 가게의 성공에 큰 역할을 했다는 사실이다. 그것은 바로 한 지역에서 인기 있는 상품을 다른 새로운 지역으로 가져가 판매한 일이다. 이것은 타코뿐만 아니라 다른 많은 상품에서도 목격되는 접근법이다.

노련한 사업가는 치폴레 같은 사례들의 기저에 깔린 비즈니스 전략을 찾아내고, 효과가 검증된 그런 비즈니스 설계도들이 머릿속에 쌓여 일종의 데이터베이스가 된다.[26] 그런 데이터베이스 덕분에 기회가 왔을 때 재빨리 알아볼 수 있고 수익성 있는 아이디어를 쉽게 떠올릴 수 있다.

비즈니스 전략을 구상하는 사업가는 치폴레 사례에서 힌트를 얻어 아래와 같은 질문을 생각해볼 수 있다.

비즈니스 설계도

검증된 제품을 새로운 시장에 소개하고자 할 때

생각해볼 질문:

- 이 근방에서 인기 있는 음식이나 음료, 디저트 중 다른 지역에서 출시할 만한 것은 무엇일까?
- 이 근방에서 인기 있는 물리적 제품 중 다른 지역에서 출시할 만한 것은 무엇일까?
- 이 근방에서 인기 있는 서비스 중 다른 지역에서 출시할 만한 것은 무엇일까?

물론 반대 관점을 취할 수도 있다.

- 다른 지역의 인기 있는 음식이나 음료, 디저트 중 우리 지역에서 출시할 만한 것은 무엇일까?
- 다른 지역의 인기 있는 물리적 제품 중 우리 지역에서 출시할 만한 것은 무엇일까?
- 다른 지역의 인기 있는 서비스 중 우리 지역에서 출시할 만한 것은 무엇일까?

치폴레는 이 설계도에서 출발해 성공한 많은 체인 중 하나에 불과하다. 또 다른 예는 스타벅스다.[27]

1980년대에 스타벅스는 커피 원두를 판매하는 몇 개의 매장을 가진 회사였다. 제록스 세일즈맨으로 일한 경력이 있는 스타벅스의 신입 마케팅 담당자 하워드 슐츠는 이탈리아 밀라노에 갔다가 에스프레소 바를 목격하고 깊은 인상을 받았다. 에스프레소 바의 풍경은 미국에 없는 문화였다. 미국인들은 슈퍼마켓에서 파는 맛없는 커피에 익숙했고, 커피를 마실 수 있는 식당을 커피숍이라고 불렀다. 그는 생각했다. 이탈리아의 에스프레소 바 같은 모델이 시애틀에서도 성공할 수 있지 않을까?

스타벅스 경영진은 그런 시도에 관심이 없었다. 그들은 원두가 아닌 음료를 파는 커피숍 사업을 할 생각이 없었다. 하지만 슐츠는 자신의 아이디어를 끈질기게 건의해 마침내 에스프레소 바를 시범적으로 운영해도 좋다는 승인을 CEO에게 얻어냈다. 시범 운영은 성공적이었다. 그러나 경영진은 더 많은 매장을 만들자는 슐츠의 의견에 반대했다.

얼마 후 슐츠는 회사를 그만두고 자신이 직접 에스프레소 바를 열었다. 그의 사업 모델은 이탈리아의 카페 문화를 시애틀로 그대로 가져오는 것에 주안점을 두었다. 카페 이름은 이탈리아의 신문 이름에서 따온 일 조르날레(Il Giornale)였다. 이곳 직원들은 흰색 셔츠에 나비넥타이를 맸고 매장에는 오페라 음악이 흘렀으며 메뉴판에는 이탈리아어가 가득했다. 몇 년 후 그의 과거 고용주가 스타벅스를 팔 계획이라는 소식이 들렸을 때 슐츠에게는 그것을 인수할 충분한 자금이 있었다. 그는 스타벅스라는 이름 아래 두 사업체를 합병해 커피 제국을 탄생시켰다.

멀리서 보면 성공한 사업가들이 천재처럼 보일 수 있다. 머릿속에 아이디어가 들끓는 것처럼, 언제든 필요한 사업 아이디어를 만들어내는 신기한 능력을 가진 것처럼 보인다. 그러나 공식과 패턴의 관점에서 바라보면 사업 기회가 도처에 존재한다는 것을 당신도 깨닫게 된다.

역설계는 시장을 지배하는 전략이다

역설계 작업이 언제나 성공한 프랜차이즈를 분석하는 것처럼 평화로운 일만은 아니다. 때로는 훨씬 커다란 리스크가 따른다. 어떤 분야에서는 역설계가 국가의 사활이 걸린 문제가 되기도 한다.

당신이 한 나라의 지도자라고 상상해보라. 당신의 나라는 현재 전쟁에 휘말려 있다. 그리고 당신의 동맹국이 치명적인 새로운 무기를 개발해, 당신과 동맹국 편에 유리하도록 전세가 역전된다. 처음엔 당신도 득의양양하지만 이내 이런 생각이 든다. 현재는 당신과 동맹국이 같은 편이다. 하지만 전쟁이 끝나고 나면? 당신 나라는 무기 보유력이 뒤처지는데도 정말로 안전할까?

1944년 이오시프 스탈린은 바로 그런 문제를 고심하고 있었다.[28] 미국이 나중에 히로시마와 나가사키에 원자폭탄을 투하하게 될 폭격기

B-29 슈퍼포트리스(B-29 Superfortress)를 생산해 실전에 투입하기 시작한 상태였다. 그것은 말 그대로 게임 체인저였다. 당시 소련은 핵무기를 탑재할 수 있는 그 최신예 전략 폭격기를 눈여겨봤다. 따라서 B-29가 작전 수행 후 소련 극동의 블라디보스토크에 불시착한 일은 소련에 절호의 기회였다. 소련은 즉각 팀을 꾸려 기체를 모조리 분해해 분석하기 시작했다. 모든 부품을 정밀하게 뜯어내 무게를 재고 치수를 측정했다. 한 치의 오차도 없이 이 폭격기를 복제하기 위해 수많은 설계자와 엔지니어가 달라붙었으며 필요한 부품을 제조하는 공장들도 함께 가동되었다.

그로부터 3년 후 소련은 연례 군사 에어쇼에서 장거리 폭격기를 선보였다. 폭격기 이름은 Tu-4였다. 이름만 빼고 B-29와 사실상 거의 똑같은 복제품이었다.

압수하거나 억류한 무기류와 군사 장비를 역설계로 복제하는 것은 러시아만의 얘기가 아니다. 군사 기술 발전의 역사에는 그런 사례가 무수히 많으며 사실 이는 지금도 여전히 활용되는 접근법이다. 최근 10년 동안만 해도 이란 군이 전투기와 헬리콥터, 미사일, '무적의' 험비, 록히드마틴의 군용 스파이 드론을 역설계로 분석 및 복제해온 것으로 알려져 있다.[29] 그리고 이것들은 우리가 그나마 이름이라도 들어본 군사 장비이다.

역설계는 치명적 무기의 개발 및 확산에 일조했지만, 다른 한편에서는 이와 전혀 다른 분야인 의약품에도 확실한 기여를 했다.

오늘날 우리가 복용하는 약의 90퍼센트 이상은 제네릭(generic) 의약품이다.[30] 제네릭은 대형 제약회사가 특허를 낸 제조법을 다른 회사에서 복제해 만든 약이다. 제네릭 의약품이 가져다주는 효용과 이로움은 대단히 크다. 제네릭 의약품이 없다면 세계의 많은 이들이 목숨을 잃을 것이다.

대부분의 사람들은 약의 특허 기간이 만료돼 제조법이 공개되면 다른 회사들이 복제 생산해 제네릭을 만든다고 생각하지만, 사실은 그렇게 간단하지 않다. 제약 회사들은 자신의 약품 제조법이 알려지는 것을 막으려고 치열한 법적 다툼을 하는 경우가 많다. 제네릭 의약품은 기존 제조법을 가져다가 그냥 만드는 것이 아니다. 여기에는 '배합 분석(deformulation)'이라는 일련의 복잡한 과학적 프로세스가 필요하다.[31] 이는 과학자들이 특정한 약제를 분석해 화학 성분과 함량을 알아내는 역방향 작업을 뜻한다.

배합 분석을 위해 꼭 장기간의 학습이나 값비싼 실험실 장비가 필요한 것은 아니다. 인터넷과 신용카드만 있으면 누구나 가능하다. 약물 이외의 다양한 제품을 분석해온 오랜 경험을 가진 세계 곳곳의 전문 연구소 덕분이다. 이들은 화장품과 샴푸, 향수부터 페인트, 접착제, 세탁용 세제에 이르기까지 온갖 제품의 제조법을 분석해 상세히 알아낸다. 비용은? 2천 달러 정도면 된다.

예전 같으면 시장에서 성공한 제품을 분석해 그 성분을 알아내고 정확한 제조법이나 설계도를 재현하려면 엄청난 시간과 자금이 필요했다. 하지만 이제 시대가 달라졌다. 그리고 어떤 기업들은 자신의 제품이 쉽게 복제될 수 있다는 사실을 마뜩잖게 여기겠지만, 그런 접근법을 열린 태도로 받아들이는 기업들도 있다.

일찍부터 역설계 접근법이 중요한 역할을 해온 자동차 업계를 보자. 아버지가 창업한 방직기 회사에서 일하던 도요다 기이치로는 1933년 쉐보레 자동차를 분해해 연구한 뒤 자동차 사업에 진출하기로 결심했다.[32] 그로부터 3년 후 첫 자동차를 출시했고 회사명을 '토요타'로 바꿨다(성의 일본어 글자 획수를 행운의 숫자인 8획으로 줄인 것이라고 한다).

거의 100년이 흐른 지금, 도요다가 취했던 남다른 접근법은 표준적인 절차로 채택돼 활용되고 있다. 오늘날 자동차 제조사들이 경쟁사의 차를 해부하는 것은 흔한 일이다. 다만 그들은 역설계 대신 "경쟁적 벤치마킹"이라는 표현을 쓴다.[33]

스탈린의 부하들이 폭격기를 해부했듯, 엔지니어들은 경쟁사의 자동차를 분해해 부품과 구조를 꼼꼼하게 살펴보면서 최신 기술과 비용 절감 방안을 알아내고 전략에 대한 실마리를 얻는다.

자동차가 특히 주목할 만한 산업인 이유는 모든 주요 제조업체가 경쟁사 제품을 역설계로 분석하기 때문도, 그들이 역설계를 활용한다는 사실을 공개적으로 인정하기 때문도 아니다. 그것은 최근 들어 자동차 업체들이 경쟁 제품의 분석 정보 비용을 함께 부담하기 시작했기 때문이며 심지어 그들은 자사 제품에 대한 정보도 기꺼이 제공한다.

이를 가능케 한 것은 에이투맥원(A2Mac1)이라는 프랑스 회사다.[34]

자동차광 형제가 1997년 설립한 에이투맥원은 사동차를 분해한 정보를 구독 서비스 기반으로 고객사들에 제공한다. 마치 넷플릭스 같은 이 회사의 데이터베이스에는 600대 이상의 자동차를 분해한 정보와 부품 하나하나에 대한 상세한 분석이 담겨 있다. 무게, 기하학적 구조, 작은 볼트의 제조사명에 이르기까지 말이다. 에이투맥원은 고객이 부품의 실물을 직접 확인해볼 수 있도록 하며, 최근에는 부품을 3D 스캔해 멀리 있는 고객이 VR(가상현실) 안경으로 볼 수 있는 서비스도 제공하기 시작했다.

최근 20년 사이에 자동차의 품질이 월등히 높아진 데는 에이투맥원의 활약도 한몫했다고 볼 수 있다.* 에이투맥원 덕분에 자동차 제조사들이 다른 업체를 더 쉽고 효과적으로 벤치마킹할 수 있게 되자, 짧은 기간 내에 업계 전체의 성과가 크게 올랐다. 자동차 업계는 역설계라는 관행을 못마땅해하거나 그 존재를 부인하는 대신, 정보의 공유가 업계 관계자 모두에게 값진 이로움을 가져다줄 수 있다는 사실을 깨달은 것이다.

---

* 지난 10년 동안 10년 된 중고차의 평균 가격은 75퍼센트 올랐다.[35] 하지만 같은 기간에 신차의 평균 가격은 불과 25퍼센트 올랐다. 중고차의 가치가 유지되는 기간이 과거보다 훨씬 더 길어졌다.

창의적 직업일수록 역설계가 중요한 까닭

타인의 작품을 파헤쳐 분석하는 작업에 대한 모종의 부정적 인식이 존재한다. 특히 창의성과 관련된 분야에서 더 그렇다. 그런 관점이 생기는 까닭은 창의성에는 독창성이 필요하다는 생각, 그리고 독창성이란 타인의 작품에 의지해 얻을 수 있는 것이 아니라는 생각 때문이다. 창의적 직업을 가진 사람은 모방이나 표절을 했다는 비난에 민감할 수밖에 없다. 그렇기 때문에 설령 좋은 의도로 시작했더라도 타인의 작품을 면밀히 분석하는 작업이 자신의 접근법에 영향을 미쳐 모방을 유도하고 결국 삼류가 될지 모른다고 걱정하게 된다.

그러나 이것은 창의성에 대한 잘못된 관점이다.[36] 그것은 이상주의적이고 경직된 관점이며 비현실적이고 비생산적인 태도다. 특히 계속해서 변화하고 진보하는 분야들에서는 더욱 그렇다.

첫째, 창의성은 고립에서 나오는 것이 아니라 여러 아이디어의 융합에서 나온다. 우리는 새로운 아이디어와 신선한 관점을 접할 때 뭔가를 만들어낼 가장 생산적인 상태가 된다. 따라서 창의성을 예측할 수 있는 가장 효과적인 지표 중 하나는 경험에 대한 개방적 태도다. 호기심을 품은 채 새로운 것을 적극적으로 찾고 앨리스처럼 토끼 굴로 기꺼이 들어가는 사람이 외부 세상과 담을 쌓고 혼자 있는 사람보다 훨씬 큰 창의성을 발휘할 수 있다.

둘째, 독창성은 창의성과 동의어가 아니다. 새로운 개념을 창안하고도 특정한 사고 틀에 갇혀 자신의 '독창적인' 아이디어를 새로운 방식으로 응용하지 못하는 이들이 종종 있다. 비즈니스 세계에는 시장을 선점하고도 더 진취적이고 창의적인 경쟁자들에게 밀려 뒤처진 사례가 허다하다. 팜파일럿(PalmPilot), 아타리(Atari), 알타비스타(Alta Vista), 프렌드스터(Friendster), 아메리카온라인(America Online)을 만든 이들은 최초가 되는 것이 최고가 되는 것과 같지는 않다는 사실을 인정할 것이다.

셋째, 역설계는 창의성을 가로막는 방해물이 아니다. 오히려 새로운 기술과 지식을 습득해 뭔가를 전과 다른 창의적인 방식으로 만들어낼 수 있는 저력을 키워준다. 오늘날 대부분의 업계가 무서운 속도로 변화한다는 점을 감안할 때 이는 특히 중요하다. 당신이 역설계 접근법으로 주말 동안 유명 블로그들에서 알아낸 효과적인 블로그 운영 방식에 당신만의 전문성을 더해 방문자의 시선을 사로잡는 근사한 블로그를 월요일 아침에 연다면, 당신은 창의적 역량을 몇 배로 키워 활용하는 것이다.

요컨대 역설계 접근법을 버리면 독창성이 생기는 것이 아니라 지적 시야와 사고의 폭이 좁아진다.

물론 세상에는 이 책에서 설명하는 방법론을 악용하는 이들이 존재한다. 일부 기업들은 타사의 성공한 제품을 똑같이 베껴 더 싼값에 파는 비즈니스 모델로 먹고살고, 어떤 국가는 다른 나라 사람들의 지적재산권을 전혀 존중할 줄 모르는 행태를 보인다.

그러나 그런 사례에 집중하는 것은 핵심을 놓치는 일이다. 세상에 연쇄살인마가 있다고 해서 식탁용 나이프의 가치가 사라지는 것은 아니듯, 기생충 같은 모방범이 존재한다고 해서 역설계의 가치가 사라지는 것은 아니다.

대부분의 사람은 기존 제품을 그대로 베끼길 원하지 않는다. 그들의 목적은 훨씬 더 중요한 다른 데 있다. 검증된 비결을 알아내 그것을 자신만의 방식으로 응용하는 것이다. 동경하는 작품에 숨겨진 공식을 모방하는 것이 우리의 창의성을 억누를지 모른다는 걱정이 들지 모르지만 사실은 그 반대라는 증거는 존재한다.

어느 날 저녁 함께 술을 마시던 친구가 당신에게 주말 드로잉 워크숍에 함께 가자고 제안한다. 당신은 미술에 별로 소질이 없지만 좋아하는 친구와 색다른 활동을 해보면 기분전환이 될 것 같아서 가보기로 한다.

당신은 워크숍이 열리는 스튜디오에 도착해 반갑지 않은 사실을 알게 된다. 당신과 친구가 서로 다른 팀에 배치되는 것이다. 같은 팀에 넣어달라고 부탁해보려는데, 강사가 주말이 끝나면 각 팀원들이 완성한 최종 드로잉을 전문 화가가 심사할 것이라고 말한다. "누가 더 창의적인지 평가할 겁니다!" 그 말을 들으니 은근 경쟁심이 발동한다. 친구도 마찬가지다. 둘 다 더 멋진 드로잉을 완성하겠다고 다짐한다.

그런데 강사가 말해주지 않은 점이 하나 있다. 당신과 친구가 다른 방식의 교육을 받게 된다는 사실이다(당신은 이를 워크숍이 끝날 무렵에야 알게 된다). 당신은 사흘 내내 대상물을 열심히 그리는 작업을 한다. 반면 친구의 팀은 비슷한 지시를 받지만 한 가지 다른 점이 있다. 대상물을 그리다가 워크숍 둘째 날에는 화가가 그린 작품을 그대로 따라 그린 뒤 다시 자신의 그림 작업으로 돌아가는 것이다.

잠깐 생각해보자. 워크숍이 끝났을 때 어느 쪽에서 완성한 그림이 더 창의적일까? 주말 내내 자신의 그림만 그린 쪽일까? 아니면 그림을 그리다가 도중에 다른 화가의 그림을 모사한 뒤 자기 그림으로 돌아간 쪽일까?

이것은 2017년 〈인지과학(Cognitive Science)〉에 발표된 인상적인 논문에서 다룬 주제다.[37] 도쿄대학교의 창의성 전문가 오카다 다케시와 이시바시 겐타로가 진행한 실험 중에 위의 시나리오와 비슷한 사흘간의 실험이 있었다. 이 연구 결과는 우리가 창의성에 대해 갖고 있는 통념을 흔든다.

연구 결과에 따르면, 화가의 작품을 모사하는 작업이 나중에 더 창의적인 그림을 완성하는 데 기여했을 뿐만 아니라, 그런 작업은 모사된 작품과 아무 관련이 없는 새로운 아이디어들을 이끌어냈다. 다시 말해 사람들은 모방을 하면서 기존 접근법을 그대로 재현하기만 하는 것이 아니었다. 모방은 호기심과 열린 태도를 자극해 그들이 자신의 작품을 뜻밖의 새로운 방향으로 끌고 가게 했다.

당신은 고개가 갸웃거려질지 모른다. 기존 작품을 모방하는 것이 더 높은 창의성을 낳는다는 말은 선뜻 이해되질 않는다. 어쨌든 모방이란 독창성과 정반대되는 것 아니던가? 그렇다면 위의 학자들은 이 부분을 어떻게 설명할까?

그들은 모방 행위 자체와 거기서 영감을 받아 만들어진 작품을 구분해 생각해야 한다고 말한다. 특정 작품을 그대로 복제하는 작업 자체에는 창의성이 발휘되지 않는다. 진정한 마법이 일어나는 것은 '그 이후'다.

모방이란 어떤 완성물을 주의 깊게 관찰 및 분석해 핵심 요소를 파악한 후 재조립하는 과정이며, 이것은 우리 두뇌에 평상시와 다른 놀라운 프로세스를 가동시킨다. 대상을 수동적으로 관람하거나 소비할 때와 달리, 모방을 하려면 고도의 집중력으로 미묘한 디테일과 숨겨진 기법을 찾아내야 한다.

하지만 그런 세심한 관찰이 전부가 아니다. 모방을 위해서는 해당 작품을 만드는 동안 원작자가 내린 결정들에 대해 깊이 생각해봐야 한다. 또한 모방 작업을 하다 보면 평소에는 그냥 지나쳤을 요소나 기회를 민감하게 인식하게 된다. 그 과정에서 자신이 취하던 원래의 접근법에 의문을 품게 된다. 모방은 새로운 관점으로 가는 길을 열어주며, 우리 자신의 작업 방식에 숨겨진 창의적 기회를 찾게 도와준다.

반면 내면에서만 아이디어를 찾으려는 시도에는 한계가 있다. 자신의 작업에만 몰두하면서 외부 영향을 피하려고 하면 점점 더 창의성이 줄어든다는 사실을 여러 연구가 보여준다. 심리학자들은 어떤 문제를 너무 오랫동안 응시할 때 생겨나는 인지적 함정을 아인슈텔룽 효과(Einstellung effect), 심적 갖춤새 효과(mental set effect), 기능적 고착 등의 용어로 표현한다.[38] 결국 이 효과가 암시하는 바는 간단히 요약할 수 있다. 혼자 고립돼서 하는 작업에는 대가가 따른다는 것이다. 결국 몇 가지 안 되는 선택지만 생각하거나, 같은 아이디어를 반복적으로 재사용하거나, 과거에 효과 있었던 익숙한 방식에만 의존하게 된다.

그리고 상황은 더 악화된다. 우리는 좋은 해법이 무엇인가에 대한 혼자만의 가정에 사로잡히고, 그럴수록 사고의 폭은 좁아진다. 혼자 머리를 굴리는 시간이 길어질수록 혁신적인 아이디어를 만날 가능성은 줄어든다.

모방은 우리에게서 독창성을 빼앗아가는 작업이 아니다. 그것은 우리 머릿속의 가정을 재고하게 하고, 인지적 함정에 빠지지 않게 하며, 새로운 관점을 발견할 실마리를 던져준다. 동경하는 작품을 분석해 연구하면 창의성이 약해질 것이라고, 또는 기껏해야 아류작만 만들게 될 것이라고 생각하지 말라. 오히려 그 반대다. 모방은 우리가 창의성을 발휘하지 못하고 제자리걸음을 하게 만드는 보이지 않는 장애물을 깨부수는 데 꼭 필요한 도구다.

그렇다면 당신이 동경하는 작품(좋아하는 팟캐스트든, 경쟁자의 웹사이트든, 아카데미상을 받은 영화든)을 분석하려면 어떻게 해야 할까? 그 공식을 추출해 당신의 창의성을 발휘하는 데 활용하려면? 우리가 닮고 싶은 결과물을 해부하는 믿을 만한 방법론이 있을까?

어쩌면 더 중요한 질문은 이것일지 모른다. 역설계 과정 자체를 역설계로 분석할 수는 없을까?

2장

숨겨진 패턴을
읽어내는 법

• • ● • •

    얼리사 네이선은 스물두 살에 조시 야노버를 알게 됐다.[1] 둘은 수줍게 문자 메시지를 주고받았고 얼마 후 몇 번 더 문자를 했다. 조시가 먼저 데이트를 신청했다. 첫 데이트 날 두 사람은 와인을 마시며 그림을 그리는 스튜디오에 갔다. 너무 즐거웠다. 어느 순간 얼리사는 스튜디오에 있던 사람들이 보이지 않는다는 것을 알아챘다. 직원들이 청소를 하고 있었다. 그녀는 직원에게 곧 문 닫느냐고 물었다. 이런 대답이 돌아왔다. "네, 실은 45분 전에 닫았어요."

    늦은 시간이었지만 얼리사와 조시는 그냥 헤어지기가 아쉬웠다. 둘은 조시가 좋아하는 피자 가게로 향했다. 머시룸 피자 한 조각을 사서 나눠 먹었고 첫 키스도 했다. 더할 나위 없는 데이트였다. 그로부터

2년도 지나지 않아 둘은 남은 인생을 함께하기로 하고 결혼 계획을 세웠다.

얼리사와 조시가 결혼에 골인한 것은 알고리즘 덕분이었다. 둘은 세계 최대의 데이팅 앱 틴더에서 만났기 때문이다.[2]

비교적 최근까지만 해도 인터넷에서 파트너를 찾는 것은 연애에 목마른 사람들이 어쩔 수 없이 택하는 최후의 수단으로 여겨졌다. 하지만 요즘은 그런 부정적 시각이 사라졌다. 조사에 따르면 연인들의 약 40퍼센트가 온라인에서 만나며 이들이 대면 만남으로 시작한 사람들보다 더 잘되는 경향이 있다고 한다.[3] 즉 얼리사와 조시 커플처럼 이야기책의 행복한 결말을 보여줄 가능성이 더 높다.

데이팅 앱이 커플 성사에 효과적인 이유 중 하나는 머신러닝 기술로 개인의 취향을 파악하기 때문이다. 때로는 그들 자신조차 인식하지 못하는 취향을 알아낸다. 얼리사 같은 사용자가 화면을 오른쪽으로 밀거나, 특정 사진에서 오래 머물거나, 클릭해서 프로필을 보거나, 메시지에 답장할 때마다 틴더의 알고리즘이 이를 전부 파악한다. 이런 모든 행동은 상대에게 관심이 있음을 나타낸다. 그러면 알고리즘이 얼리사가 관심을 보인 모든 남성의 공통점을 분석한다. 키가 큰가 작은가? 평균 연령은 몇 살인가? 자기소개에 비춰볼 때 외향적이고 모험을 즐기는 타입인가, 신중하고 수줍음을 타는 타입인가?

틴더의 알고리즘은 얼리사가 생각하는 이상형을 효율적으로 파악해 체계화한다. 얼리사의 취향을 정확히 파악할수록 그녀의 마음에 드는 사람을 효과적으로 추천할 수 있으므로 이상형을 만날 확률도 커진다.

최근 알고리즘 기술은 데이팅 앱뿐만 아니라 다른 분야에서도 활발히 이용되고 있다. 이 기술이 각광받는 것은 신속하게 패턴을 찾아내는 능력 덕분이다. 사용자의 수많은 클릭과 스크롤, 스와이프 동작을 분석해 특정한 공식을 추출하고 이를 토대로 미래 행동을 예측하는 접근법은 비즈니스와 기술 분야, 심지어 커플 매칭 분야에서도 활용 가치가 상당하다.

또한 이 프로세스는 역설계와 분명한 공통점을 지닌다. 훌륭한 이야기나 교향곡, 사진을 탄생시키는 체계적 원리를 추론할 때도 어떤 한 사례에 확실히 나타나는 현상만으로는 안 된다. 뒤로 물러서서 여러 사례를 관찰하고 패턴을 파악해 공식을 알아내야 한다.

인간은 본래 패턴을 찾아내는 일에 뛰어난 존재다. 실제로 오랜 세월 동안 패턴 찾기 능력은 인간 생존에 필수였다. 먼 옛날부터 우리 조상들은 식량을 어디서 발견할 수 있는지, 어떤 색깔의 식물에 독이 있는지 초원을 돌아다녀도 안전한 시간대가 언제인지 등 온갖 상황을 패턴 인식에 의존했다. 위험에서 살아남으려면 주변 환경을 정확히 파악해 앞으로의 상황을 추론해야 했다. 물론 이제는 패턴을 찾아내는 능력이 생사를 좌우하지는 않지만, 심리학자들은 뛰어난 패턴 인식 능력이 성공을 예측하는 데 여전히 중요한 역할을 하고 높은 지적 능력을 보여주는 주요 지표라고 생각한다.[4]

그런데 기술 발전 덕분에 이제는 패턴을 찾아내는 컴퓨터의 능력이 인간보다 훨씬 뛰어나다. 그렇다면 이런 흥미로운 질문을 던지게 된다. 알고리즘이 패턴 파악에 뛰어난 이유가 무엇일까? 그리고 우리는 역설계 능력을 향상시키기 위해 거기서 무엇을 배울 수 있을까?

가장 기본적인 부분부터 시작하자. 패턴 인식이라는 엔진은 네 가지 구성 요소로 이뤄진다.[5] 첫 번째는 '데이터 수집'이다. 얼리사가 매력적으로 느끼는 남성의 유형을 예측하려면 먼저 그녀가 좋아하거나 싫어하는 남성들의 사례를 수집해야 한다. 이는 그녀가 특정 프로필들에 보인 반응에서 얻을 수 있다.

두 번째는 그 사례들을 분석해 '중요한 변수들을 알아내는 것'이다. 그 남성들이 지닌 특징 중에 얼리사의 결정에 영향을 미쳤을 가능성이 있는 것은 무엇인가? 얼른 떠올릴 수 있는 것은 나이, 몸무게, 키 같은 신체 특징이다. 하지만 프로필 내용도 고려해야 한다. 프로필에 올린 사진 개수, 자기소개 길이, 그 내용이 알려주는 성격 등. 이 단계에서 많은 변수를 추려낼수록 얼리사의 관심을 자극하는 요인을 알아낼 확률이 높아진다.

세 번째는 '유사성 찾아내기'다. 얼리사의 마음에 드는 남성들이 지닌 공통점은 무엇인가? 어떤 특징을 공유하는가? 얼리사가 거부한 남성들의 경우는 어떤가? 그들은 얼리사가 긍정적 반응을 보인 남성들과 어떤 점이 다른가? 데이팅 알고리즘은 이 두 그룹의 특성을 비교함으로써 얼리사의 결정을 만들어낸 요인을 찾기 시작한다.

마지막 단계는 이 같은 분석 결과를 이용해 얼리사의 마음에 들 만한 남성을 '예측하는 것'이다. 얼리사에게 그녀의 이상형에 가까운 상대들이 추천되기 시작한다. 그리고 그녀가 화면을 밀어 넘기는 횟수가 늘어날수록, 알고리즘 시스템이 그 데이터를 축적해 예측을 더욱 정밀히 하고 이상형에 더 가까운 남성을 추천한다.

인공지능 요리사에게 배울 점

우리 인간은 적당한 개수의 변수가 주어지면 패턴을 수월하게 찾아낼 수 있다. 그러나 변수의 복잡성이 일정 수준을 넘어가면 패턴 발견 성과가 현저히 떨어진다. 이때는 컴퓨터 알고리즘의 실력이 우리를 압도적으로 능가한다.[6] 컴퓨터는 특성들을 모아놓은 방대한 데이터베이스를 평가하고 여러 요소를 동시에 분석하며 새로운 데이터가 입력되면 실시간으로 예측치를 업데이트할 수 있다. 그리고 인간은 무의식적 기대와 사회적 압력 탓에 틀에 박힌 관습적 예측을 하기 쉽지만 컴퓨터는 이런 한계에서도 자유롭다.

이런 강점들은 실제로 주목할 만한 결과를 내고 있다. 요리 세계를 조용히 뒤흔들고 있는 IBM의 사례를 보자. 몇 년 전 IBM의 프로그래머들이 IBM 초대 CEO 토머스 왓슨(Thomas J. Watson)에서 이름을 따온 머신러닝 프로그램 왓슨(Watson)에 두 종류의 정보를 주입했다. 사람들이 맛있어하는 음식에 대한 연구 결과들(이와 관련된 분야를 '쾌락 정신물리

學hedonic psychophysics'이라고 부른다)과 음식 잡지 〈본아페티(Bon Appétit)〉가 보유한 방대한 레시피들이었다. 이렇게 탄생한 인공지능 앱 '셰프 왓슨(Chef Watson)'은 데이터를 분석해 발견해낸 패턴을 토대로 새로운 레시피를 제안했다.[7]

그 결과는 놀라웠다. 단순히 셰프 왓슨이 제안하는 기발한 식재료 조합 때문만이 아니다. 알고리즘이 밝혀낸 숨겨진 법칙들 때문이다.

흔히 우리는 인기 많은 요리라고 하면 한 가지 요인, 즉 맛에만 초점을 맞춘다. 그런데 셰프 왓슨의 분석은 요리를 매혹적으로 만드는 것이 맛이 아니라 냄새임을 보여준다. 구운 닭고기나 바닷가재 수프의 냄새는 코와 목구멍에 있는 수용체를 활성화하고, 음식을 먹기도 전에 몸속에 많은 엔도르핀을 분비시킨다. 우리가 의식적으로 알아채지 못하는 만족감을 유발하는 것이다.

셰프 왓슨의 분석에서는 또 다른 중요한 통찰도 얻을 수 있었다. 음식을 만드는 셰프들이 특히 주목할 만한 지점이었다. 그것은 바로 냄새에 수학적 원리가 담겨 있다는 사실이다. 음식이 기분 좋은 냄새를 만들어내는지 아닌지 알아보기 위해 굳이 힘들게 요리를 할 필요는 없다. 컴퓨터로 엑셀을 실행한 후 특정 음식 레시피의 재료를 분석해보기만 하면 된다. 모든 재료에는 그것만의 독특한 향이나 냄새를 만들어내는 화학물질이 들어 있다. 셰프 왓슨의 분석은 대회에서 상을 받거나 엄청난 인기를 얻는 레시피들에 어떤 패턴이 있다는 사실을 밝혀냈다. 요리 재료들이 특정 화학물질들을 '공통으로' 갖고 있었던 것이다.

셰프 왓슨은 방대한 데이터와 복잡한 수학적 도구를 이용해 표면 아래 숨겨진 구조를 밝혀내, 특정 음식이 널리 사랑받는 이유를 설명해낸다. 피자를 예로 들어보자. 왓슨의 분석에 따르면 토마토와 모차렐라, 파르메산 치즈, 구운 밀가루 반죽은 100가지 이상의 화학물질을 공유하며 바로 이 때문에 피자가 우리의 미각을 사로잡는 것이다.

셰프 왓슨은 이런 분석을 토대로 보통의 셰프가 떠올리지 못하는 새롭고 복잡하며 기발한 레시피를 추천한다. 대표적인 것은 다크 초콜릿을 곁들인 아스파라거스 구이, 토마토와 올리브, 체리를 곁들인 오리 구이, 딸기와 사과와 버섯이 들어간 닭꼬치 구이다.

강력한 컴퓨터 기술이 없었다면 야심 찬 요리 전문가라 하더라도 셰프 왓슨이 분석해낸 결론에 이르기 힘들었을 것이다. 우리는 틴더와 IBM 왓슨에서 사용한 것 같은 알고리즘에 내포된 실용적 접근법에서 꽤 많은 것을 배울 수 있다. 특히 우리가 본보기로 삼고 싶은 작품이나 결과물을 역설계로 분석하는 방법과 관련해서 말이다.

이런 알고리즘이 보이지 않는 패턴을 어떻게 밝혀내는지 더 자세히 살펴보자. 먼저 사례 수집부터 시작하자.

워홀과 타란티노, 헤밍웨이를 거장으로 만든 습관

패턴을 찾아내기 위해 고안된 컴퓨터 프로그램이 가장 먼저 하는 일은 '분석'이 아니라 '수집'이라는 점에 주목하라. 그것은 많은 뛰어난 작가와 음악가, 디자이너의 습관과도 일치한다. 그들은 자신을 거장이 아니라 수집가로 생각한다. 그들은 요리사가 식재료를 찾아다니듯 게걸스럽고 집요하게 작품을 소비하고 모은다.

각 분야에서 최고가 된 인물들을 보면 이름을 날리기 훨씬 전부터 자신이 좋아하고 존경하는 작품을 수집한 경우가 많다. 앤디 워홀은 미술품을[8], 데이비드 보위는 음반을[9], 줄리아 차일드는 요리책을[10] 모았다. 닥치는 대로 영화를 보는 영화광이었던 쿠엔틴 타란티노[11]는 동네 비디오 가게에서 일하며 손님들한테 영화를 추천했다. 그는 일을 하면서 훨씬 더 많은 영화를 볼 수 있었다. 어니스트 헤밍웨이는 보유한 장서가 9000권이 넘었고 해마다 책이 200여 권씩 늘었다고 한다.[12] "작가란 모방하려는 독자다"라고 했던 소설가 솔 벨로(Saul Bellow)의 말이 맞는 것 같다.[13]

뛰어난 사례를 모으는 것이 왜 그토록 중요할까? 최고에 이르기 위한 첫 단계는 최고에 이른 이들의 작품을 경험하는 것이기 때문이다.

자기 분야를 호령하는 전문가들도 처음에는 그 분야의 성과물을 경험해보고 싶은 욕구에서 출발한 경우가 많다. 그런 경험이 쌓여 취향이 세련돼지면 자신이 동경하는 요소와 경멸하는 관습에 예민해진다.

그리고 컴퓨터 알고리즘이 새로운 정보를 실시간으로 받아들여 결과물을 계속 개선하듯이, 본보기가 되는 사례들을 경험하는 것은 해당 분야에서 활동하는 내내 중요한 역할을 한다. 톰 페로타(Tom Perrotta)는 30년 넘게 글을 써온 소설가다. 지금도 그는 집요한 독서가 훌륭한 글쓰기의 필수 요소라고 생각한다. "끊임없이 읽지 않는다면 그는 작가가 아니다. 이것은 비난이 아니라 일종의 판단 척도다."[14]

사례를 끊임없이 접하고 경험하면 당장은 눈에 보이지 않아도 실력이 쌓인다. 예컨대 의식적으로 애쓰지 않아도 그 분야의 일반적 규칙과 관습을 흡수하게 된다. 뭔가를 배우려는 의식적인 노력을 기울이지 않더라도 기본 구조를 지닌 사례를 자꾸 경험하면 패턴을 찾아내는 능력이 자연스레 생긴다는 것을 여러 연구가 보여준다. 인지심리학에서는 이를 '암묵적 학습(implicit learning)'이라고 부른다.[15] 넷플릭스에서 어떤 시리즈의 초반 에피소드 몇 편에 확 끌렸다가 시즌 마지막으로 갈수록 예상되는 뻔한 전개에 지루함을 느껴본 적이 있는가? 이 경우 암묵적 학습의 효과가 발휘된 것이다.

또한 사례를 경험하는 것은 성취에 대한 관점을 넓혀준다. 우리는 최고 수준에 도달하려면 무엇보다 연습이 중요하다는 말을 자주 듣는다. 전문가가 되려면 명확한 목표와 즉각적인 피드백과 수없는 연습이 필요하다고들 한다. 이런 관점에는 명백한 문제가 있다. 경험해본 적이 없는 방식은 연습할 수도 없다. 최고의 아이디어는 혼자 고립돼 연습하는 시간에서 나오지 않는다.[16] 그것은 거장들의 작품 안에 들어 있다.

다양한 사례를 수집하면 서로 다른 영향력 요소들의 독특한 힘을 분간하는 힘도 생긴다. 예컨대 대부분의 소설가는 플롯 짜기, 대화 구성, 인물 묘사, 배경과 분위기 설정, 어휘 선택, 이 모두에 뛰어난 작가는 거의 없다는 사실을 인정할 것이다. 그들은 오랫동안 다양한 작품을 접해본 경험으로 작가마다 강점이 다르다는 사실을 알고 있다. 그렇기에 여러 영향력 요소를 새로운 방법으로 조합해 자신에게 맞는 특정한 모델을 만들어낸다.

그러나 수많은 작품 중에 당신이 훌륭하다고 느끼는 것을 골라내는 작업에는 또 다른 이점도 있다. 양이 많으면 패턴을 찾기도 그만큼 쉬워지는 것이다. 연구하고 분석할 뛰어난 사례가 많을수록 공통된 특성을 찾아내기도 더 쉬워진다.

'다른 그림 찾기'로 성공의 핵심 특성을 파악하라

사례를 수집했다면 이제 무엇을 해야 할까? 훌륭하다고 생각되는 결과물을 모아놓은 상태라면, 그것들이 탁월한 이유를 어떻게 알아낼 수 있을까?

패턴 인식 알고리즘은 이 지점에서 다량의 분석을 쏟아낸다. 알고리즘은 특정 사례와 다른 사례를 구분 짓는 요소들을 탐색해 '성공한' 사례가 지닌 핵심 특성을 알아낸다.

컴퓨터가 아닌 우리 인간이 해야 할 일은 어렸을 때 누구나 한번쯤 해본 게임과 비슷하다. '다른 그림 찾기'를 기억하는가? 나란히 놓인 비슷한 그림 두 장에서 다른 부분을 찾아내는 게임 말이다. 훌륭한 사례들에서 패턴을 찾아낼 때도 그 방법을 적용하면 된다.

당신이 이름을 얼핏 들어본 건강 전도사의 웹사이트 링크를 우연히 클릭했다고 치자. 처음 뜬 화면을 보자마자 마음이 끌린다. 무료 뉴스레터를 받아보기 위해 회원으로 등록하려다 멈칫한다. 이런 생각이 드는 것이다. "나는 원래 이런 뉴스레터 신청 잘 안 하는데. 대체 이 웹사이트에는 왜 끌리는 걸까?"

사람들은 보통 이럴 때 깊이 생각하지 않고 그냥 넘어간다. 하지만 '다른 그림 찾기' 접근법으로 그 물음표를 더 깊게 생각해볼 수 있다. 그 웹사이트를 매력적이게 만드는 특성을 알아내기 위한 몇 가지 구체적인 질문을 던져본다. 일테면 "이 웹사이트는 다른 건강 전도사들의 웹페이지와 어떻게 다른가?"를 생각해본다. 또는 아래와 같은 질문도 유효하다.

- 이것이 매력적인 이유가 무엇인가?
- 내가 여기서 무엇을 배울 수 있는가?
- 현재 내가 진행 중인 프로젝트에 이것을 어떻게 응용할 수 있을까?

결국 중요한 것은 질문 그 자체라기보다는, 뛰어난 결과물을 만났을 때 그것이 훌륭한 이유를 해부하려고 노력하는 당신의 태도다.

하버드 경영대학원 교수였던 고(故) 클레이튼 크리스텐슨(Clayton Christensen)은 일반적인 경영자들과 일론 머스크, 리드 헤이스팅스, 제프 베이조스 같은 파괴적 혁신가들의 차이점을 수십 년간 분석해 흥미로운 사실을 알아냈다.[17] 그의 연구 결과에 따르면 평범한 경영자와 혁신가의 성격은 놀랍도록 비슷하다. 또 혁신적 창업가가 일반 경영자보다 지능이 더 높은 것도 아니고, 일반 경영자가 혁신적 창업가보다 리스크 수용력이 더 낮은 것도 아니다. 두 그룹의 차이는 '성격 특성'이 아니라 '행동 방식'에 있다.

두 그룹의 차이가 특히 크게 나타나는 행동 방식은 바로 질문하는 습관이다. 일반 경영자와 비교할 때 파괴적 혁신가는 호기심에 이끌려 행동하는 경향이 훨씬 강하다. 그것은 혁신 마인드를 가진 사람의 대표적인 특징이다. 혁신적 창업가는 질문을 던지고, 평범한 관리자는 규칙을 따른다. 창업가는 넓은 시야의 질문을 던지고("진짜 중요한 문제가 무엇일까?"), 만일을 가정한 시나리오를 생각하며("만일 우리가 현금을 받는 시스템을 없앤다면 어떻게 될까?"), 무엇보다 근본 원인을 캐내려고 애쓴다("고객들이 이렇게 행동하는 이유가 무엇일까?").

여기서 우리가 얻을 교훈은 이것이다. "이 작품이(또는 결과물이) 성공한 이유가 무엇일까?"라는 질문을 시간을 들여 생각해보는 것은 절대 사소하거나 비생산적인 일도, 학자들만 하는 일도 아니라는 점이다. 당신이 성과를 내고 싶다면, 질문하기는 당신이 해야 할 가장 중요한 일

중 하나다.

다른 점을 찾아내기 위한 또 다른 접근법은 특정 작품을 여러 수단을 활용해 살펴보는 것이다. 예컨대 어떤 작가의 성공 비밀이 풀리지 않는다면 그의 작품을 오디오북으로 들으면서 단서를 찾아보라. 자신의 작품을 직접 읽는 저자의 목소리를 듣다 보면 그가 글을 쓰면서 마음속에 상상한 목소리를 느낄 수 있다. 글을 읽는 리듬과 억양이 중요한 통찰력을 드러내거나, 특정 단어에 강하게 실리는 억양이 글에 담긴 의도를 드러낼 수도 있다.

반대의 접근법도 유용하다. 오디오를 텍스트로 바꾸는 것이다. 당신이 닮고 싶은 강연가가 있다면 그의 강연을 녹음한 후 글로 옮겨보라. 치밀하게 연구하고 싶은 TV 프로그램이나 영화가 있다면 대본을 구하라. 뮤지션이라면 노래를 악보로 옮겨보라. 당신이 활용할 수 있는 형식이 많을수록 대상의 핵심 특성을 찾아낼 확률이 높다.

그러나 대상물을 분해해 탁월함의 이유를 알아내려고 아무리 노력해도 성과가 없는 경우도 있기 마련이다. 다행히 차이점을 알아내고 중요한 특성을 밝혀내기 위해 활용할 수 있는 기법은 또 있다. 그것은 바라보는 위치를 바꾸는 전략이다. 뒤로 물러나야만 보이는 숨은 구조를 드러내는 그 전략은 '줌아웃'이다.

디테일을 무시하는 줌아웃 전략

1950년대 초반에 크리스마스 선물 하나가 프로 미식축구에 혁신적 변화를 가져왔다.

그 선물을 받은 사람은 프로 미식축구 뉴욕 자이언츠 팀의 사무국장인 웰링턴 마라(Wellington Mara)였다.[18] 마라의 부모는 아들에게 시장에 나온 새로운 발명품을 선물했다. 폴라로이드 카메라였다. 즉석 필름 기술의 발전 덕택에 등장한 폴라로이드 카메라는 당시 가장 인기 있는 크리스마스 선물이었다. 이 최신 제품에 홀딱 반한 마라는 그것을 일터에도 가져갔다. 그리고 팀의 어시스턴트 코치 빈스 롬바르디(Vince Lombardi)에게 보여주었다.

롬바르디는 폴라로이드 카메라를 보고 아이디어를 하나 떠올렸다. 그는 자신이 떠올린 작전을 도와달라고 마라에게 은밀히 부탁했다.

그날 이후 마라는 홈경기가 있을 때마다 관중석의 제일 높은 층에서 팬들 사이에 섞여 앉았다. 그는 공격팀 센터가 쿼터백에게 공을 건네주면서 경기가 시작되기 직전에, 폴라로이드 카메라로 상대 팀의 포메이션을 몰래 찍어 그 사진과 적당히 무게가 나가는 물건을 양말에 쑤셔 넣은 후 잠시 기다렸다. 그리고 팬들이 경기에 정신이 팔려 있는 사이에, 그 양말을 뉴욕 자이언츠 팀의 벤치를 향해 던졌다. 마라가 그렇게 전달한 정보는 결정적이었다. 그의 폴라로이드 사진들 덕분에 뉴욕 자이언츠는 전례 없는 연승 행진을 이어갔으며 이후 8년간 여섯 번이나 챔피언 결정전(나중에 슈퍼볼Super Bowl로 불림)에 올라갔다.

물론 오늘날 미식축구 팀들은 플레이 후 몇 초도 안 돼 태블릿으로 전송되는 공중 이미지들을 활용한다. 감독 및 코치진과 선수들은 경기 내내 그 화면을 진지하게 분석한다. 이는 꼭 필요한 과정이다. 넓은 시야에서 찍은 화면은 가까이에서 보이지 않는 정보를 주기 때문이다. 뒤로 물러나 거리를 확보한 상태에서 경기장 전체를 조망하는 것만큼 상대편 작전을 빠르게 파악할 수 있는 방법은 없다.

우리가 분석하고 싶은 대상의 구조를 알아낼 때도 마찬가지다. 가까이서는 보이지 않는 패턴이 줌아웃으로 멀리서 바라보면 비로소 보이는 경우가 많다.

줌아웃의 실용적 활용법이란 어떤 것일까? 글쓰기에 활용되는 방법 중 하나인 '역방향 개요 작성(reverse outlining)'이 대표적이다. 중학교 수준의 글쓰기 수업에서도 개요 작성은 반드시 가르친다. 이는 글을 쓰기 전에 각 부분에서 다룰 주요 논지를 정리해 글의 얼개를 짜는 과정이다.

역방향 개요 작성은 전통적 개요 짜기의 영리하고 흥미로운 사촌쯤 된다. 역방향 개요 작성은 앞으로 쓸 글에 담길 논지를 정리하는 것이 아니다.[19] 대신 반대 방향으로 작업해, 완성한 글에 담긴 주요 논지를 정리해 개요를 만드는 것이다.

대학생들은 자기가 쓴 에세이의 논리성과 흐름을 점검하는 방법으로서 역방향 개요 작성을 배운다. 각 문단을 한 문장으로 요약해보면 문단의 역할을 파악하기가 더 쉽다. 그런데 이것이 에세이 쓸 때만 유용한 것은 아니다. 이 접근법은 작가가 되고 싶은 이들에게 매우 유용하다. 역방향 개요 작성을 활용해 기존 저자가 쓴 작품의 숨은 구조를 찾을 수 있기 때문이다.

나는 로체스터대학교 대학원 2년 차 때 크나큰 과제를 마주했다. 학술지에 제출할 첫 논문을 쓰는 일이었다. 물론 그간 수많은 논문을 읽어봤고 실험도 수없이 했지만 논문을 쓰는 일은 전혀 다른 일이었다. 학술지에 실을 논문을 쓰는 일은 마치 우주선을 만드는 일만큼이나 어렵게 느껴졌다.

이후 지옥 같은 몇 주를 보냈다. 허구한 날 도서관이나 카페에 앉아 화면에서 깜빡거리는 커서를 몇 시간씩 쏘아봤다. 밤에 잠도 잘 안 왔다. 그러다 어느 날 아침 전략을 바꿔보기로 했다. 괴로움에 몸부림치면서 영감이 마법처럼 찾아오길 기다리는 대신, 하루에 몇 시간씩 내가 굉장히 존경하는 저명한 심리학자의 논문들을 다시 읽기 시작했다. 그의 천재성이 내게도 전염되길 바라면서.

나는 논문 하나를 꼼꼼하게 읽은 후 두 번째, 세 번째 논문도 똑같이 집중해서 읽었다. 그러다 뭔가를 알아챘다. 다섯 번째인가 여섯 번째 논문쯤 되니 확연히 느껴졌다. 논문들에는 어떤 패턴이, 반복해서 나타나는 구조가 있었다. 그 구조는 이러했다. 저자는 도입부에서 놀라운 통계 자료나 새로운 이야기로 독자의 관심을 끌어당기고, 도발적 질문을 던진 후 기존 연구 결과들을 검토했다. 그런 뒤 인상적인 문체로 자신의 논지를 기술했다. 이런 구조 덕분에 그의 글은 논리적이면서도 대담하다는 인상을 주었다.

이런 구조를 간파한 나는 그의 논문들에 대해 역방향 개요 작성을 시작했고, 이전에 강의실에서 배운 어떤 것보다 값진 것을 얻어냈다. 바로 학술지 논문을 쓰기 위한 설계도였다.

몇 년 후 나는 이런 접근법이 비단 학술 논문에만 적용되지 않는다는 사실을 깨달았다. 입소문이 날 만한 온라인 콘텐츠를 만들 때도 요긴하다는 얘기다. 이런 생각을 한 것은 나뿐만이 아니었다. 비즈니스 전문 저술가 도리 클라크(Dorie Clark)는 역설계 접근법으로 기존에 발표된 글들의 숨겨진 구조를 알아내는 법을 가르치는 강좌를 만들었다.[20] 클라크가 말하는, 입소문을 타는 콘텐츠를 만드는 방법 중에는 이런 것도 있다. 먼저 읽는 이가 공감할 수 있는 방식으로 문제를 제시하고, 호기심을 자극하는 소제목을 붙여 긴 텍스트를 여러 부분으로 나누고, 이 콘텐츠를 공유하면 똑똑하게 보일 것 같은 인상을 주는 흥미롭고 기발한 조언을 제시하며 마무리한다.

역방향 개요 작성은 글쓰기뿐만 아니라 다른 많은 창의적 분야에서도 진가를 발휘한다. 마케터는 기억에 남는 광고에 대해, 컨설턴트는 효과적인 제안서와 프레젠테이션 슬라이드에 대해 역방향 개요 작성을 할 수 있다. 무대에 서는 사람은 이 접근법을 활용해 훌륭한 연설이나 발표, 스탠드업 코미디 공연의 구조를 파악할 수 있다. 팟캐스터는 프로그램의 구조를, 영화감독은 스토리보드 구성을 도출할 수 있다.

이 접근법이 효과를 내는 첫 번째 이유는 우리에게 익숙하지 않은 행동을 요구하기 때문이다. 대상물을 전체로서 바라보게 하는 것이다. 이것은 우리가 일반적으로 창작물을 경험하는 방식과 크게 다르다. 책을 읽거나 영화를 볼 때 우리는 매 순간 전개되는 장면들에 집중할 수밖에 없다. 만일 나중에 그 작품의 스토리 전체를 떠올려야 한다면 신뢰할 수 없는 불완전한 기억 조각들을 소환해 조합해야 한다.

역방향 개요 작성은 그런 경험적 제약과 무관하다. 이는 시차가 있는 사건들을 한 장의 문서로 압축해 작품을 넓은 시각으로 보는 접근법이다. 미세한 붓놀림과 질감과 균열에 집중하는 것을 멈추고 뒤로 물러나 캔버스 전체를 보는 것이다. 폴라로이드 카메라를 든 웰링턴 마라와 함께 관람석 위층에 앉는 것과 같다. 거기에 앉으면 낮은 곳에서는 못 봤을 패턴이 보인다.

이 접근법이 효과적인 두 번째 이유는, 아이러니하게도, 디테일을 무시해야 하기 때문이다. 커다란 정보 덩어리를 한 문장으로 요약하려면 지엽적인 세부 사항을 버려야 한다. 대상물에 대해 보다 추상적이고 포괄적인 관점을 가져야 한다.

'해리 포터' 시리즈를 처음 읽으면 마법 학교라는 배경, 사랑스러운 등장인물들, 흥미로운 플롯에 반하기 쉽다. 그런데 시간이 흐른 후 한가한 여름날 오후 침대에 누워 있다가 문득 이런 생각이 든다. 어, 그거 왠지 익숙한 이야기잖아. 친척 집에 사는 고아가 어느 날 흥미로운 모험에 휘말리고 자신의 숨은 능력을 발견해서 악당과 맞서 싸우는 이야기.

예컨대 〈스타워즈〉도 그런 종류의 이야기다. 물론 그렇다고 해서 J. K. 롤링이 문학에 한 기여가 줄어드는 것은 아니다. 여름날 오후의 그런 경험은 패턴이란 거리를 두고 바라볼 때 눈에 들어온다는 사실을 당신에게 일깨워준다.[21]

7000만 명을 사로잡은 TED 강연의 비결

중요한 점 하나를 짚고 넘어가자. 패턴을 찾아내려면 '추상화 작업'이 필요하다. 줌아웃으로 패턴을 발견하기 위한 도구가 역방향 개요 작성만 있는 것은 아니다. 대상을 수치화하는 것도 효과적이다.

병원에서는 늘 특정 항목을 잰다. 체온, 몸무게, 혈압, 심박수 등. 이것들은 우리의 활력 징후다. 의사는 이 지표를 보고 우리의 상태를 판단하며 어떤 검사를 더 할지 단서를 얻는다. 이런 수치가 유용한 것은 환자들을 표준화하기 때문이다. 의료진은 이 수치를 토대로 환자들을 비교하고 주목할 만한 차이가 있는지 살핀다. 특정 연령대에 속하는 건강한 사람의 활력 징후 평균치를 알고 있으면 이상치를 쉽게 분간할 수 있다.

그것이 수치화의 힘이다. 중요한 특성을 숫자로 표현하면 해당 특성이 사례별로 얼마나 많은지 비교하기가 쉬워진다.

최근 들어 데이터과학자들은 차트 상위권에 오르는 노래, 책, 영화의 특징을 수치화하기 시작했다. 히트작과 평범한 작품을 비교해 단순히 특정 작품이 성공하는 이유만 알 수 있는 것이 아니다. 그렇게 비교한 결과를 활용해, 새 작품이 대중에 공개되기 '전에' 그것이 상업적으로 성공할지 여부를 예측하고 개선점을 찾아낼 수 있다.

그렇다면 히트 싱글이나 베스트셀러 소설, 대박나는 영화를 만드는 일과 관련해 데이터가 우리에게 무엇을 알려줄 수 있을까?[22] 실제로 상당히 많은 것을 알려준다.

당신이 만든 노래를 빌보드 톱 10에 진입시키고 싶다면? 4분의 4박자, 밝은 가사로 된 경쾌한 노래를 만들되 악기 종류를 너무 많이 넣지 말라. 흥행 영화를 만들고 싶다면? 다양한 유형의 인물을 등장시키고 저속한 요소는 거의 또는 전혀 넣지 말고 확실한 인과응보 구조를 만들어라. 독자들에게 사랑받는 소설을 쓰고 싶다면? 첫 부분을 짧은 문장으로 시작하고 문장에 부사를 최대한 적게 쓰고 중학생도 이해할 수 있는 쉬운 어휘를 사용하라.

이 같은 데이터 기반의 분석 결과는 소비자 경험을 실시간으로 파악하는 스트리밍 도구들 덕분에 앞으로 급속도로 늘어날 것이다. 과거에는 노래나 영화, 책이 소비된 '후에' 사람들의 반응을 파악했지만 요즘은 다르다. 스포티파이는 사용자가 노래를 듣다가 다음 곡으로 건너뛰는 것을 실시간으로 파악하고, 넷플릭스는 시리즈 중 어떤 에피소드가 가장 인기 있는지 알고 있으며, 킨들은 독자가 책의 어느 부분을 천천히 읽거나 강조 표시를 하는지, 어느 부분을 건너뛰는지 다 알고 있다.

이런 접근법을 활용하기 위해 당신에게 방대한 양의 데이터나 통계학 박사 학위, 슈퍼컴퓨터가 필요한 것은 아니다. 원하는 대상의 패턴을 찾아내고 싶다면, 숫자에 대해 열린 태도와 분석하려는 의지만 있으면 된다.

수치화를 위한 측정 기준이 많을수록 작품 고유의 탁월함을 만드는 데 기여한 특성이 무엇인지 찾아내기가 더 쉽다. 그렇다면 어떤 기준이 특히 중요할까? 그것은 처음엔 알기 어렵다. 따라서 호기심을 갖고 최대한 많은 것을 측정해보는 것이 최선이다.

예를 들어 당신이 다음 달 열리는 콘퍼런스에서 중요한 프레젠테이션을 한다고 치자. 당신에게 깊은 인상을 준 TED 강연자의 강연 패턴을 알아내고 싶다. 어떤 기준들을 관찰해야 할까? 이 경우 아래와 같은 목록을 만들어볼 수 있다.

길이
- 강연 시간
- 단어 개수

구조
- **예컨대 전체 중 아래 각각의 비율**
  도입부

논지

뒷받침 논거 1

뒷받침 논거 2

뒷받침 논거 3

결론

내용

- **전체 중 아래 각각의 비율**

  전기적 이야기

  비전기적 이야기와 일화

  논지와 관련된 주장

  뒷받침 데이터나 사실적 정보

  실천할 전략

- **긴장감 고조 장치나 질문의 횟수**

- **농담 횟수**

- **논지 반복 횟수**

- **언어 난이도**

  문장의 난이도

  평균 문장 길이

  문장 비율

  — 짧은 문장(5단어 이하)

  — 중간 문장(6~14단어)

— 긴 문장(15단어 이상)

감정

- **청중의 감정 변화**(각 단락이 유도한 긍정적, 중립적, 부정적 감정을 파악해 도출)

  긍정적 감정의 비율

  중립적 감정의 비율

  부정적 감정의 비율

메시지 전달력

- **속도**

  내용 전달 속도(분당 단어 개수)

- **보디랭귀지**

  열린 형태 vs 닫힌 형태

  걷기와 서 있기의 비율

- **슬라이드**

  슬라이드 총 개수

  1분당 슬라이드 개수

  슬라이드당 평균 단어 수

  슬라이드당 평균 이미지 수

훌륭한 강연을 이와 같은 항목들로 나눠 분석한 후 당신이 과거에 했던 강연에 대해서도 똑같이 분석해보라. 그리고 그 강연이 당신의 강연과 눈에 띄게 다른 부분을 찾아보라. 일테면 당신은 그 강연자가 질문을 더 많이 하고, 더 쉬운 어휘를 사용하고, 개인 경험담을 더 많이 활용하고, 슬라이드를 더 적게 사용한다는 것을 알게 될 수 있다. 당신은 그의 강연 패턴을, 다시 말해 당신이 훌륭하다고 느끼는 강연 유형이 어떤 것인지를 알게 된다.

위와 같은 접근법을 이용해, TED 최고 조회수를 기록한 강연을 분석해보자. 창의성 전문가이자 교육가 고(故) 켄 로빈슨(Ken Robinson)의 2006년 강연 '학교가 창의성을 죽이는가?'이다.[23] 이 강연에서 로빈슨은 학교 교육이 아이들을 실수를 두려워하게 가르치며 타고난 창의성을 억누른다고 주장한다.

로빈슨은 청중을 사로잡는 강연가였다. 여기에는 평범하지 않은 이유가 있다. 그의 강연은 대형 무대에 서는 전형적인 강연가들과 달랐다. 그는 교수 특유의 진지한 인상을 풍겼지만 청중이 받는 인상은 그것이 전부가 아니었다. 그는 강연 내내 청중을 몰입시켰다. 아래의 분석은 그 이유가 뭔지 보여준다. 무엇이 특별한지 당신도 주의 깊게 살펴보길 바란다.

길이

- 강연 시간: 19분 24초
- 단어 개수: 3105

구조

- **도입부**(416단어, 13%)

  콘퍼런스의 다른 강연과 자신의 주제를 연결하며 강연을 시작

- **논지**(51단어, 2%)

  "저의 주장은 이제 교육에서 창의력을 읽기 및 쓰기와 똑같이 중요하

  게 다뤄야 한다는 것입니다."

- **아이들이 창의성을 타고난다는 것을 보여주는 일화들**(640단어,

  21%)

  신을 그리는 여자아이

  예수 탄생 연극

  셰익스피어

  피카소

- **세상의 모든 교육 제도에서는 창의성을 하찮게 취급한다**(763단

  어, 25%)

  강연가의 가족이 미국으로 이주한 과정의 일화

  학교 교육에서 가르치는 것

  — 직장을 구하는 데 필요한 과목들

  — 대학 입시에 필요한 과목들

- 현재 상황(154단어, 5%)

  과거 어느 때보다 대졸자가 많아지고 있음

  직업의 본질이 변하고 있음

  학위 인플레이션(이제 고등학교 졸업장으로는 충분하지 않음)

- 지성의 특성(308단어, 10%)

  지성은 다양한 형태를 띤다

  지성은 역동적이고 상호작용 능력을 발휘한다

  지성은 독특하며 각 개인마다 고유하게 발현된다

- 인상적인 끝맺음 이야기(773단어, 25%)

  안무가 질리언 린(Gillian Lynne)

  질리언의 사례를 콘퍼런스의 다른 강연과 연결함

  문제점(교육의 의미를 좁게 정의하는 현재의 현실)을 다시 언급하고 해

  결 방안(전인교육의 실시)을 제안

내용

- **전체 중 아래의 비율**

  전기적 이야기: 394단어, 13%

  비전기적 이야기와 일화: 674단어, 22%

  논지와 관련된 주장: 1608단어, 52%

  뒷받침 데이터나 사실적 정보: 22단어, 1%

  실천할 전략: 0단어, 0%

- **긴장감 고조 장치나 질문의 횟수: 25**

- 농담 횟수: 40
- 논지 반복 횟수: 3
- 언어 난이도

  문장의 난이도: 초등학교 5학년 수준

  평균 문장 길이: 11단어

  문장 비율

  — 짧은 문장(5단어 이하): 23%

  — 중간 문장(6~14단어): 58%

  — 긴 문장(15단어 이상): 19%

감정

- **청중의 감정 변화(각 단락이 유도한 긍정적, 중립적, 부정적 감정을 파악해 도출)**

  긍정적 감정의 비율: 36%

  중립적 감정의 비율: 40%

  부정적 감정의 비율: 24%

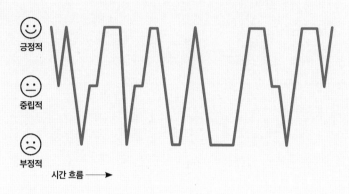

켄 로빈슨 TED 강연의 감정 지형도

메시지 전달력

- 속도

  내용 전달 속도: 1분당 161단어

- 보디랭귀지

  열린 형태 vs 닫힌 형태: 100% 열린 형태

  걷기와 서 있기의 비율: 걷기 1%, 서 있기 99%

- 슬라이드

  슬라이드 총 개수: 0

  1분당 슬라이드 개수: 해당 없음

  슬라이드당 평균 단어 수: 해당 없음

  슬라이드당 평균 이미지 수: 해당 없음

앞에서 특히 눈에 띄는 항목이 몇 개 있다. 첫째는 농담 횟수다. 20분도 안 되는 강연에 농담이 40회나 나온다. 청중이 1분에 대략 두 번씩 웃었다는 얘기다. 로빈슨은 세계적으로 명성 높은 콘퍼런스에 참석해 강연한 교수이자 교육가였지만 그의 강연 방식은 예상을 뛰어넘는다. 그는 마치 스탠드업 코미디언 같다.

둘째는 청중에게 던진 질문의 횟수다. 이는 25회로, 1분당 1회 이상 꼴이다. 물론 이 숫자는 로빈슨이 문장 끝에 "그렇죠?"를 덧붙이는 습관 때문에 약간 과장된 면이 있다. 그러나 전체적으로 그의 질문들은 청중을 끌어당기고 집중시키는 효과를 낸다. 청중은 마치 친구와 편한 대화를 나누는 듯한 기분을 느낀다.

세 번째로 주목할 것은 로빈슨이 활용한 통계 수치다. 20분 가까운 강연에서 그는 통계 데이터를 딱 한 번 스치듯이 언급한다. 그의 강연이 갖는 흡인력은 데이터가 아니라 전적으로 일화들에서 나온다. 그의 강연 원고에서 데이터 및 사실적 정보의 비율을 보라. 불과 1퍼센트다. 그렇다면 전기적 이야기와 일화는? 무려 35퍼센트다.

로빈슨은 교육 분야에서 세계적으로 인정받는 전문가이자 학자다. 그에게는 언제든 꺼내 쓸 수 있는 온갖 종류의 인상적인 데이터와 자료가 있었다. 하지만 그가 TED 강연장의 청중과 7000만 명의 시청자를 사로잡은 비결은? 바로 스토리텔링이었다.

이처럼 특정 항목들을 수치화하면 로빈슨의 강연이 지닌 독특한 흡인력의 이유가 효과적으로 눈에 들어온다. 이 수치들을 잠깐만 훑어봐도, 그의 강연을 그냥 보기만 하는 대부분의 사람보다 강연의 성공 요인을 더 정확히 파악할 수 있다.

하지만 여기서 끝이 아니다. 비결을 알아내는 데서 그치는 것이 아니라 실제로 응용해야 의미가 있는 법이다.

이제 우리는 로빈슨의 비법을 다른 주제의 강연에 적용하기가 한결 쉽다. 그의 강연을 활용해 일종의 설계도 내지는 기본 틀을 만들 수 있다. 그의 강연 원고에 대한 역방향 개요 작성을 한 후 위의 분석에 나타난 수치를 참고하기만 하면 된다.

우리는 원고의 단어 개수, 원고를 구성하는 각 부분의 비율, 청중에게 제공해야 할 감정 경험 등을 알고 있다. 또한 수사 의문문을 언제 활용할지, 흥미로운 일화를 언제 소개할지, 농담을 어디에 끼워 넣을지도 감을 잡은 상태다.

켄 로빈슨을 본보기로 TED 강연 뼈대 짜기

길이
- 목표 단어 개수: 3105

구조
- 도입부(13%)
  다른 강연들에 찬사를 보내며 시작

그 강연들 중 당신의 강연과 연결고리를 지닌 핵심 포인트를 언급

- **논지**(2%)

  당신의 논지로 주의를 환기

  그동안 간과됐다고 생각하는 문제를 밝히고 대안이 되는 관점을 주장

  논지를 한 문장으로 명료하게 말하기

- **논지를 뒷받침하는 일화**(21%)

  논지를 뒷받침하는 근거로서, 공감대를 형성할 수 있는 재미있는 짧은 일화들을 소개

- **현 상태가 발생하게 된 과정 설명**(25%)

  가능한 경우, 당신의 어린 시절 또는 자녀나 배우자와 관련된 일화 활용하기

- **현재의 문제가 앞으로 얼마나 심각해질지 논하기**(5%)

  해당 문제를 방치할 경우 악화될 수 있는 몇 가지 양상을 설명

- **해법 제안**(10%)

  문제를 해결할 대안적 관점을 보여주는, 과학적 근거를 곁들인 합리적 통찰력 제시

- **인상적인 끝맺음 이야기**(25%)

  해당 문제 때문에 고생한 개인의 사례를 들려줌

  당신이 제안한 해법이 그의 상황을 극복하게 도운 과정을 개관

  그가 당신의 해법을 활용해 이뤄낸 놀라운 성취를 소개

  그의 사례를 다른 강연들과 연결

  문제를 다시 언급하고 해법을 제안

이제 우리에게는 인터넷 역사상 가장 많은 인기를 얻은 강연 스타일을 재현하는 방법을 일러주는 검증된 설계도가 생겼다. 자신의 강연 원고를 작성한 후, 그 원고의 기준 항목들 및 감정 지형도를 로빈슨의 TED 강연과 비교해보고 보완이 필요한 부분을 찾아보는 것도 좋은 방법이다.

로빈슨의 강연 방식은 물론 훌륭하다. 그러나 30초마다 농담이 나오고 풍부한 일화를 곁들인 강연을 누구나 할 수 있는 것은 아니고, 또 모두가 그런 강연을 하고 싶어 하는 것도 아니다. 본받고 싶은 강연 스타일은 사람마다 다를 수 있다. 그러니 당신이 선호하는 유형의 다른 강연자를 찾아라. 그의 강연을 보면서 역방향 개요를 작성하고 특성들을 수치화하고 강연의 얼개를 구성해보라. 이것은 다양한 결과물을 해부해 효과적인 구조를 발견하는 대단히 유용한 방법이며, 당신은 그 구조와 공식을 당신만의 방식으로 활용할 수 있다.

삼성과 애플의 웹사이트를 역설계하다

세계적으로 성공을 거둔 웹사이트들은 뭐가 다를까?[24] 마케팅 전문가들이 세련되고 멋진 디자인의 모범 사례로 자주 언급하는 웹사이트는 바로 애플이다. 애플 홈페이지에 들어가봤거나 아이튠즈 스토어를 이용해본 사람이라면 애플이 깔끔한 레이아웃을 선호한다는 것을 알

것이다. 하지만 그게 전부일까? 만일 이번 장에서 소개한 도구를 이용해 애플 홈페이지를 분석하면 무엇을 알게 될까?

먼저 역방향 개요 작성을 해보자. 필자가 최근에 방문했을 때 애플 웹사이트 첫 화면은 아래와 같이 구성돼 있었다.

애플 웹사이트: 역방향 개요 작성

- 웹사이트 메뉴
- [풀 패널]: 에어팟 프로
- [풀 패널]: 아이폰 11 프로
- [풀 패널]: 아이폰 11
- [하프 패널]: 개인정보 보호 관련 소식 / [하프 패널]: 애플워치
- [하프 패널]: 애플 TV+ / [하프 패널]: 애플 신용카드
- [하프 패널]: 애플 아케이드 / [하프 패널]: 아이패드
- 법적 사항 고지
- 웹사이트 탐색 링크

이렇게 줌아웃을 하면 애플의 접근법이 큰 그림으로 눈에 들어온다. 하지만 애플 웹사이트의 특성을 수치화한 결과를 다른 웹사이트들과 비교해야 비로소 그것을 탁월하게 만드는 패턴을 발견할 수 있다.

애플과 주요 경쟁사 삼성의 웹사이트를 비교한 아래의 목록을 보라.

웹사이트 특성 수치화

레이아웃	애플	삼성
총 배너 수	9	29
움직이는 배너	0	14
클릭 버튼(메뉴 제외)	18	37
클릭 버튼(메뉴 포함)	88	272

이미지	애플	삼성
클로즈업 이미지(전체 중 비율)	56%	7%
인물이 들어간 이미지(전체 중 비율)	11%	17%

메시지	애플	삼성
총 단어 수	140	324
헤드라인의 평균 단어 수	2.1	6.9
기능 강조	56%	75%
가치 강조	56%	25%
가격 언급	18%	52%

두 웹사이트의 차이점 몇 가지가 금방 눈에 띈다. 먼저 애플 웹사이트는 정보가 훨씬 적다. 배너 개수가 더 적고, 헤드라인 길이도 더 짧으며, 단어 수도 삼성의 절반이 안 된다. 애플은 왜 주요 경쟁사보다 더 적은 정보를 제공하는 것일까? 애플은 단순성을 중시하기로 유명하며, 이

런 브랜드 철학은 마케팅과 웹사이트에도 그대로 반영된다. 애플 웹사이트는 극도의 단순함을 구현하는 쪽으로 디자인됐다.

메시지 측면에서도 애플 웹사이트는 가격 정보에 할애된 비율이 낮다. 그리고 삼성에 비해 제품의 가치를 더 강조한다. 애플은 신형 에어팟에 최첨단 노이즈 캔슬링 기술이 적용됐다는 사실을 강조하지 않는다. 대신 "새롭게 귓가를 찾아온 매혹"이라는, 감정을 자극하는 더 시적인 광고 카피를 사용한다.

애플은 자사의 다양한 제품에 이런 접근법을 취하며, 웹사이트에서 제품의 가치를 강조하는 비율이 삼성의 두 배가 넘는다. 왜일까? 애플은 이성이 아니라 감성에 호소하기 때문이다.

마지막으로 두 기업의 웹페이지는 미학적으로도 분명한 차이가 있다. 애플 웹사이트는 이미지가 차분하고 사용된 색깔 종류가 적다. 마우스를 가져다대면 이미지가 확대되지도 않고 깜박이는 하이퍼링크도 없다. 전체적으로 움직임 요소가 없이 정적이다. 반면 삼성 웹사이트는 색상이 다채롭고 활동적인 느낌을 준다. 삼성 웹사이트에 들어가면 사람이 붐비는 쇼핑몰을 걷는 기분이고, 애플 웹사이트에 들어가면 박물관에 입장한 기분이다. 이 역시 의도적인 전략이다. 애플은 과도한 자극이 불안감을 야기할 수 있다고 생각한다. 그리고 불안감은 단순성의 경험을 방해한다.

정보를 줄이고 감성에 집중하며 과도한 자극을 피하는 애플의 방침은 특성을 수치화하는 작업을 통해 알 수 있다. 즉 특성을 수치화하면 기업의 전략을 읽어낼 수 있다. 기업이 지향하는 목표점이 어디인지 알 수 있는 것이다. 설령 당신이 애플 같은 웹사이트를 만들 계획이 없더라도 그 구축 과정의 사고 프로세스를 역설계로 파악해보는 것은 큰 가치가 있다. 위의 간단한 비교에서도 보았듯 그것은 비용을 들이지 않고도 유용한 지식을 얻는 효과적인 방법이다.

만일 당신이 애플 같은 웹사이트를 만들고 싶다면? 이제 당신에게는 구조와 디자인, 메시지 전달에 관한 방향 감각이 생겼다. 그리고 기준으로 삼을 측정 항목들도 생겼다. 강연 원고를 쓰고 수치화한 후 켄 로빈슨의 강연과 비교해보는 것처럼, 당신이 만든 웹사이트 초안의 항목들을 수치화한 후 애플과, 또는 티파니나 월마트의 웹사이트와 비교해볼 수 있다. 또는 당신이 몸 담은 업계의 리더를 택해도 좋을 것이다.

컴퓨터 알고리즘이 패턴을 찾아내고 예측을 수행할 때 사용하는 도구를 우리도 활용할 수 있다. 사례를 수집하고 중요한 변수를 수치화하고 유사성을 찾아내고 그렇게 알아낸 통찰력을 활용하면 우리도 예측을 할 수 있다. 일부 사례들의 탁월한 성공을 만들어내는 숨겨진 패턴을 이용하는 것이 핵심이다.

그런데 걸리는 점이 하나 있다. 어쩌면 당신도 예상한 것일지 모른다. 지금까지 글을 읽는 내내 마음 한구석에 이런 생각이 꿈틀댔을 것이다. 역설계로 훌륭한 작품을 분석해 핵심 특징을 알아내고 그것을 재현해도 원래 작품과 똑같은 탁월함을 지닐 수는 없지 않을까? 분명히 거기에는 뭔가 빠져 있을 것이다. 하지만 그 빠진 것이 무엇일까?

3장

익숙함을 넘어설
'신의 한 수'

말콤 글래드웰의 글쓰기 비결은 무엇일까?[1] 이는 많은 논픽션 작가가 골몰하는 질문이다. 그의 첫 책《티핑 포인트》는 2000년 〈뉴욕타임스〉 베스트셀러에 올라 무려 400주 동안 자리를 지켰다. 이 책이 출간된 후 분야를 막론하고 수많은 작가가 그의 비법을 알아내려고 애썼다.

글래드웰의 글에서 몇 가지 패턴은 금방 눈에 보인다. 사례와 연구 결과를 적절히 섞는 구성 방식(요즘 대중적 논픽션은 대개 이런 구조다), 소설처럼 주요 인물들을 생생하게 표현하는 솜씨, 복잡한 개념을 단순하고 쉽게 전달하는 필력, 딱딱한 데이터를 저녁 식사 중의 토론에서 활용할 수 있는 정보로 바꾸는 능력 등이 그것이다.

그의 글쓰기에 대한 대중의 관심은 엄청나다. 인터넷을 잠깐만 검색

해봐도 무수한 기사와 블로그 포스트, 그의 글을 분석한 글, 수많은 전문 강좌가 나온다. 글래드웰 자신이 글쓰기 비법을 알려주는 24개 강의로 구성된 동영상 시리즈도 있다.

글래드웰의 공식을 해부하려는 시도는 이해할 만하다. 논픽션 책을 써서 성공하고 싶다면 이미 그 분야를 휘어잡은 책들을 쓴 작가를 연구하는 것만큼 확실한 방법은 없지 않겠는가?

그런데 이렇게 글래드웰의 글쓰기 비법에 집착하는 이들이 많은 상황에서 한편으론 꽤 아이러니한 점이 있다. 직업적으로 글을 쓰기 시작한 초반에 글래드웰이 자신의 글에서 가장 지워내고 싶어 한 것이 바로 자신의 스타일이었다는 점이다. 그는 다른 문체를 익히는 일에, 즉 자신의 글쓰기 우상의 스타일을 따라 하는 데 몰두했다.

"나는 막 작가가 되었을 때 어릴 적부터 내 영웅이었던 윌리엄 버클리(William F. Buckley)처럼 쓰려고 무지 노력했다."[2] 글래드웰은 〈내셔널 리뷰(National Review)〉를 창간한 미국의 저명한 보수주의 저술가를 가리키며 말했다. "내 초기 글에는 나만의 색깔이라곤 전혀 없었다. 모델이될 만한 글을 찾아서 모방하기 바빴다."

앞에서 언급한 다른 뛰어난 인물들과 마찬가지로 글래드웰도 처음에는 타인의 작품을 분석해 공식을 추출한 후 모방하는 데 에너지를 쏟았다. 그 자신도 인정하듯 그렇게 만들어낸 결과물은 실망스러웠다. 이는 그다지 특별한 현상도 아니다. 그리고 그것은 역설계가 부딪히게 되는 한계를 보여준다. 모방하는 것만으로는 충분하지 않다. 오히려 그것은 당신의 작품이 외면당하는 가장 확실한 방법 중 하나다.

당연히 그럴 수밖에 없다. 모방에 의존한 작품은 독창성이 없기 때문이다. 2005년 미국 애리조나주의 평범한 주부 스테프니 메이어가 고등학생 소녀와 뱀파이어의 사랑을 그린 소설 《트와일라잇》을 출간했다.[3] 이 소설은 말 그대로 대박이 났다. 《트와일라잇》이 엄청난 성공을 거두자 이후 뱀파이어가 등장하는 영어덜트 소설이 수없이 쏟아져 나왔지만, 메이어의 오리지널 시리즈가 거둔 성공의 반의반만큼이라도 성공한 작품은 없었다. 모방작들만큼 쉽게 한 장르의 질을 떨어트리는 것도 없다. 이유는 간단하다. 특정한 공식이 자주 이용될수록 내용이 뻔해져 재미가 없기 때문이다.

그러나 단순히 공식을 복제하는 것만으로 훌륭한 결과물이 나오기 힘든 이유를 설명하려면 좀 더 섬세한 접근이 필요하다. 뛰어난 작품은 단지 검증된 공식 하나가 탄생시키는 것이 아니라 여러 요인이 결합된 결과물이다.

먼저 가장 기본적인 차원부터 생각해보자. 여기에 어떤 공식이 하나 있다. 그 공식을 두 사람에게 주면 그 둘은 십중팔구 서로 다른 결과물을 만들어낸다. 어째서일까? 각자가 지닌 강점과 개성, 살아온 이력이 달라서 결과물에 영향을 미치기 때문이다.

그리고 진정성의 문제도 있다. 2장에서 우리는 유명한 TED 강연을 분석해 공식을 찾아냈다. 거기에는 켄 로빈슨이 노련하게 구사하는 일련의 자조적인 농담도 포함된다. 이론적으로는 이 책을 읽은 사람이면 누구나 그 공식을 자신의 다음번 강연에 활용할 수 있다. 하지만 솔직히 생각해보자. 만일 당신이 농담을 던지는 말재주가 없는 사람이라면? 또는 당신 강연이 한층 차분한 어조가 필요한 주제라서 유머를 섞는 게 전혀 어울리지 않는다면? 만일 당신이 켄 로빈슨만큼 학자적 신뢰도가 없어서 강연의 설득력을 높이기 위해 통계 데이터가 반드시 필요하다면?

그렇다. 적절한 공식이 전부가 아니다. 적절한 공식을 적절한 청중을 상대로 적절한 상황에서 이용하는 것이 중요하다.

여기서 마지막 요인인 '상황'은 특히 까다롭고 미묘한 문제다. 《트와일라잇》의 모방작들이 실패한 것은 형편없는 소설이었기 때문이 아니다. 그것들이 인기를 얻지 못한 것은 독자들의 기대치가 이미 달라졌기 때문이다. 특정한 경험을 하고 나면 청중의 기대치는 진화하기 마련이다. 팬들은 한때 새로웠던 아이디어에 이제 더는 끌리지 않고, 예전에는 마음을 빼앗겼던 등장인물 유형에 딱히 매력을 못 느낀다. 또는 과거에는 충격적이었던 플롯의 반전에도 이제는 익숙해져서 놀라지 않는다. 얼마 전까지만 해도 매력적으로 다가왔던 플롯이 이제는 밋밋하고 진부하게 느껴진다.

창작자 입장에서 이것은 꽤 중요한 장애물이다. 그리고 다른 어떤 창작 분야보다도 이 장애물에 효과적으로 대처해온 것은 음악 산업이다. 최정상급 뮤지션들은 똑같은 콘셉트를 오랫동안 고수하는 경우가 드물다. 그들은 인기를 유지하려면 자신의 접근법을 진화시켜야 함을 알고 있다. 앨범을 낼 때마다 이미지나 스타일, 또는 사운드에 변화를 주는 것이다.

데이비드 보위는 그런 '패턴 깨기' 전략을 활용해 외적 이미지와 음악 스타일을 계속 변화시킨 대표적 뮤지션이다.[4] 외적인 면을 보면 히피 스타일(1960년대 초), 정장과 넥타이(1960년대 후반), 비트족 스타일(1972년 초), 반짝이는 메이크업(1973년), 고급스러운 여성복(1970년대 중반)까지 끊임없이 변신했고, 음악적으로는 로큰롤, 글램록, 팝, 재즈 퓨전, 심지어 크리스마스 캐럴에 이르기까지 다양한 장르를 섭렵했다. 엘튼 존, 마돈나, 머라이어 캐리, 케이티 페리, 브루노 마스, 비욘세도 마찬가지로 늘 변화하는 모습을 보여왔다. 오늘날 우리는 정상급 뮤지션들이 시간의 흐름에 따라 자신을 재창조하는 모습을 보여주길 기대한다. 변화하지 못하고 매번 똑같은 스타일로 등장하는 아티스트는 결국 도태될 수밖에 없다.

비즈니스 세계라고 다르지 않다. 페이팔 공동창업자 피터 틸(Peter Thiel)은 이렇게 말했다. "비즈니스 세계에서 모든 순간은 단 한번뿐이다. 앞으로 누군가 컴퓨터 운영체제를 만든다고 해서 제2의 빌 게이츠가 될 수는 없다. 검색엔진을 만든다고 해서 제2의 래리 페이지나 세르게이 브린이 될 수 없고, 소셜네트워크를 만들어서 제2의 마크 저커버그가 될 수도 없다. 이들을 그대로 모방하려는 사람은 이들에게서 뭔가 배울 줄 모르는 것이다."[5]

남이 성공을 거둔 공식을 단순히 복제만 하는 것은 결국 실패하는 전략이다. 우리에게 필요한 것은 우리 자신의 독특한 능력과 관심사, 상황을 반영해 활용할 수 있는 공식이다. 하지만 그런 공식을 어떻게 찾아야 할까?

'어떻게' 창의적이어야 할까

그렇다면 이런 생각이 들 수도 있다. 타인의 영향을 전혀 받지 않도록 의식적으로 노력하면서 독창성 강한 작품을 만들면 되지 않을까? 그러나 이 역시 착각이다. 특히 많은 대중을 타깃으로 하는 프로젝트에서는 더 그렇다. 흥행 영화를 제작하거나 성공적인 강연을 하거나 사람들 입맛을 사로잡을 요리를 만들고 싶을 때 가장 피해야 할 것은 참신한 요소를 마구 쏟아 넣는 일이다. 왜일까? 사람들은 자신이 과감하고 혁신적인 아이디어를 반긴다고 말은 하지만 실제로는 거부한다는 사실을 여러 연구가 보여준다.

샌디에이고대학교의 사회심리학자 제니퍼 뮐러(Jennifer Mueller)가 창의성에 대해 연구한 결과는 의외의 사실을 보여준다.[6] 참신하고 기발한 아이디어일수록 사람들에게 거부당할 확률이 높다는 것이다. 게다가 우리는 창의적 아이디어를 기피하는 데서 그치는 것이 아니라 그런 아이디어를 제안한 사람들을 곱지 않은 시선으로 바라본다. 뮐러의 연구에 따르면, 사람들은 창의성이 강한 아이디어를 채택하지 않을 뿐만 아니라 그런 아이디어를 제안하는 이들을 리더로서 부적합하다고 여기는 경향이 있다.

어째서 우리는 새로운 것을 받아들이길 꺼릴까? 새로운 것은 마음을 불편하게 하고 그런 불편함은 결코 반갑지 않기 때문이다. 이런 경향은 특히 조직에서 두드러진다. 우리는 일터에서 안전하고 확실하다고 느껴지는 아이디어를 훨씬 더 선호한다. 특히 상사가 제시하는 의견에 대해서는 더 그렇다. 기발하고 색다른 접근법을 제안하는 창의적인 리더는 안정감을 주지 않는다. 그런 불확실성은 우리가 리더에게서 기대하는 안정감이나 확신과 반대되는 것이다.

이런 연구 결과가 믿기지 않는다면, 또는 당신은 평균적인 사람들보다 새로운 아디이어에 훨씬 더 열려 있어 자신에게는 해당되지 않는 이야기라고 생각된다면, 최근에 마음에 쏙 드는 새로운 노래를 발견했던 경험을 떠올려보라. 그리고 이 점을 생각해보라. 그 노래는 얼마나 참신했는가? 그 노래에 당신이 생전 들어보지 못한 낯선 악기가 사용됐는가? 다른 곡에서는 거의 안 쓰이는 특이한 조성으로 연주됐는가? 희귀하고 독특한 리듬으로 돼 있는가?

당신이 대다수 사람들과 비슷하다면 그런 특징을 가진 노래는 불편하거나 듣기 싫다고 느낄 것이다. 음악뿐만 아니라 우리가 끌리는 영화나 미술, 식당도 마찬가지다. 우리는 자신이 참신함을 갈망한다고 믿고 싶어 하지만 우리가 실제로 좋아하는 것은 익숙함이다.

영국 밴드 라디오헤드의 리드 싱어이자 작곡가인 톰 요크(Thom

Yorke)는 이에 대해 어떻게 생각할까.[7] 1990년대 말 라디오헤드는 세계적으로 성공한 록 밴드로서 굳건한 입지를 지키고 있었다. 이들의 음악은 시의적절하면서도 독특했다. 90년대 빌보드 차트를 점령했던 그런지 록이 서서히 저물어갈 즈음 라디오헤드는 더 쉬운 멜로디와 자기성찰적 메시지, 복합적이고 매력적인 사운드로 음악 팬들을 사로잡았다. 3집 앨범 〈오케이 컴퓨터(OK Computer)〉는 역대급 성공을 거두며 라디오헤드를 명실공히 최고 밴드의 자리에 올려놓았다. 이 앨범은 차트 정상을 찍은 후 수백만 장의 판매고를 올렸으며 영국의 한 투표에서는 비틀스의 앨범들보다도 더 많은 표를 얻으면서 음악 역사상 가장 위대한 앨범으로 뽑혔다.

대부분의 아티스트라면 이런 성과에 만족했을 것이다. 하지만 톰 요크는 아니었다. 거기서 더 나아가고 싶었다. 그는 "더는 록 밴드로 불리고 싶지 않다"라고 말했다. 그는 다른 뮤지션들이 매번 비슷한 기법을 재탕해 앨범을 내면서 진부한 음악성에 함몰되는 모습을 너무 많이 봤다. 라디오헤드도 그런 밴드가 될까 봐 두려웠던 그는 음악적 방향을 완전히 다른 쪽으로 틀기로 결심했다. 다음 앨범 〈키드 에이(Kid A)〉를 완전히 독창적인 작품으로 만들 작정이었다.[8] 그는 〈롤링스톤〉 인터뷰에서 말했다. "〈키드 에이〉에서 우리는 강력한 지우개를 꺼내 든 것과 같다. 완전히 다시 시작하는 것이다."

〈키드 에이〉에서는 무엇보다 일렉트릭 기타의 비중을 대폭 줄였다. 대신 침울하고 몽환적인 느낌을 내는 신디사이저와 시퀀서, 드럼머신을 이용해 사운드를 창조했다. 톰 요크는 외부의 영향을 받지 않는 상태로 곡 작업에 몰두하기 위해 도심을 떠나 콘월 지방으로 갔다. 그곳에서 시골길을 걷고 그림을 그리고 소형 그랜드 피아노로 곡을 만들었다. 기존 앨범들과 다른 음악적 변화를 꾀하려는 톰 요크의 의지는 난해한 가사에도 드러났다. 의도적으로 그는 얼핏 무의미하게 배치한 듯한 단어들을 사용했다. 마치 노래를 듣는 이에게 어려운 숙제를 던져주는 것 같았다. 그리고 어떤 노래에서는 기계를 이용해 목소리를 독특하게 변조해서 난해한 가사를 더 이해하기 힘들게 만들었다.

상업적 요구와 타협하지 않겠다는 톰 요크의 의지는 강했다. 싱글 발매도 없었고 뮤직비디오도 제작하지 않았다. 앨범 그 자체로 승부하겠다는 생각이었다.

〈키드 에이〉 발매 직후 엇갈린 반응이 나왔다고 말한다면 너그러운 표현일 것이다. 많은 팬들이 이 앨범을 듣고 혼란스러워했다. 마치 두 개의 라디오헤드가 있는 것 같았다. 3집까지는 귀에 잘 들어오는 곡들로 기록적인 성공을 거둔 록 그룹 라디오헤드였다면, 4집 〈키드 에이〉는 팬들의 예상에서 완전히 빗나가기로 작정한, 신디사이저 중심의 실험적인 라디오헤드였다. 평단의 반응도 차가웠다. 〈롤링스톤〉은 이 앨범을 "짜증난다"고 평했고 〈뮤직위크(Music Week)〉는 "실망스러운 작품"이라고 했으며 〈스핀(Spin)〉은 이 앨범이 "음악적 자살 행위"가 될 것이라고 예측했다.

라디오헤드는 자신의 한계를 넘어서는 데 성공했고 그들의 음악을 사랑하는 팬은 여전히 많지만, 〈키드 에이〉를 기점으로 실험적이고 독창적인 음악성으로 선회하면서 많은 팬이 멀어진 것도 사실이다. 20년이 지난 지금도 라디오헤드는 여전히 새 곡들을 발표하고 있지만, 판매량의 대부분을 차지하며 가장 많은 사랑을 받는 것은 그들의 1990년대 곡들이다.

과도한 창의성이 역효과를 낳을 수 있는 것은 예술 분야뿐만이 아니다. 비즈니스 세계에도 단순히 시대를 앞서간 탓에 외면당했다가 나중에야 큰 성공을 거둔 아이디어가 수두룩하다. 꼭 아이디어 자체만이 아니라 그것을 받아들이는 소비자들의 수용력도 중요하다.

사무용품, 도서, 식료품 등 다양한 상품을 한 시간 이내에 배달하는 아마존의 서비스는 배송 혁신의 대표 사례처럼 보일 것이다. 하지만 이미 20년 전에 그와 똑같은 서비스를 제공했지만 결국 파산한 코즈모닷컴(Kozmo.com)이라는 회사가 있었다.[9] 우버이츠(Uber Eats)나 도어대시(DoorDash) 같은 음식 배달 플랫폼도 마찬가지다. 이들의 사업 모델은 1987년 테이크아웃 택시(Takeout Taxi)라는 회사가 택했던 것과 똑같다.[10] 테이크아웃 택시 역시 폐업했다. 그리고 뉴스와 날씨, 교통정보, 스포츠 경기 결과를 편리하게 확인할 수 있는 애플워치를 생각해보라. 바로 이런 기능들을 가진 마이크로소프트의 스폿워치(SPOT Watch)가 십수년 전에 이미 나왔지만 빛을 보지 못한 채 시장에서 사라졌다.[11]

이렇듯 때로 어떤 아이디어는 단순히 형편없기 때문에 시장에서 밀려나는 것이 아니다. 참신함이 오히려 약점이 되는 때가 있다. 소비자들이 너무 새로운 상품이나 아이디어를 받아들일 준비가 안 돼 있는 것이다.

이제 우리는 난감해졌다. 전적인 모방은 실패에 이르는 길이고 지나친 창의성은 퇴짜를 맞는다면, 적절한 접근법은 대체 무엇일까?

최적의 새로움 찾기

이러한 '창의성의 역설'에 주목한 하버드대학교 연구 팀이 2014년에 한 가지 실험을 했다.[12] 어떤 유형의 의학 연구 제안서가 보조금을 타내는 데 성공하는지 분석하는 실험이었다.

학술 연구는 치열한 노력이 필요한 분야다. 일주일에 60시간씩 연구에 매진하거나 학술지에 실을 글을 부지런히 써내는 것, 또는 해당 분야의 권위자로 인정받는 것만으로는 부족하다. 현재의 자리를 유지하기 위해서는 자신의 연구 제안서 내용이 연구비를 지원받을 가치가 충분하다는 것을 몇 년에 한 번씩 일테면 국립보건원 같은 정부 기관의 전문가들에게 납득시켜야 한다.

제안서가 보조금 승인을 얻을 수 있을지 여부를 어떻게 예측할 수 있을까? 이를 알아내기 위해 하버드 연구 팀은 보조금 신청용으로 제출된 실제 제안서들을 대학 교수 및 의사로 구성된 142명의 전문가로 하여금 평가하게 했다. 그들은 각 제안서를 다양한 기준(질적 수준, 실현 가능성, 참신성 등)에 따라 평가했다. 또한 각 제안서가 보조금을 받을 가치가 얼마나 있다고 느끼는지 점수로 표시했다.

그 결과 제니퍼 뮬러의 연구와 비슷한 현상이 목격됐다. 아이디어가 참신하고 기발할수록 전문가 평가단이 보조금 지원에 찬성하는 비율이 낮았던 것이다. 그런데 여기에는 청중이 진짜 원하는 것이 무엇인지 알려주는 흥미로운 단서도 들어 있다. 평가단에게 보조금 지원 찬성을 가장 많이 얻은 제안서는 어떤 것이었을까? 약간의 창의성을 지닌 제안서들이었다.

이 결과를 그리 놀라워하지 않을 또 다른 창의성 전문가는 돈 드레이퍼다(비록 드라마 속 인물이긴 하지만).[13] 하버드 연구 팀이 위의 실험을 하기 몇 년 전, TV 드라마 〈매드맨(Mad Men)〉에서 스털링 쿠퍼 광고 회사의 크리에이티브 디렉터 돈 드레이퍼는 〈몰래카메라(Candid Camera)〉와 비슷한 TV 쇼에 대한 아이디어를 듣고서 다음과 같이 말했다. 그의 말은 성공하는 작품을 만드는 이상적인 공식에 대한 힌트를 보여준다. "전형적인 걸 살짝 비틀었군. 사람들은 그런 걸 원하지."

다시 말해 전적인 모방은 실패에 이르는 길이고 지나친 창의성은 퇴짜를 맞는다면, 해결책은 그 양극단을 모두 피하는 것이다. 즉 익숙한 것에 참신한 요소를 살짝 가미해 변화를 주는 것이다. 위의 보조금 연구를 진행한 하버드 경영대학원 교수들 중 한 명인 카림 라카니(Karim Lakhani)는 이를 '최적의 새로움(optimal newness)'이라고 칭했다.[14]

기존 공식에 약간의 변화를 줘 성공 확률을 높일 수 있다는 것은 반가운 이야기가 아닐 수 없다. 많은 창작자들이 완전히 독창적인 것을 만들어야 한다는 부담감에 시달리지만 사실은 그럴 필요가 없을뿐더러 그런 접근법은 실제로 비생산적이다. 두고두고 회자될 작품을 만드는 비결은 오로지 창의성과 기발함만으로 끝까지 밀어붙이는 것이 아니다. 기존의 검증된 공식을 이용하되 그것을 당신만의 방식으로 변주하는 것이다.

'흔해 빠진 노래'를 불후의 명곡으로 만든 도입부

역설계는 우리에게 전체 방정식의 절반, 즉 검증된 공식을 알려준다. 그것을 변주하는 방법은 수없이 많다.

첫 번째는 여러 영향 요소를 결합하는 것이다. 1990년대에 쿠엔틴 타란티노의 두 번째 작품이자 첫 번째 메이저 영화인 〈펄프 픽션〉이 나왔을 때 그는 누구도 따라오기 힘든 독창적 스타일의 감독이라는 찬사를 받았다. 타란티노는 남다른 작품 세계를 창조해냈지만 그것은 느닷없이 하늘에서 뚝 떨어진 것이 아니다.[15] 그의 독특한 스타일은 비주류 장르의 특징들(펑크 음악, 높은 비중의 싸움과 폭력 신 등)을 수다스럽고 찰진 대사로 이뤄진 각본과 결합하는 데서 나온다. 즉 그가 영향을 받은 여러 요소를 섞는 영화 작법이 누가 봐도 '타란티노 스타일'일 수밖에 없는 작품을 만들어낸다.

독창적인 사운드를 완성하려는 뮤지션도 그런 접근법을 자주 사용한다. 록 밴드 도어즈(The Doors)의 기타리스트 로비 크리거(Robby Krieger)가 자신이 만든 근사한 곡을 멤버들에게 처음 들려줬을 때 그들의 반응은 시큰둥했다.[16] 키보드 담당 레이 만자렉(Ray Manzarek)의 회상에 따르면 멤버들은 곡의 코러스가 "꼭 소니 앤 셰어(Sonny and Cher: 1960년대에 활동한 미국의 팝 듀오 - 옮긴이) 같다"고 말했다. 1967년 당시에 이 말은 곧 "흔해빠진 메이저 노래 느낌"이라는 뜻이었다. 하지만 첫 앨범의 녹음 작업을 진행 중이던 그들은 크리거가 들고 온 곡을 다듬어 발전시키기로 했다. 가장 먼저 추가한 것은 라틴 음악에서 가져온 드럼 비트였다. 그다음으론 색소포니스트 존 콜트레인(John Coltrane)에게서 영감을 받은 재즈 요소를 집어넣었다. 그리고 곡의 도입부는 요한 제바스티안 바흐 스타일로 다듬었다. 그들은 자신들이 록 음악 역사에서 손꼽히는 유명한 도입부를 완성했다는 사실을 알지 못했다. 곡의 제목을 붙인 사람은 짐 모리슨이었다. 이 곡이 그 유명한 〈라이트 마이 파이어(Light My Fire)〉다.

비즈니스 세계에서도 오래전부터 여러 요소나 개념을 결합하는 전략이 뛰어난 제품을 탄생시키곤 했다. 오늘날 우리가 당연하게 여기는 많은 기술과 세상을 변화시킨 혁신들은 사실 여러 영역의 개념을 섞어 나온 결과물이다.

스티브 잡스는 MP3 플레이어도, 휴대전화도 발명하지 않았다.[17] 그러나 팀원들과 의기투합해 그 둘을 결합할 방법을 찾아내 아이폰을 탄생시켰다. 1995년 스탠퍼드의 두 대학원생은 좋은 논문일수록 인용되는 횟수가 많다는 점에 착안했고, 이 접근법을 활용해 웹페이지의 랭킹을 매기는 시스템을 만들어 결국 구글을 탄생시켰다.[18] 역사 속의 수많은 혁신은 기존 아이디어들의 조합에서 나왔다. 포도 압착기(활자판에 종이를 대고 누르는 과정에 이용)와 동전 제작용 펀치(이 원리를 이용해 금속 활자를 만듦)를 결합해 세계 최초의 인쇄기가 발명되지 않았더라면 책도 만들어지지 못했을 것이다.[19] 과학 저술가 매트 리들리의 말대로 창의성은 "아이디어들이 교접할 때" 나온다.[20]

이처럼 여러 요소를 결합하는 것은 당신만의 변주법을 찾는 한 가지 길이다. 하지만 여기에는 결정적 한계가 따를 수 있다. 당신에게 유효한 요소들을 찾아내는 능력이 있어야만 의미가 있다는 얘기다. 이 전략은 쿠엔틴 타란티노처럼 주류 문화 바깥에서도 영감의 원천을 탐색해 자신에게 맞는 요소들을 찾아낼 줄 아는 사람에게 효과를 발휘한다.

당신만의 변주법을 찾는 또 다른 길은 다른 분야의 접근법을 가져와 활용하는 것이다. 버락 오바마가 많은 이들의 예상을 깨고 2008년 미국 대선에서 승리하기 한참 전의 일이다.[21] 그는 일리노이주에서 연방 의회 의원 선거를 위한 민주당 경선에 출마해 힘겨운 선거운동을 벌이고 있었다. 그런데 문제가 하나 있었다. 연설 솜씨가 형편없었던 것이다. 과거 로스쿨 강단에서 학생들을 가르친 그는 강의에는 익숙했지만 청중의 공감을 이끌어내는 말하기는 서툴렀으며, 학구적이고 복잡한 표현을 사용하는 습관 때문에 유권자들의 호감을 사지 못했다. 그의 연설은 유권자의 마음을 움직이지 못했다. 선거운동 참모가 그에게 교수 느낌이 나는 전문용어를 버리고 제발 감정을 움직이는 표현을 쓰라고 부탁했다. 그러나 오바마는 요지부동이었다. 그는 측근인 론 데이비스(Ron Davis)에게 이런 직설적인 조언까지 들었다. "나 원 참, 그렇게 하다간 망해요. 그러면 이길 수가 없다니까요. 당신이 얼마나 거만해 보이는지 알아요? 잔뜩 들어간 힘을 빼야 해요."[22]

오바마는 주변의 조언을 귓등으로 흘려보냈다. 그는 민주당 경선에서 경쟁 후보 득표수의 절반도 못 미치는 표를 얻어 완패했다. 선거에서 패배한 그는 자신감이 바닥으로 떨어졌고 방향 감각도 잃었다. 정계를 떠날까도 잠깐 생각했다. 그때 한 측근이 그에게 시카고의 교회들을 돌아다니면서 목사님이 설교하면서 신도들에게 감화를 주는 방식을 유심히 관찰해보라고 제안했다.

그로부터 몇 년 후 오바마가 연방 상원의원 출마를 선언했을 때 그의 연설 스타일은 완전히 바뀌어 있었다. 추상적인 단어를 구사하던 습관은 온데간데없었다. 이제 그는 이야기를 들려주고 성경을 인용하고 중요한 포인트를 반복해 청중에게 메시지를 납득시켰다. 하지만 단순히 말하는 내용만이 아니라 그것을 전달하는 방식도 중요했다. 그는 어떤 부분에서는 힘을 주어 목소리를 높이고 어떤 부분에서는 부드럽게 말했다. 억양을 조절해가며 감정을 미묘하게 전달했고, 포인트를 강조할 때는 의도적으로 잠깐 멈춰서 효과를 극대화했다. 그는 교회 목사가 흔히 사용하는 기법을 정치라는 영역으로 가져와 자신의 연설 스타일로 발전시켰고 결국 명연설가로 거듭났다.

비즈니스 세계에도 다른 분야에서 아이디어를 얻는 사례가 허다하다. 스티브 잡스와 스티브 워즈니악이 함께 애플II를 만들 당시, 잡스는 선구적인 컴퓨터 이상의 결과물을 만들고 싶었다.[23] 최적의 옷을 입고 있다는 느낌을 주는 디자인을 원했다. 하지만 그는 다른 컴퓨터들에서 영감을 찾지 않았다. 대신 메이시스 백화점에 가서 주방용품을 둘러봤다. 그때 쿠진아트(Cuisinart)의 믹서기가 그의 눈길을 사로잡았다. 그는 믹서기의 플라스틱 케이스를 보고 당시로서는 혁신적인 컴퓨터 디자인을 떠올렸다. 조립할 필요가 없는(따라서 분해하기도 어려운) 일체형 컴퓨터였다.

물론 혁신적 아이디어를 찾기 위해 다른 분야를 뒤지는 기업가는 잡스뿐만이 아니다. 인터넷 미디어 기업 아메리카온라인(America Online, AOL)의 전 회장 스티브 케이스(Steve Case)도 그런 인물이다.[24] 일찍부터 케이스는 전화와 마찬가지로 AOL 서비스의 가치도 사용자 수에 달려 있다고 생각했다. AOL이 성공하기 위해서는 단기간에 상당한 사용자 네트워크를 구축해야 했다. 그러지 못하면 이미 확보한 얼마 안 되는 가입자들마저 잃을 위험이 있었다. 케이스는 AOL 가입자 수를 늘리기 위해 세탁용 세제 시장에서 흔히 사용되는 전술을 활용했다. 바로 무료 샘플이었다.

1990년대를 지나온 이들이라면 우편함으로 배달되던, 노란 막대그림 인물 로고가 붙은 CD를 기억할 것이다. AOL에서 보내주던 CD 말이다. 케이스의 지휘 아래 AOL은 무료 가입용 CD 배포에 3억 달러 이상을 투자했다. 신규 사용자를 늘리기 위해 수많은 소비자에게 무료 인터넷 사용 기회를 준 것이다. 이는 금액만 보면 지나친 지출처럼 보일 것이다. 하지만 2015년에 케이스가 AOL을 무려 44억 달러에 매각했다는 사실을 생각해보라. 그리고 만일 케이스가 소프트웨어 분야에서 그 누구도 시도해본 적 없는 마케팅 전략을 과감하게 택하지 않았다면 훗날 AOL은 아무도 인수하려 들지 않는 기업이 됐을 수도 있다.

대박 난 마블 영화를 만드는 제작진의 정체

1960년대 초 스탠 리는 만화 작업을 그만두려고 마음먹었다.[25] 당시에는 팬들이 원하는 것이 단순한 히어로와 과격한 싸움 장면이라는 것이 업계의 일반적 관점이었다. 리는 진부하고 흔해빠진 플롯의 작품만 찍어내는 만화 업계에 신물이 났다. 나이 마흔이 코앞이라는 사실도, 만화 이외엔 딱히 잘하는 일이 없다는 사실도 중요하지 않았다. 이제 새로운 길을 찾아야겠다는 생각이 들었다.

그는 회사에 사직서를 내기 전에 아내 조앤과 얘기를 나눴다. 오늘날 우리 모두가 아는 스파이더맨, 인크레더블 헐크, 토르, 엑스맨 같은 슈퍼 히어로들이 존재할 수 있는 것은 그때 리의 아내가 건넨 조언 덕분이다. 훗날 리는 그가 이룬 업적의 영향을 크게 받은 만화 분야 연례행

사인 코믹콘(Comic-Con)에서 이렇게 회상했다. "아내가 그러더군요. '그만둘 거라면 당신이 쓰고 싶은 얘기를 딱 하나만 써보면 어때? 회사에서 원하는 건 접어두고 말이야. 그래봐야 잘리기밖에 더하겠어? 하지만 어차피 그만둘 거니 상관없잖아.'"[26]

리는 아내의 조언을 받아들였다. 마지막이라고 생각하니 과감한 아이디어를 부담 없이 시도할 수 있었다. 만화책 마니아들이 전혀 예상하지 못하는 것을 써보면 어떨까? 그가 떠올린 것은 결점을 가진 불완전한 슈퍼 히어로였다. 오점 없는 완벽한 히어로를 칭송하는 전통적 접근법과 동떨어진 대담한 일탈이었다. 친근하고 긍정적이며 지혜로운 캐릭터인 슈퍼맨이 만화 시장을 점령하던 때였다. 리는 뛰어난 신체적 능력은 유지하되 중요한 변화를 추가했다. 정서적 불안정성이었다.

〈판타스틱 4〉부터 리는 화내고, 토라지고, 힘든 상황에서 고군분투하고, 서로 다투고, 앙갚음을 하는 슈퍼 히어로들을 창조했다. 독자들은 그런 히어로에 열광했다. 출판사 입장에서도 예상치 못한 반응이었다. 리는 불완전한 히어로 캐릭터를 마음껏 만들어냈고 자신이 원하는 스토리라인을 계속 완성시켜나갔다.

오늘날 〈판타스틱 4〉는 마블의 작품들 중 상대적으로 덜 유명한 축에 속한다. 이 작품이 오랜 세월이 지나 잊혔기 때문이 아니다. 리가 그 이후에 만든 작품들이 전무후무한 엄청난 성공을 거뒀기 때문이다. 그가 창조한 캐릭터들 덕분에 마블은 프랜차이즈 영화의 대명사가 됐다.

마블 프랜차이즈가 놀라운 것은 단지 매년 여름이면(그리고 때로는 추수감사절에도) 어마어마한 돈을 벌어들이는 능력 때문만도, 또는 지난 13년간 수익이 가파르게 상승해왔다는 사실 때문만도 아니다. 놀라운 것은 바로 마블의 영화들이 특정한 공식에 기대고 있음에도 팬들과 평단 모두로부터 꾸준히 열렬한 찬사를 얻는다는 사실이다.

모든 마블 영화는 모종의 특징들(그중 다수는 스탠 리에게서 유래한 것이다)이 결합된 패턴을 갖고 있다.

대개 마블 영화에는 어떤 계기로 초자연적 능력을 갖게 된 후 그 사용법을 익히는 히어로가 등장한다. 속사포처럼 내뱉는 짤막하고 유머러스한 대사와 냉소적인 농담이 나오고, 이런 대사는 특히 캐릭터가 위험에 직면했을 때 더 빛을 발한다. 히어로들끼리의 싸움(캡틴 아메리카와 아이언맨, 토르와 헐크를 떠올려보라)이 영화 내용의 큰 비중을 차지한다. 또 마블 영화에서는 히어로들이 악당과 몸으로 싸우는 것보다 '동료 히어로'와 말다툼하는 데 더 많은 시간을 쓴다. 또 작지만 용감한 여성 캐릭터와 힘은 세지만 불안정한 남성 캐릭터의 대비, 깊이 발전하지는 않는 순수한 로맨스, 끊임없이 등장하는 풍자적인 대중문화 레퍼런스, 결말에 이르기 전 클라이맥스 부분에 등장하는 CGI 기술을 이용한 싸움 장면, 엔딩크레디트 이후 마블 후속작의 암시나 예고편을 보여주는 쿠키 영상도 대표적인 특징이다.

한 문단으로 정리된 이 특징들을 읽어보면 공식이 뻔하지 않은가? 그렇다면 이런 의문이 들 수밖에 없다. 마블이 해마다 영화 팬들의 마음을 사로잡을 수 있는 이유는 무엇일까? 비슷한 캐릭터들과 스토리라인, 주제를 이용하는데도 지루하지 않은 이유가 무엇일까? 기존 공식을 이용하면서도 새롭다는 느낌을 주는 비결이 무엇일까?

2019년 인시아드(INSEAD) 경영대학원의 스펜서 해리슨(Spencer Harrison)이 이끄는 창의성 전문가 팀이 이 질문의 답을 찾고자 마블에 대한 광범위한 연구를 진행했다.[27] 연구 팀은 배우, 감독, 제작자 등 마블 관계자들의 인터뷰 수백 건을 검토하고, 영화 각본들을 분석하고, 각 영화에 대한 주요 비평들을 검토했다. 그리고 아래와 같은 사실을 알아냈다. 이는 할리우드 영화를 뛰어넘어 다른 많은 영역에도 적용될 수 있는 원칙이다.

기존 공식이 진부하지 않게 느껴지게 만드는 마블의 비결 하나는 영화에 새로운 요소를 도입하는 것이다. 그 새로운 요소란 슈퍼 히어로 장르가 '아닌' 다른 전문 분야의 경험을 가진 감독이다. 마블은 매번 똑같은 제작 팀에 의존하지 않고, 새로운 시각을 불어넣기 위해 일부러 히어로 장르에 경험이 적은 감독을 택한다. 해리슨은 이를 "경험이 있는 무경험자 기용하기"라고 부른다.

마블 영화를 웬만큼 본 사람이라면 〈토르: 라그나로크〉가 〈토르: 다크 월드〉보다 훨씬 더 재미있다는 사실을 알 것이다. 후자는 〈왕좌의 게임〉을 만들었던 감독이 만들었고 전자는 코미디 배우 경력을 가진 감독이 만들었기 때문이다. 마블은 기존 공식과 핵심 팀은 유지하되 거기에 외부의 새로운 인재를 추가해, 영화가 나올 때마다 관객들에게 새롭다는 느낌을 주는 데 성공한다.

이 같은 마블의 접근법에서 영감을 얻는다면, 우리도 어떤 공식을 새로운 방향으로 발전시킬 때 새로운 팀원을 투입해 그들의 관점을 활용할 수 있다. 늘 함께해오던 팀원들과 일하는 것이 편하기야 하겠지만, 창의적 결과물을 내고 싶다면 얼마간에 한 번씩 새로운 인재를 합류시키는 것이 좋다. 기존 팀에 다른 팀의 동료를 영입하거나, 신입 직원을 뽑거나, 프로젝트 특성에 따라 외부 프리랜서를 고용하는 식으로 말이다.

만일 당신이 혼자 일하는 직업을 가졌다면 마블의 접근법이 자신에게 해당하지 않는다고 느낄지도 모른다. 하지만 결코 그렇지 않다. 혼자 일하는 직업이라도 타인의 영향력을 효과적으로 이용할 수 있다.

"당신이 가장 많은 시간을 함께 보내는 다섯 명이 현재의 당신 모습을 결정한다"는 말이 있다. 우리의 가까운 친구와 동료, 가족은 우리의 신념과 기대치와 사고방식에 영향을 미친다. 그런 영향은 우리가 알아채지 못하는 사이에 미묘하게 이뤄질 때가 많다. 그리고 우리는 시간을 어떻게 보낼지, 주변에 어떤 사람을 둘지 웬만큼 스스로 결정할 수 있다. 하지만 우리는 주변 사람들이 창의적 아이디어를 수혈받는 통로가 될 수 있다는 생각을 좀처럼 하지 못한다.

비슷한 맥락에서, 우리는 인맥 쌓기를 종종 과소평가한다. 많은 이들이 인맥을 사업을 하거나 경력을 쌓는 데 유용한 업무적 도구로만 보는 경향이 있다. 그러나 다른 시각을 가진 이들도 있다. 앞에서 잠깐 언급한 하버드 경영대학원 교수 고(故) 클레이튼 크리스텐슨은 기업 간부들이 자신과 회사를 광고하거나 중요한 자원을 가진 사람과 전략적인 친분을 쌓기 위해 인맥을 이용하는 반면, 창의적 혁신가들은 다른 관점으로 움직인다는 사실을 발견했다.[28] 즉 그들은 인맥을 값진 통찰력을 발견하고 최신 아이디어를 수집하는 통로로 이용한다.

인맥 관리라는 말과 연관 지어 떠오르는 가식적이고 이기적인 동기를 버리고, 대신 사고에 자극을 주는 사람들과 긍정적 관계를 맺으며 흥미로운 아이디어를 한두 개쯤 얻는다고 생각해보라. 다양한 분야의 친구와 동료로 이뤄진 인맥을 잘 만들어놓으면 자신의 작업에 요긴하게 활용할 참신한 아이디어를 얻을 수 있게 된다.

물론 자신에게 꼭 필요하다고 판단되는 상대방을 만나는 일이 불가능한 경우도 있기 마련이다. 예컨대 당신이 친구의 결혼식 축사를 해주기로 했다고 가정하자. 예리하고 근사하면서 위트 넘치는 축사를 하고 싶다. 머릿속에 완벽한 모델 한 명이 떠오른다. 바로 코미디언 스티븐 콜베어(Stephen Colbert)다. 하지만 CBS 방송국에 전화를 걸어 콜베어에게 부탁해 그의 도움을 받을 가능성은 매우 낮다. 당신은 그가 말하는 내용을 역방향 개요 작성으로 분석해볼까 생각하지만, 그가 다루는 소재는 주로 시사와 정치이므로 당신에게는 큰 도움이 안 될 것 같다.

하지만 다행히 콜베어의 스타일을 당신의 결혼식 축사에 불어넣을 방법이 하나 남아 있다. 콜베어라면 축사의 특정 요소들을 어떻게 다뤘을지 질문을 던지는 것이다. 예를 들어 '콜베어라면 축사를 어떤 식으로 시작할까?'를 생각해본다. 이렇게 단순한 질문을 던지는 행위 자체가 당신을 특정한 정신 상태로 이끈다. 당신 의식의 중심에 콜베어라는 영향 인자를 끌어다놓음으로써 그와 비슷한 결과물을 만들어낼 가능성을 높이는 것이다. 반면 '달라이 라마나 오프라 윈프리, 또는 도널드 트럼프라면 축사를 어떻게 시작할까?'라는 질문에는 당연히 각각 다른 방향의 답이 나올 것이다.

실제로 우리가 어떤 특정한 영향 인자를 머릿속에 떠올리기만 해도 마음가짐과 행동 방식이 변한다는 사실을 보여주는 여러 연구가 있다. 그리고 이는 단지 유명 인사에만 국한되지 않고 브랜드에도 적용되는 효과다. 예를 들어 디즈니 로고를 보면 사람들이 더 정직하게 행동하는 경향이 있고,[29] 게토레이 음료수를 보면 뭔가에 더 많은 노력을 쏟고 싶은 마음이 들며,[30] 레드불 로고를 보면 더 공격적으로 행동하는 경향이 있음이 여러 실험에서 드러났다.[31]

요컨대 창의적 결과물을 만들려고 할 때도 특정한 영향 인자를 마음속에 떠올리는 것이 큰 효과를 낼 수 있다. 어떤 모델을 적극적으로 떠올리는 것은, 그 모델의 특성과 우리 자신의 사고를 결합할 아이디어를 이끌어내고 창의성을 자극하는 촉매 역할을 할 수 있다.

특정한 영향 인자를 의식의 중심으로 끌어오는 것은 특히 비즈니스 세계에서 효과적이다. 예를 들어 스테파니라는 마케팅 책임자가 연말연시 시즌을 위한 프로모션 전략을 고심 중이라고 치자. 스테파니는 지난해의 마케팅 캠페인을 다시 검토하거나 뭔가 새로운 아이디어를 쥐어짜는 대신, 다른 업계의 성공한 브랜드를 떠올리며 답을 찾아볼 수 있다.

이 경우 '콜베어라면 축사를 어떤 식으로 시작할까?'라는 질문이 '아마존이라면 이 제품을 어떻게 론칭할까?'로 바뀌게 된다. 또는 '타깃(Target)이라면 이 제품을 어떻게 진열할까?'나 '킴 카다시안이라면 이걸 어떻게 입소문을 낼까?'를 생각해볼 수도 있다. 이런 질문을 던지지 않았다면 생각지도 못했을 전략과 전술, 테크닉이 떠오를 수 있다. 뿐만 아니라 스테파니는 회사의 전통이나 현재 위치 때문에 떠올리지 못했을 기회를 창의적으로 고려해볼 수도 있다.

당신이 소비하는 콘텐츠가 차이를 만든다

지금까지 우리는 기존 공식을 변주하는 세 가지 전략을 살펴봤다. 1) 여러 영향 요소를 결합하기 2) 다른 분야나 업계의 아이디어를 가져와 활용하기 3) 팀원이나 주변 사람의 구성에 변화를 주기(물리적으로든 가상으로든)가 그것이다.

네 번째 전략은 정보를 선택적으로 소비하면서 영향 요소를 의도적으로 '배제하는' 것이다. 집중할 정보와 무시할 정보를 까다롭게 선택하느냐 아니냐는 당신의 분야에서 남들과 차별화를 이루느냐 마느냐를 좌우한다. 스티브 잡스는 "창의성은 연결하는 능력"이라고 말했다. 그리고 다음의 말은 잡스의 말에서 생략된 부분을 일러준다. 다른 셰프들과 차별화되고 싶다면 다른 식재료를 이용하라.

그럼에도 창의적 직종에 있는 많은 이들이 똑같은 뉴스레터를 구독하고 똑같은 팟캐스트를 듣고 똑같은 책을 읽는다. 그런 콘텐츠에 정말로 흥미를 느껴서 그런 것인지 아니면 단지 트렌드를 따라가야 한다는 압박감 때문인지는 중요하지 않다. 중요한 건 그럴수록 독창적인 결과물과 멀어진다는 점이다. 무엇으로부터 영향을 받을 것인지를 적극적으로 선택해야 남들과 비슷한 창작물을 만들어내는 일을 피할 수 있다.

소비하는 콘텐츠의 양을 줄여야 하는 이유는 또 있다. 그래야 당신이 소비하는 콘텐츠에 더 집중할 수 있다. 우리의 지적 활동은 제로섬 게임이다. 주의력이 분산될수록 각각의 외부 자극이 우리에게 주는 영향력은 더 약해진다. 가치 없는 정보를 추려내야 정말로 중요한 정보에 집중할 수 있다. 그래야 쉴 새 없이 밀려드는 그저 그런 콘텐츠의 물살에 가치 있는 고전들이 밀려나지 않는다.

그리고 일시적 유행에 대한 저항력도 생긴다. 창의력은 무엇에 주의력을 쏟느냐에 크게 좌우된다. 그런데 당신이 일시적 트렌드에 주의력을 쏟고 거기에 휩쓸린다면 당신이 만들어내는 결과물은 수명이 짧을 것이다. 반면 세월의 시험을 견뎌낸 훌륭한 고전을 깊이 파고 거기서 끌어올린 값진 요소를 당신의 접근법에 더한다면 오래도록 남을 창의적 작품을 만들어낼 확률이 높아진다.

이런 이유들 때문에 성공한 많은 창작자가 자신에게 영향을 줄 수 있는 특정한 요소를 일부러 외면하거나 밀어낸다. 때로는 적게 섭취하는 것이 더 뛰어난 결과물을 만들어내는 길임을 아는 것이다. 예컨대 록의 전설 톰 페티(Tom Petty)는 포크와 컨트리, 팝의 요소가 섞인 자신의 음악이 독창적이지 않다는 사실을 인식하고 있었다.[32] 실제로 그의 음악은 당대의 또 다른 인기 뮤지션 브루스 스프링스틴(Bruce Springsteen)의 곡들과 불편할 만큼 공통점이 많았다. 때문에 페티는 가수 활동을 하는 내내 스프링스틴과 더 비슷해지는 것을 피하려고 그의 음악을 최대한 멀리했다.

밴드 반 헤일런(Van Halen)의 기타리스트이자 작곡가 에디 반 헤일런(Eddie Van Halen)은 수십 년간 현대음악을 아예 듣지 않았다. 그 대신 들은 것은? 요요마의 연주였다. 그는 2015년 〈빌보드〉 인터뷰에서 말했다. "나는 현대적인 음반을 만들고 싶어도 그럴 수가 없었다. 현대음악이 어떤 것인지 모르기 때문이다."[33]

코미디언 빌 마허(Bill Maher)는 HBO의 시사 풍자 쇼 진행자다.[34] 영국 출신 코미디언 존 올리버(John Oliver)도 마찬가지다. 하지만 마허는 올리버가 진행하는 쇼를 단 한번도 보지 않았고 앞으로도 그럴 생각이다. 올리버의 쇼에서 영향을 받을까 봐 일부러 보지 않는 것이다. 그리고 NBC의 간판 토크쇼 〈투나잇쇼〉의 진행자 지미 팰런(Jimmy Fallon)도 마찬가지다.[35] 팰런은 마허와 올리버의 쇼는 물론이고 시사 소재를 다루는 코미디언이 진행하는 그 어떤 쇼도 시청하지 않는다. 자신이 보는 콘텐츠가 자신의 창의성을 좌우한다고 생각하기 때문이다.

앞에서 소개한 코미디광이자 영화 제작자인 저드 애퍼타우도 각본을 쓸 때 다른 코미디언의 작품에 노출되지 않으려고 애쓴다.[36] 거기서 영향을 받는 것이 싫기 때문이기도 하지만 자신감을 지키기 위해서이기도 하다. 그는 각본 작업을 할 때, 자신이 만드는 것이 이전에 이미 누군가가 만든 것일지 모른다는 생각이 자꾸 드는 것이 제일 싫다고 한다.

'의도적인 외면' 전략을 택한다는 것은 완전히 담을 쌓은 채 새로운 것을 절대 접하지 않고 그저 창의적 아이디어가 번개처럼 떠오르기만 기다린다는 뜻이 아니다. 관심을 쏟을 작품을 더 까다롭게 선택하라는 뜻이다. 당신의 프로젝트에 유용한지, 활용할 만한 요소가 있는지 날카롭게 살피라는 뜻이다. 그리고 때로는 최신 작품 대신 고전에 주목하거나, 자신이 과거에 접했던 뛰어난 작품을 다시 들춰 더 세심하게 검토하는 것도 효과적이다.

흔히들 같은 작품을 한 번 이상 소비하는 것은 별 의미가 없다고 생각한다. 이미 읽은 책이나 이미 본 영화를 뭐 하러 또 본단 말인가? 하지만 성공한 작가들은 그 반대이다. 실제로 수상 경력을 가진 수많은 작가는 신간보다 오래된 책을 다시 읽는 데 더 많은 시간을 쓴다. 어째서일까? 읽은 것을 다시 읽는 행위에는 독특한 이점이 있기 때문이다.

노련한 작가는 한 작품을 여러 번 읽으면 그때마다 포커스가 달라진다는 사실을 안다. 처음 읽을 때는 플롯에 집중하게 된다. 전체적인 주제가 무엇인가? 전반적인 감정 곡선이 어떻게 흘러가는가? 어떤 사건이 누구에게 벌어지는가? 그러나 나중에 다시 읽을 때는 스토리라인에 집중하지 않는다. 이제는 구조상의 중요한 단서들이 눈에 띄고 저자의 글 쓰는 기법이 파악되기 시작한다. 어휘 선택, 등장인물의 미묘한 변화 과정, 저자가 일부러 생략한 중요한 세부 정보 등 처음엔 못 보고 지나치기 쉬운 요소들이 눈에 들어온다. 부커상 수상 작가 존 밴빌(John Banville)은 이렇게 말했다. "좋아하는 고전을 자꾸 읽을수록 그 작품은 자신의 비밀을 우리에게 내어준다. 그것을 읽을 때마다 우리는 불투명하고 반짝이는 표면 아래 숨겨져 있던, 저자의 기법을 작동시키는 톱니와 바퀴들을 더 분명하게 알 수 있다."[37]

또한 고전은 현대인의 시야를 벗어나 잊혀버린 성공 전략을 상기시키기도 한다. 고전의 영향력을 현재의 프로젝트에 적용하는 것은 검증된 공식을 되살리는 효과적인 길이다. 음악 분야에서는 이런 접근법을 늘 활용한다. 다프트 펑크와 아케이드 파이어 같은 밴드들은 클래식 음악, 디스코 등 다양한 과거 음악에서 영감을 얻는다. 그렇게 자신의 곡에 독특한 개성을 더해 팬들이 예상치 못한 방향으로 사운드를 진화시킨다.

이런 식의 접근법은 예술뿐만 아니라 비즈니스 세계에서도 유의미하다. 온라인 광고가 급부상하면서 버림받은 마케팅 전략들을 떠올려보라. 불과 몇십 년 전만 해도 기업들은 제품을 홍보할 때 전단지를 배포하거나 전화번호부에 광고를 내거나 라디오 광고를 내보냈다. 요즘 대부분의 기업은 그런 방식에 코웃음을 칠 것이다. 온라인 광고에 돈을 쓰는 게 더 낫다고 믿기 때문이다. 하지만 모두가 그렇게 생각하는 것은 아니다. 현재 영리한 마케터들은 이른바 한물간 구식 광고 전략이 경쟁자와 차별화되는 훨씬 큰 효과를 낸다는 사실을 깨닫고 있다.

광고 우편물을 생각해보자.[38] 얼핏 생각하기에 광고물 제작은 비용과 시간이 많이 들어가는 비효율적인 방식이다. 카피라이터와 디자이너를 고용해야 하고 우편물 발송 주소록도 확보해야 한다. 게다가 인쇄와 배달에도 비용이 들어간다. 그에 비하면 이메일은 비용이 거의 들지 않는 셈이므로 바보가 아니라면 당연히 이메일 일괄 발송을 택할 것이다. 그런데 과연 그럴까?

통계 수치를 한번 보자. 미국 직장인은 평균적으로 하루에 120통 이상의 이메일을 받는다. 일주일이면 840통 이상이다. 그렇다면 일주일에 그들의 우편함에 도착하는 종이 우편물의 개수는 얼마일까? 18개다. 물론 광고 우편물 발송에 드는 비용은 만만치 않다. 그러나 그것이 소비자의 관심을 끌 가능성은 최고로 정성 들여 작성된 이메일보다도 월등히 높다.

아마존, 애플, 구글 등 인터넷 공룡 기업에서 마케팅을 책임지는 인재들이 이를 알아채지 못했을 리 없다. 이들은 신속하게 메시지를 뿌리는 것이 기업 전략에 꼭 필요한 경우 광고 우편물을 활용한다.

흔히들 진보하려면 새로운 것을 받아들여야 한다고 생각한다. 그러나 때로는 뒤를 돌아봐야 미래가 보인다.

보드카 시장을 점령한 앱솔루트의 광고 전략

1950년대 말 로이 오비슨(Roy Orbison)의 앞날엔 희망이 별로 없어 보였다.[39] 낮에는 아무도 사지 않는 컨트리 곡 앨범을 만들고 밤이면 싸구려 술집이나 드라이브인 영화관에서 공연하며 근근이 살아가고 있었다. 몇 년 전 그의 밴드 틴킹스(Teen Kings)는 〈우비 두비(Ooby Dooby)〉라는 곡으로 빌보드 핫 100 차트에 진입해 소소한 성과를 거두기도 했다. 하지만 먼 옛날 일처럼 느껴졌다. 밴드는 저작권 지분에 대한 다툼 끝에 결국 해체됐다. 이제 오비슨은 혼자 일어서야 했다. 텍사스주 오데사의 비좁은 아파트에서 그를 기다리는 아내와 어린 아들을 먹여 살리려면 직접 발로 뛰며 공연 일을 찾아야 했다.

오비슨은 일반적인 로큰롤 가수의 이미지와 크게 달랐다. 수줍음을 많이 타는 내성적인 성격이었으며 렌즈가 두꺼운 이중초점 안경을 썼고 시력이 매우 나빴다. 무대에서는 가만히 서서 노래를 불렀다. 마치 조금이라도 움직이면 불필요한 주목을 받을까 봐 두려워하는 사람처럼 말이다.

그 무렵 오비슨은 조 멜슨(Joe Melson)이라는 작곡가를 만났고, 멜슨은 그에게 함께 곡을 만들어보자고 제안했다. 둘은 처음부터 호흡이 잘 맞았다. 그들이 함께 만든 발라드 곡으로 오비슨은 성공 가도에 올라섰다. 별 볼 일 없던 그를 단숨에 주류 음악계의 스타급 가수로 만들어준 그 노래는 〈온리 더 론리(Only the Lonely)〉였다.

〈온리 더 론리〉는 악보상으로는 별로 특별할 게 없는 곡이었다. 오비슨과 멜슨도 이 곡이 히트를 칠 거라고 예상하지 못했다. 두 사람은 심지어 이 곡을 엘비스 프레슬리와 에벌리 브라더스(Everly Brothers)에게 팔려고 했지만 모두에게 퇴짜를 맞았다. 하지만 1960년 5월 발표된 오비슨의 〈온리 더 론리〉 싱글은 뜨거운 반응을 얻었다. 얼마 전까지만 해도 무명이었던 오비슨은 이제 엄청난 히트곡의 가수가 되었다.

〈온리 더 론리〉가 매력적인 것은 작곡 방법 때문이 아니었다. 곡의 형식이나 멜로디, 또는 가슴 아프면서 희망적인 가사 때문도 아니었다. 많은 음반 제작자가 퇴짜를 놓았던 오비슨의 독특한 목소리 때문도 아니었다. 이 곡의 성공 비결은 구성 요소들을 배치하는 방식에 있었다.

당시 다른 가수들의 인기곡과 달리 〈온리 더 론리〉는 일반적으로 곡의 배경에 깔리는 요소를 끄집어내 전면에 내세웠다. 그 요소는? 바로 백 보컬이다.

이 노래의 첫 부분은 오비슨이 아니라 백 보컬 가수들이 부르는 "덤 덤덤덤비두와" 하는 인상적인 소절로 시작된다. 백 보컬에 포커스를 맞추자는 것은 오비슨의 아이디어였지만, 그것을 실제로 구현하는 것은 사운드 엔지니어 빌 포터(Bill Porter)의 몫이었다. 포터는 악기 사운드를 먼저 녹음한 후 보컬을 입히는 전통적인 방식 대신 다른 방법을 시도했다. 그는 먼저 근접 마이크로 백 보컬들의 목소리를 녹음한 다음 거기에 악기 사운드를 더해 보컬들의 목소리가 힘을 잃지 않도록 했다. 그 결과는 인상적이었고, 이 기법은 오비슨 노래들의 트레이드마크가 됐다.

남들과 차별화되는 곡을 만들기 위해 오비슨이 택한 접근법, 즉 대개 배경에 묻혀 있는 요소를 가져와 중심 요소로 만드는 것은 창의적 변주법을 찾는 다섯 번째 방법이다. 이것은 기존 공식에 이미 들어 있는 어떤 요소를 포착한 후 그 지위를 높여 돋보이게 만드는 전략이다.

오비슨의 백 보컬 활용은 한 예에 불과하다. 또 다른 예는 역대 최고 인기 시트콤 목록에서 늘 빠지지 않는 〈사인필드(Seinfeld)〉다. 개성 넘치는 인물들, 서로 교차하는 스토리라인들, 노골적인 이기주의 등 〈사인필드〉가 같은 시대의 다른 코미디들과 차별화되는 특징은 많다. 하지만 주목할 한 가지가 더 있다. 사소하고 하찮은 소재가 중심 역할을 한다는 점이다.

다른 시트콤들과 달리 〈사인필드〉는 일상의 자질구레하고 짜증나는 일들(지구상에 사는 사람이라면 누구나 경험할 법한)을 최대한 부각시켜 플롯의 중심 요소로 변화시켰다. 이 시트콤에는 짜증을 유발하는 사소한 사건이 에피소드마다 끊임없이 등장한다. 무슨 말인지 모르게 웅얼거리며 말하는 사람, 목소리 톤이 지나치게 높은 사람, 얼굴이 닿을 듯이 가까이 대고 말하는 사람, 텔레마케터, 끈질기게 사라지지 않는 몸 냄새, 끔찍한 고객 서비스, 주차 위치 잊어버리기, 반갑지 않은 이웃 등.

초콜릿 바를 먹는 적절한 방법은 무엇인가? 공용 테이블에 놓인 살사 소스에 칩을 찍어 먹어도 되는 횟수는 몇 번인가? 공중화장실에서 옆 칸에 있는 사람과 화장지를 나눠 써야 할 의무가 있는가? 〈사인필드〉의 등장인물들은 툭하면 이런 식의 날카롭고 직설적인 질문을 던지면서 사소한 것에 우스꽝스럽게 집착했다.

〈사인필드〉는 일상생활의 배경에서 일어나는 지독하게 사소한 일들을 플롯의 가운데로 끌고 오면서 그야말로 독특한 시트콤을 창조해냈다. 그래서 흔히 "아무것도 아닌 것에 관한 쇼(show about nothing)"라고 불린다. 하지만 이 시트콤 자체는 결코 '아무것도 아닌 것'이 아니었다. 그것은 다른 프로그램들은 외면한 스토리라인을 택한 독특한 시트콤이었다.

으레 간과되는 요소를 중심으로 끌고 오는 접근법은 많은 뛰어난 광고에서도 볼 수 있다. 그중에서도 단연 으뜸이라 할 만한 것은 인지도 낮은 스웨덴 보드카 앱솔루트를 세계적인 보드카 브랜드로 만든 광고 캠페인이다.[40] 1979년 처음 글로벌 시장에 진출한 앱솔루트는 성공 가능성이 희박해 보였다. 당시 미국의 보드카 시장은 스미노프(Smirnoff), 스톨리치나야(Stolichnaya) 등 러시아식 이름을 가진 브랜드들이 장악하고 있었다. 앱솔루트가 택할 만한 효과적인 전략은 별로 없어 보였다. 생산국을 강조해 차별화할 수도 있었지만 당시 대다수 미국 소비자들은 스웨덴에서 보드카를 생산한다는 사실조차 잘 몰랐다. 맛으로 승부하는 것 역시 쉽지 않아 보였다. 보드카의 맛은 매우 미묘해서, 아무리 술에 대해 잘 아는 사람이라도 맛으로 보드카 브랜드들을 정확히 구별하기가 쉽지 않다.

그렇다면 앱솔루트는 어떻게 인지도를 높여 결국 미국 보드카 시장을 점령할 수 있었을까? 그 비결은 보드카의 소비 경험에서 흔히 뒤로 밀려나 간과되는 요소를 앱솔루트 광고의 핵심 특징으로 만든 것이었다. 그 요소는 병 모양이었다.

잡지를 넘기거나 버스 정류장을 지나가다가 앱솔루트 광고를 한 번쯤 안 본 사람은 없을 것이다. 이 브랜드는 거의 40년 동안 일관된 콘셉트에 매번 약간의 변화만 주는 광고를 해오고 있다. 이 광고에서는 중심이 되는 앱솔루트 병 모양에 아름다운 장소나 세계 각국의 도시, 또는 포토샵 이미지를 예술적 감각으로 결합하고 "앱솔루트 ○○○" 형태의 두 단어로 된 단순한 카피를 활용한다. 1980년 선보인 첫 번째 광고에는 앱솔루트 술병 위에 후광을 그려 넣고 "앱솔루트 퍼펙션(Absolut perfection)"이라는 카피만 붙였다. 시간이 흐를수록 광고 내용은 더 추상적이 되어 실제 유리병은 빼고 병의 윤곽만 살린 이미지를 자주 이용하고 있다. 또 앱솔루트의 광고 담당자들은 병의 윤곽을 토대로 무한한 상상력을 발휘해 다양하고 매혹적인 주제로 감각적인 광고를 만든다.

앱솔루트가 차별화를 이뤄낸 접근법도 로이 오비슨이나 〈사인필드〉의 경우와 비슷하다. 그들은 보드카 경험에서 거의 주목받지 못하던 요소를 핵심 포인트로 택해 사람들 머릿속에 각인시킴으로써 성공한 브랜드가 됐다.

하지만 앱솔루트의 이야기는 여기서 끝이 아니다. 그 유명한 광고 캠페인을 시작하고 몇 년 후, 앱솔루트의 미국 내 공급을 담당하던 수입업체 캐릴런 임포터스(Carillon Importers)가 앱솔루트 판매 권리를 잃게 됐다. 캐릴런의 대표 미셸 루(Michel Roux)에게는 특히 충격적인 일이었다.[41] 루는 앱솔루트의 창의적 광고 캠페인을 추진한 주역이었고 광고 디자인을 위해 앤디 워홀을 비롯한 여러 예술가를 섭외한 장본인이었다. 그에게 앱솔루트의 성공은 경력의 정점을 찍은 보석이었다. 그는 한 인터뷰에서 이렇게 말했다. "앱솔루트는 내게 자식 같다. 이 녀석을 키우고 보살피고 애정을 듬뿍 쏟았다. 이제 새 부모가 이 녀석을 부디 잘 보살펴줬으면 좋겠다."[42]

루는 앱솔루트 공급권이 더 규모가 큰 수입 업체로 넘어가자 상심에 빠졌다. 하지만 곧 아이디어가 하나 떠올랐다. 애착을 느끼는 브랜드의 판매권을 넘겨주고 얼마 안 지나서, 앱솔루트를 미국의 최고 인기 보드카로 만든 공식을 부활시키면 어떨까 하는 생각이 들었다. 물론 이번엔 보드카를 택할 생각은 없었다. 보드카 시장은 이미 주인이 정해졌으니까. 하지만 브랜드 차별화를 위해 병의 디자인을 부각시킬 수 있는 다른 주류는 많았다.

루는 첫 번째 목표물을 찾으러 멀리 눈을 돌릴 필요가 없었다. 전국적 유통 업체인 캐릴런은 온갖 다양한 종류의 주류 브랜드를 취급했으니까 말이다. 불과 2년 후 그는 첫 번째 목표물의 출시 준비를 마쳤다. 1986년 그는 소비자의 눈길을 단숨에 사로잡는 매끈한 푸른색 병에 담긴 제품을 출시해 침체돼 있던 진 시장을 되살렸다. 그 제품이 바로 봄베이 사파이어(Bombay Sapphire)다.

'말콤 글래드웰처럼 쓰려면'은 잘못된 질문이다

자신만의 변주법을 찾는 마지막 방법에서는 종종 우연이 힘을 발휘한다. 독창적 작품을 만들려고 애쓰지 않는 와중에 자신만의 변주법을 발견하는 경우가 있다는 뜻이다.

2006년 싱어송라이터 에이미 와인하우스와 프로듀서 마크 론슨 (Mark Ronson)은 같이 앨범 작업을 하면서 개성 넘치는 곡들을 완성하려고 애쓰지 않았다.[43] 오히려 반대였다. 그들의 목표는 1960년대 모타운(Motown: 흑인 소울 음악의 대중화에 기여한 전설적인 음반 레이블 – 옮긴이)의 풍성한 소울 사운드를 재현하는 것이었다.

훗날 론슨은 NPR(미국공영라디오)의 가이 라즈(Guy Raz)에게 말했다. "처음엔 모타운 사운드와 분위기를 어떤 식으로 재현해야 할지 감이 안 잡혔다. 그때까지 해본 적 없는 작업이었기 때문이다. 하지만 에이미와 그녀의 음악적 지향점이 너무나 매력적이었기에 난 이렇게 생각했다. '어떻게 되든 방법을 찾아서 해봐야겠어. 설령 좀 실패하면 어때.' 그리고 실제로 헤매기도 했지만 결국 그 덕분에 새로운 음악이 탄생했다. 때로는 그런 접근법이 필요한 것 같다."[44]

와인하우스와 론슨은 템테이션스(The Temptations), 슈프림스(The Supremes) 같은 전설적 그룹들을 모방하려고 애썼다. 나중에 완성된 와인하우스의 곡들에는 거기서 영향을 받은 요소가 고스란히 들어 있다. 멜로디가 강조된 베이스 라인, 소리의 공간감을 만들어주는 리버브, 찰랑거리는 탬버린 소리 등이 그것이다. 하지만 힙합 디제이기도 한 론슨은 당연히 많은 부분에 일렉트로닉 비트를 입혔고, 와인하우스가 쓴 자극적이고 우울한 가사는 모타운 가수들의 노래와 완전히 다른 분위기였다. 그 결과 〈리햅(Rehab)〉, 〈유 노 아임 노 굿(You Know I'm No Good)〉, 〈백 투 블랙(Back to Black)〉 등 개성 있는 명곡들이 탄생했다. 와인하우스와 론슨이 기존 공식을 따르면서 작업했음에도 불구하고 말이다.

와인하우스의 히트곡들이 강렬한 매력을 가질 수 있었던 요인은 무엇일까? 앞서 살펴본 다른 많은 사례와 마찬가지로 그 답은 이렇게 요약된다. 기존 공식을 새롭게 변주했기 때문이다. 그렇다면 그 변주가 어떻게 생겨났을까? 이 지점에서 와인하우스와 론슨은 이례적인 방식을 보여준다. 기존 공식을 재현하려고 노력하다가 성에 차지 않는 결과가 나오면 어떻게든 보완책을 생각해낼 수밖에 없었고 그 과정에서 예상치 못한 혁신이 이뤄진 것이다.

요리 업계의 전설 자크 페팽(Jacques Pépin)의 이야기를 들어보자.[45] 페팽은 수많은 요리책을 썼지만 책에 실린 그 어떤 레시피도 완벽하지 않으며 어차피 그럴 수도 없다고 생각한다. 요리라는 행위에 영향을 미치는 예측 불가능한 요인이 언제나 존재하기 때문이다. 그 예측 불가능한 요인은 요리사 자신의 영향력이다. 모든 요리에는 요리사가 의도했든 우연히든 그들 자신의 경험과 신념, 성향이 영향을 미칠 수밖에 없다.

페팽은 오랫동안 학생들에게 요리를 가르치면서 음식에 요리사 자신의 색깔이 들어갈 수밖에 없다는 사실을 깨달았다. "나는 학생 열다섯 명에게 샐러드, 삶은 감자, 구운 닭고기를 만들라고 한 후 항상 이렇게 덧붙였다. '나를 깜짝 놀라게 하고 싶나요? 남들과 다른 요리를 하고 싶나요? 제발 그렇게 작정하지 마십시오.' 학생들은 무조건 열다섯 가지의 다른 닭고기 요리를 완성하게 돼 있다. 맛의 완성도가 꽤 높은 닭고기, 설익은 닭고기, 차가운 닭고기, 타버린 닭고기 등등. 어쨌든 전부다르다. 남과 달라야 한다는 괴로운 강박에 시달릴 필요가 없다. 자신의 느낌대로 요리하라. 그게 다른 것이다."[46]

혹자는 페팽이 학생들에게 충동을 자제하고 정해진 레시피를 세심하게 따르게 할 것이라고 생각할지 모르지만 절대 그렇지 않다. 오히려 그는 처음 딱 한 번만 레시피대로 요리하라고 한다. 두 번째부터는 레시피를 기반으로 하되 자신의 색깔을 집어넣으라는 것이다. 요리사가 할 일은 똑같이 복제하는 것이 아니라 상상력을 더하는 것, "자신의 미학과 미각에 맞춰 레시피를 마사지하는 것"이다.

와인하우스와 론슨이 함께 음반 작업을 시작하기 약 10년 전, 말콤 글래드웰은 〈워싱턴포스트〉를 떠나 〈뉴요커〉로 자리를 옮겼다.[47] 당시 글래드웰로서는 적응이 쉽지 않았다. 10년 동안 신문 기사라는 특정한 스타일의 글만 써왔기 때문이었다. 하지만 〈뉴요커〉에서 원하는 글은 달랐다. "갑자기 예전에 써본 것보다 세 배에서 다섯 배나 더 긴 글을 써야 했다."[48] 글래드웰은 〈롱폼(Longform)〉 팟캐스트에서 회상했다. "신문에서는 압축이 핵심이다. '최대한 신속하고 단순하게 글을 쓰는 방법이 무엇일까?'를 생각해야 한다. 그리고 초고에 쓴 내용 대부분은 결국 잘라내게 된다. 그런데 갑자기 확장이 핵심인 글쓰기를 해야 한다고 생각해보라. '6000단어가 제구실을 할 수 있는 글을 어떻게 써야 할까?'를 궁리해야 했다."

네 단락짜리 글을 쓰는 데 익숙했던 글래드웰은 하루아침에 독자들에게 한 시간 이상 만족감을 줄 수 있는 글을 써야 했다. 처음에는 쩔쩔 맸다. 새로운 직장은 그에게 긴 글쓰기에 적응하길 요구했다. 결국 그는 어떻게 할지 결정했다. "여러 가지 아이디어와 내러티브를 섞어야겠다고 생각했죠. 그렇지 않고서는 그 많은 글자 수를 채울 뾰족한 수가 없었으니까요. 제대로 된 글을 써낼 자신감이 없었어요."

글래드웰의 이 뜻밖의 고백은 글 쓰는 많은 이들이 귀담아들을 가치가 있다. 그는 독창적인 글을 쓰겠다고 처음부터 작정하고 시작하지 않았다. 그의 독창성은 처음에 전형적인 〈뉴요커〉 스타일의 글을 쓸 줄 몰랐기 때문에 완성된 것이다. 그는 부족함을 메우기 위해 나름의 차선책을 썼고, 결국 그 과정에서 탁월하고 혁신적인 결과물을 만들어냈다.

글래드웰은 저서 《다윗과 골리앗》에서 강점과 약점을 겉으로 보이는 것만으로는 판단할 수 없다고 주장했다.[49] 강점처럼 보이는 것이 실제로는 약점이 되고, 약점처럼 보이는 것이 사실은 강점이 되는 경우가 많다는 얘기다. 글래드웰이 자신의 경력을 되돌아보며 이런 주장을 펼친 것은 아니었다. 하지만 처음에 약점이라고 생각한 것이 나중에 예상치 못한 강점이 된 경우로서 글래드웰만큼 적절한 사례는 없을 것 같다.

3장 첫 부분에서 우리는 이 질문을 던졌다. 이 시대의 가장 영향력 있는 논픽션 작가의 글쓰기 비결은 무엇일까? 하지만 어쩌면 이것은 잘못된 질문인지도 모른다. 물론 역설계는 그의 글에 숨겨진 중요한 패턴을 드러낼 수 있다. 그러나 그의 공식을 그대로 복제하기만 한다면 그것은 실수다. 모방만으로는 위대함이 나오지 않는다. 거장의 작품을 해부한 후 그 결과를 당신만의 방식으로 변주해야 남다른 결과물을 만들 수 있다.

따라서 우리가 던져야 할 올바른 질문은 '말콤 글래드웰처럼 쓰려면 어떻게 해야 할까?'가 아니다. '글래드웰의 공식을 나만의 공식으로 변화시키려면 어떻게 해야 할까?'이다.

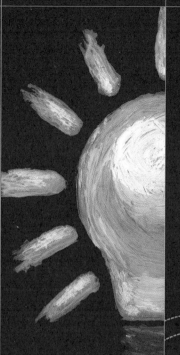

제2부

나만의
설계도를
완성하는
4가지 기술

미국 남북전쟁이 끝나고 얼마 안 된 1870년대 후반 미국의 은행들에서 수백만 달러가 감쪽같이 사라졌다.

볼티모어의 서드 내셔널 뱅크에서는 25만 달러가 사라졌다. 뉴욕주 북부에 있는 사라토가 카운티 내셔널 뱅크에서는 50만 달러가 사라졌다. 그리고 뉴욕시의 웨스트빌리지 인근에 있는, 철벽같은 보안으로 유명한 맨해튼저축은행에서는 약 300만 달러가 없어졌다.

미국 곳곳의 은행이 속수무책으로 털리자 은행 경영자들은 패닉에 빠졌다. 게다가 이것들은 평범한 은행 강도 사건이 아니었다. 창구 직원에게 총을 들이대며 위협해 돈을 빼앗아가는 강도가 아니었다는 뜻이다. 범인들은 대단히 특이한 방식으로 침입했다. 대개 전문가들이 보안

장치가 필요하지 않다고 여기는 통로를 택한 것이다. 범인들은 지하에서 위쪽으로 굴을 파고, 천장에서 뛰어내리고, 은행과 연결된 옆 건물의 벽을 뚫고 침입했다. 더욱 당황스러운 점은 폭발물을 쓰지 않고 금고에 접근했다는 사실이었다. 범인들은 은행을 털 때 다이너마이트 스틱을 전혀 사용하지 않았으며 쇠지레조차 쓰지 않은 것 같았다.

경찰들은 새로운 종류의 범죄가 나타났음을 직감했다. 뉴욕시 경찰서장 조지 워싱턴 월링은 자신의 일지에 이렇게 적었다. "대체로 이런 종류의 범죄에 빠지는 것은 범죄자 중에서도 지능이 높은 놈들이다."[1]

월링의 말은 맞았다. 그는 천재적 두뇌가 저지른 소행을 목격하고 있었다. 그러나 월링이라면 그의 말에서 한 가지를 정정해도 고개를 끄덕일 것이다. 이 범인의 성공에 결정적 역할을 한 것은 지능이라기보다는 강력한 새로운 기술이었다.

범인이 은행 털기에 성공한 비결은 무엇이었을까? 바로 뛰어난 역설계 능력이었다.

월링이 쫓던 그 남자, 즉 조지 레오니다스 레슬리(George Leonidas Leslie)는 역사상 가장 뛰어난 범죄자 중 하나로 꼽힌다.[2] 9년 동안 미국에서 일어난 은행털이 사건의 80퍼센트 이상을 지휘한 레슬리는 '도둑의 왕'이라는 별명을 얻었다. 그는 100건이 넘는 은행털이를 주도한 것으로 추정되며 약 1200만 달러의 부를 쌓았다. 미국 근로자의 연간 평균 임금이 375달러도 안 되던 시절에 말이다.

레슬리의 작전은 간단했다. 먼저 목표 은행에 방문해 첫 예금을 하려는 평범한 손님인 척했다. 그리고 신규 계좌가 개설되길 기다리는 동안 자연스럽게 주변을 둘러보면서 건물의 구조와 배치를 살펴봤다.

다음으로 그는 개인용 안전 금고 사용을 요청했다. 안전 금고는 대개 보안이 강화된 구역에 있었고, 덕분에 은행 안쪽 깊숙한 부분까지 둘러 보고 대형 금고도 살펴볼 수 있었다. 이 시점에 그는 사실은 자신이 건축가라서 미국 곳곳의 은행들이 지어질 때 조언을 주었다고 말했다. 이렇게 거짓말을 하고 나면 그는 이제 평범한 고객이 아니었다. 더 자유롭게 돌아다니면서 금고의 배치에 관해 의견을 피력하고, 구조물의 눈에 띄는 특징을 설명하고, 사무적인 태도로 금고에 대해 이런저런 질문을 던졌다. 잠재 고객에게 조언을 해주는 건축가인 척하면서 말이다. 말끔하게 차려입은 이 박식한 건축가가 범죄 조직의 두목이라고 상상할 사람은 아무도 없었다.

레슬리는 집에 돌아가서 본격적인 작업에 착수했다. 연필을 집어 들고 기억나는 모든 것을 세세하게 종이 위에 옮겼다. 각 방의 크기와 형태를 계산해서 그리고, 실제 작전 실행 시 팀원들의 움직임에 방해가 될 가구와 여타 장애물의 위치를 표시했다. 천장과 바닥, 벽에 사용된 자재의 종류와 추정 두께를 고려해 어떤 장비를 준비할지, 소음이 얼마나 발생할지도 치밀하게 판단했다.

이런 작업이 완료되면 그의 손에는 대략적인 스케치가 아니라 완벽한 설계도가 쥐어져 있었다. 이제 그 은행을 털 때의 모든 취약점을 최종 정리할 시간이었다.

전설의 은행털이범이 남긴 것

레슬리가 은행털이에 성공한 이유가 전적으로 역설계 능력 때문이라고 말하는 것은 공정하지 않다. 건물 구조를 파악해 설계도를 만드는 것은 작전의 첫 번째 단계에 불과하다. 은행털이가 완벽하게 성공하려면 지식보다 훨씬 더 많은 것이 필요하다는 것을 레슬리 자신도 잘 알았다. 거기에는 능숙한 실행이 뒤따라야 하며, 이는 설계도와는 완전히 다른 문제다.

완벽한 실행을 위해 레슬리가 생각해낸 방법은? 그는 버려진 대형 창고에 은행 내부 구조를 복제한 실물 크기 모형을 만들었다. 이곳에 팀원들을 모아놓고 야심 찬 작전을 설명하면서 각 팀원의 역할을 세세하게 지시했다. 총연출자가 되어 사소한 움직임 하나하나까지 정밀하게 계획했다.

그러고 나면 레슬리의 감독하에 연습이 실시됐다. 스톱워치로 시간을 재면서 모든 동작을 훈련했다. 연습 결과가 향상되면 레슬리는 강도를 더 높여 동선에서 피해 가야 할 새로운 장애물을 제시했다. 그가 도중에 촛불을 불어 끄면 팀원들은 깜깜한 어둠 속에서 연습해야 했다. 팀원 모두가 각자의 동선을 정확히 암기하고 예기치 못한 돌발 상황에 대비하게 하기 위한 그만의 방법이었다.

레슬리의 계획과 준비가 얼마나 정교하고 치밀했던지, 가장 끈질기게 그를 쫓던 수사관조차도 나중에 그의 꼼꼼함에 혀를 내둘렀다. 그는 건물 도면을 그리고 실물 크기 모형을 만들어 팀원들을 수개월 동안 연습시켰을 뿐만 아니라 은행을 털 가장 이상적인 시간까지 정했다. 그것은 금요일 밤이었다. 주말에는 은행 문을 닫으므로, 직원들이 이틀 반이 지나서야 금고가 털렸다는 사실을 알게 되기 때문이다. 그때쯤이면 레슬리 일당이 사라지고 시간이 한참 지난 후였다.

이 정도의 준비라면 대부분의 도둑은 자신감이 넘쳤을 것이다. 하지만 레슬리는 혹시 모를 상황까지 대비하며 만전을 기했다. 그는 신분이 발각되는 일을 피하고자 오페라단의 지인을 통해 구한 공연용 의상을 팀원들에게 입혔다. 낮이면 레슬리 일당은 껄렁한 불량배 무리처럼 하고 돌아다녔다. 그러나 금요일 밤이 되면 오페라 〈피가로의 결혼〉에 나오는 단역 배우들을 연상시키는 가발과 의상 차림으로 자갈로 포장된 길 위를 살금살금 걸어 은밀히 은행으로 향했다.

레슬리는 팀원들과 리허설을 끝낸 후 뉴욕 스타이베선트 하이츠에 있는 집에 돌아가면 또 다른 연습에 골몰했다. 최단시간 내에 금고털이를 완벽히 마스터하기 위한 연습이었다.

그는 고객인 척하면서 은행을 방문해 내부를 둘러볼 때 금고의 제조사와 모델명을 정확히 확인하곤 했다. 그리고 금고 제작 업체를 직접 찾아가, 자신이 진행 중인 건축 프로젝트에 금고가 필요한 척하면서 은행의 것과 비슷한 모델을 구입했다. 그 금고를 집으로 가져가 분해했다.

레슬리는 수년에 걸쳐 수백 개의 금고를 분해하면서 설계 원리와 구조에 대해 전문가가 됐다. 결국 그는 모종의 패턴을 발견했다. 대부분의 금고는 비슷한 구조였다. 금고 외면에 달린 손잡이를 돌리면 문 안쪽의 회전축 위에 있는 일련의 금속 원반이 움직였다. 그 금속 원반들이 일직선을 이루는 순간 문이 열리게 돼 있었다.

원리는 간단했다. 그런데 문제는 금고 번호를 알아내려면 적지 않은 시간과 엄청난 집중력이 필요하다는 점이었다. 그 둘은 실제로 은행을 터는 현장에서는 확보하기 힘든 것이었다. 다행히 그는 영리한 차선책을 생각해냈다. 금고의 다이얼 바로 윗부분에 작은 구멍을 뚫은 다음 물리적으로 내부의 금속 원반들을 움직여 일직선으로 만드는 것이다. 그러면 굳이 번호를 알아낼 필요가 없었다. 문을 여는 데 성공하고 나면 구멍에 접합제를 바른 뒤 금고 외면과 똑같은 색깔의 착색제를 세심하게 칠했다. 도둑질이 발각되고 난 후에도 그의 기법이 밝혀지지 않도록 말이다.

레슬리의 정교한 수법에는 흥미로운 은행털이 이야기 그 이상의 무언가가 담겨 있다. 그의 사례는 무언가의 성과가 지식보다 훨씬 더 많은 것에 의존한다는 사실을 보여준다.

레슬리가 완성한 건물 도면은 방향을 제시해줬지만, 은행털이를 성공적으로 실행하는 데는 그보다 훨씬 더 많은 것이 필요했다. 도면 자체는 은밀하게 건물에 잠입하는 법, 최대한 신속하게 금고를 여는 법, 발각되지 않고 도주하는 법을 알려주지 않았다. 그 모든 것은 치밀하고 광범위한 계획, 신중하게 조직한 훈련 방식, 여러 리스크에 대한 꼼꼼한 계산 등을 통해 알아내야 했다.

역설계는 물론 우리에게 중요한 통찰력을 준다. 하지만 그 통찰력을 실전에 적용해 고수가 되려면 어떻게 해야 할까? 이것이 2부에서 다룰 내용이다.

이상과 현실 사이에서 자괴감이 들 때

뛰어난 작품에서 공식을 뽑아내는 것과 그것을 효과적으로 재창조하는 일은 완전히 다른 문제다. 검증된 공식은 물론 유용하지만 그것을 이용할 때 우리는 대가를 치러야 한다. 바로 높은 기대치다.

얼핏 생각하기에 이는 그다지 큰 문제가 아닌 것처럼 보인다. 그러나 실제로는 대단히 치명적일 수 있다. 라디오 프로그램 〈디스 아메리칸 라이프(This American Life)〉의 프로듀서이자 진행자인 이라 글라스(Ira Glass)도 말했듯, 어떤 분야의 기술을 연마하는 과정에서 우리는 비전과 능력 사이의 격차를 느끼곤 한다.

초심자에게 아무도 말해주지 않는 사실이 있다(과거의 나에게 누군가 말해줬더라면 좋았을 텐데). 창의적 작업에 종사하는 이들이 그 분야에 발을 들이게 된 까닭은 훌륭한 취향을 가졌기 때문이라는 점이다. 그런데 이런 괴리가 발생한다. 당신이 처음 몇 년간 만드는 창작물은 신통치 않다. 뛰어난 결과를 내려고 노력하고 또 잠재력도 있지만, 실제로는 뛰어나지 않다. 하지만 당신의 취향, 당신을 그 바닥에 발을 들이게 한 바로 그 안목은 여전히 훌륭하다. 그 취향 탓에 당신은 자신의 작품에 실망하게 된다. 많은 이들이 이 단계를 넘어서지 못하고 그만둔다.[3]

글라스가 말하는 이 차이, 즉 비전과 능력 사이의 격차는 우리를 짓누를 수 있다. 특히 지향하는 기준이 높을수록 더 그렇다. 한 분야에서 최고로 인정받는 작품을 기준점으로 삼으면 그런 괴리감은 당연하다. 비전이 높을수록 달성하기는 더 어려운 법이다.

게다가 그 괴리감은 좀처럼 사라지지도 않는다. 앤 패칫(Ann Patchett)은 유수의 문학상들을 수상하며 남다른 성취를 이룬 소설가다. 하지만 지금도 그녀는 새로운 작품을 시작할 때마다 비전과 능력 사이의 괴리감을 느끼며 괴로워한다.

패칫은 자신의 집필 과정이 구상하기, 미루기, 쓰기, 이렇게 세 단계로 이뤄진다고 말한다. 첫 번째인 구상하기는 더없이 행복한 단계다. 아이디어를 떠올리며 구상하는 시간에 대해 그녀는 이렇게 썼다.

내 작품은 형체가 없는 투명한 친구다. 가는 곳마다 나를 따라다니고, 변화하고, 나를 설레게 한다. 아이디어를 구상하는 몇 개월(또는 몇 년) 동안에는 메모를 하거나 개요를 작성하지 않고 그저 머릿속으로 생각한다. 그 시간 동안 소설은 노트르담 성당의 장밋빛 창을 잘라서 만든 날개를 단 커다란 나비가 되어 내 머릿속에 살랑살랑 바람을 일으킨다. 아직 단 한 글자도 쓰지 않은 이 소설은 형언할 수 없이 아름답다. 그 패턴은 예측 불가능하고, 색깔은 날카로울 만큼 생생하며, 본성은 거칠면서도 충성스럽다. 그 여유로운 비행을 따라다니는 동안 내가 소설에 품는 사랑과 믿음은 내 삶에서 유일하게 완벽한 기쁨이다.[4]

이것은 설렘과 도취에 젖는 기간이다. 로맨틱한 첫 데이트를 한 다음 날 아침, 또는 면접에 붙은 후 첫 출근을 기다리는 동안 느끼는 감정과 다르지 않다. 패칫은 위대한 소설이 자신에게 안겨줄 근사한 미래를 꿈꾼다.

두 번째는 미루기다. 다수의 작품을 펴낸 경험상 패칫은 쓰는 과정이 얼마나 고된지 잘 알기 때문에 시작을 자꾸 미룬다. 뭔가 생산적인 다른 일을 찾아 골몰하거나 급하지도 않은 일을 찾아서 몰두한다.

그러다 마침내 글쓰기가 시작된다. 그리고 몸부림치게 괴로운 실망도 함께 찾아온다. 패칫은 그 시간을 이렇게 신랄하게 표현했다.

글쓰기를 미룰 핑계가 더 이상 떠오르지 않으면, 미루는 일이 괴로워 차라리 쓰는 게 낫겠다 싶으면, 나는 손을 뻗어 공중의 나비를 낚아챈다. 그리고 책상에 대고 꾹 눌러서 내 손으로 죽인다. …… 자동차로 나비를 치었다고 상상해보라. 그 생명체의 아름다운 모든 것, 즉 온갖 색깔과 빛과 움직임은 사라져버린다. 내게 남는 것은 내 친구의 마른 껍질이다. 나는 산산이 부서진 몸을 서툴게 다시 조립한다. 죽은 나비의

사체. 그것이 내 소설이다.[5]

이런 이야기를 들려주면 청중은 그녀가 과장하고 있거나 웃음을 끌어내려는 것으로 생각한다고 패칫은 썼다. 그녀는 자신이 정말로 진지하다는 것을 밝히고자 이렇게 덧붙였다.

머리에서 손으로 이르는 길은 위험하고 사체들이 즐비하다. 작가가 되고 싶어 하는 사람이라면 누구나, 그리고 많은 작가도, 그 여정에서 길을 잃는다.[6]

글라스도 패칫도 다음과 같은 점에 동의할 것이다. 높고 명확한 비전은 자신의 결과물에 실망하는 대가를 치르게 하는 것만이 아니다. 그것은 중도 포기로 이끄는 요인이 되기도 한다. 탁월함을 감지하는 내면의 레이더가 강할수록 범용함을 더 참기 힘들어진다. 거장들의 작품을 경험하고 분석해보면 우리의 눈높이는 높아질 수밖에 없다.

취향은 어떻게 위대함의 성취를 돕는가

하지만 어쩌면 비전-능력 격차에 대한 그런 식의 접근법은 부적절할지도 모른다. 어쨌든 기술은 배워서 익힐 수 있지만 비전과 취향은 키우기가 더 어려우니까 말이다.

훌륭한 취향은 어떻게 생겨나는 것일까? 인간은 특정한 경험들에 대한 유전적 선호를 갖고 태어난다는 것을 수많은 연구가 보여준다.[7] 하지만 분명히 '훌륭한' 취향은 "난 이게 좋아" 하는 식의 단순한 선호보다는 더 미묘하고 복잡한 무언가다. 적어도 거기에는 특정 대상을 매력적이게 하는 요소를 민감하게 알아채는 감지력, 뛰어난 것과 평범한 것을 잘 분간해내는 능력이 동반된다.

취향이 유전적 요인에 뿌리를 둔다는 말에 모두가 동의하는 것은 아니다. 어떤 이들은 취향을 경제학적 관점에서 설명한다. 프랑스 사회학자 피에르 부르디외에 따르면 세상에서 고상한 취향으로 여겨지는 것이 무엇인지 결정하는 것은 사회의 상류층이다.[8] 부유한 상류층은 특정한 대상과 경험을 선택함으로써 사회의 나머지 대중을 위한 사회규범을 만들어낸다. 그리고 상류층 아래쪽 사람들은 그런 기호와 취향을 받아들이면서, 내심(그리고 무의식적으로) 상류층을 따라 함으로써 자신도 고상하게 보이기를 바란다.

그런가 하면 어떤 이들은 개인이 삶의 경험들에 반응한 결과물을 취향이라고 본다. 이 관점에 의하면 취향은 살아오면서 충족되지 못한 심리적 욕구를 충족시키려는 시도의 결과물이다. 이 관점에서 바라보면 취향은 개인에 대해 많은 것을 드러낸다. 우리가 강하게 이끌리는 대상과 경험은 임의적인 것이 아니며 객관적으로 봤을 때 멋진 것도 아니다. 그것들은 우리 자신에 대해 의미심장한 뭔가를 말해준다. 더 구체적으로 말하면, 내면 깊은 곳에 있는 심리적 욕구를 드러내준다.

영국의 철학자이자 저술가인 알랭 드 보통은 이런 관점이 우리 사회의 많은 것을 설명해준다고 주장한다.[9] 일례로 어떤 문화권에서는 호화로운 실내장식을 선호하고(예: 러시아와 사우디아라비아) 어떤 문화권에서는 단순한 디자인을 선호하는(예: 스칸디나비아 국가들) 이유를 알 수 있다. 둘 다 역사적 상황에 반응한 결과라는 것이다. 러시아와 사우디아라비아 사람들은 오랜 세월 경제적 궁핍을 겪었다. 화려한 실내장식이 빈곤의 반대를 상징하므로 이들은 비싸고 호사스러운 디자인을 선호한다(성공한 래퍼들이 금으로 된 체인, 반지, 치아를 과시하는 현상도 이와 유사하게 해석되곤 한다). 반면 스칸디나비아 사람들은 경제적으로 비교적 안정된 생활을 해왔으므로 부를 상징하는 시각적 장치에 대한 욕구가 적다. 대신 이들은 자극이 넘쳐나는 현대 생활에 대한 해독제로서 깔끔하고 차분한 인테리어를 선호한다.

취향의 기원이 어찌 됐든 한 가지는 확실하다. 자신의 머리와 가슴을 움직이는 작품을 알아채는 능력은 그 사람이 뛰어난 결과물을 만들어내느냐 아니냐를 가늠할 수 있는 전조다.

소설가 조너선 사프란 포어는 이렇게 말한다.

뛰어난 작가와 뛰어나지 않은 작가를, 또는 작가가 아닌 이들을 구분해주는 것은 취향이다. …… 객관적으로 훌륭한 것을 알아보는 능력을 말하는 게 아니다. 세상에는 객관적인 것의 예로 들 마땅한 것이 없기 때문이다. 내가 말하는 취향이란 당신 자신이 이끌리는 것이 무엇인지 알아채는 것, 그리고 당신이 강하게 끌린다면 세상에는 분명히 당신처럼 거기에 끌리고 반응하는 사람들이 존재할 것이라고 과감하게 믿어 보는 것을 의미한다.[10]

의미심장한 말이 아닐 수 없다. 우리는 높은 수준의 결과물을 당장 만들어내지 못하는 무능력함에 괴로워할 것이 아니라, 자신에게 발전이 필요하다는 사실을 깨닫는 것을 다행으로 여겨야 한다. 이것은 위대함을 성취하는 데 꼭 필요한 자질이다.

90퍼센트의 쓰레기를 걸러내는 능력

1950년대에 SF 작가 시어도어 스터전(Theodore Sturgeon)은 귀가 따가울 지경이었다.[11] 오랫동안 그는 문학 평론가들이 SF 장르에 혹평을 쏟아붓는 것을 잠자코 보고만 있었다. 인기 있는 소설을 찍어내는 출판사들은 SF를 무시하기 일쑤였고 관심조차 주지 않았다. 관심을 보이는 것은 반감을 드러낼 때뿐이었다. 그들은 SF 소설이 유치한 이류 쓰레기라고 생각했다.

스터전은 평론가들 스스로 자신의 관점이 잘못됐음을 깨닫는 마법 같은 일은 일어나지 않으리라고 확신했다. 그래서 그들을 비판하는 글을 1958년에 발표했고 이 글은 문단에 적지 않은 파장을 일으켰다.

스터전의 논지는 간결하고 날카로우며 인상적이었다. 그는 평론가들을 정면으로 반박하는 대신 그들의 관점에 동의함으로써 허를 찔렀다. "나는 SF 소설 중 엄청난 양이 쓰레기라는 사실을 인정하며 이는 유감스러운 일이다. 그러나 그것은 다른 장르에는 없는 특이한 현상이 아니다." 다시 말해 많은 SF 소설이 실망스러운 수준인 것은 맞지만 다른 모든 장르의 작품들도 마찬가지이며, 따라서 SF는 다른 문학 장르의 글쓰기보다 더 우월하지도 열등하지도 않다는 애기였다. 그는 자신의 논지를 강조하기 위해 이렇게 도발적으로 선언했다. "다른 모든 것의 90퍼센트 역시 쓰레기다."

오늘날 '스터전의 법칙'이라고 불리는 그의 주장을 문학이라는 울타리 바깥에 적용해, 어느 분야에서든 생산되는 것의 90퍼센트는 쓰레기라고 말해도 무리가 아닐 것이다. 예술 작품의 90퍼센트는 사람들 기억에서 잊히고, 온라인 콘텐츠의 90퍼센트는 허접하며, 식당의 90퍼센트는 성공하지 못한다.

물론 90퍼센트라는 숫자는 어느 정도 임의적이며 모두가 동의하지는 않을 극단적인 추정치다. 그러나 스터전의 법칙이 말하는 수치는 한 가지 면에서만큼은 유용하다. 즉 당신의 취향이 적절한 수준의 눈금에 맞춰져 있는지 판단하는 기준으로 삼을 수 있다. 특히 당신이 성공하고 싶은 분야의 작품을 평가할 때 말이다. 만일 경험하는 모든 작품 중 절반이 탁월하고 완벽하게 느껴진다면, 당신이 정말로 좋아하는 것이 무엇인지에 대해 민감하게 이해하지 못하고 있을 가능성이 높다.

비전과 능력의 격차를 느끼는 일이 고통스럽지 않다고 말하려는 것이 아니다. 당신이 운이 좋다면 그런 고통은 찾아오게 돼 있다. 그리고 내면에 간직한 높은 기준에 도달해 뛰어난 성과를 내고 싶은 욕구는 발전과 향상을 가속화하는 연료가 되는 법이다.

물론 어려운 부분은 그 격차를 좁히는 법을 알아내는 것이다. 현재 당신의 위치와 당신이 지향하는 지점 사이의 거리가 엄두도 안 나는 거리가 아니라 의욕을 자극하는 거리가 되도록 말이다.

어떻게 하면 그게 가능할까? 앞으로 우리는 탁월한 성과를 내는 다양한 실용적 전략을 알아볼 것이다. 그 과정에서 집중적으로 살펴볼 세 그룹은 운동선수, 기업 리더, 창의적 직종의 슈퍼스타들이다.

우리는 운동선수를 통해 연습의 힘을 최대한 이용하고, 새로운 기술을 숙달하고, 스트레스 상황에서 성과를 내는 법을 배울 수 있다. 기업 리더에게서는 올바른 지표를 점검하는 법과 똑똑하게 리스크를 감수하는 법을 배울 수 있다. 그리고 창의적 직종의 슈퍼스타에게서는 새로운 아이디어를 시험하고 주변 사람들에게 유용한 피드백을 얻어내는 방법을 배울 수 있다.

성과를 향상시키기 위한 첫 단계부터 시작해보자. 그것은 4장의 주제인 '점수판 원칙'이다.

4장

점수판 원칙:
스스로를 측정하라

• • • • •

점심을 막 먹고 나자 전화벨이 울린다. 당신의 어머니다. 방금 병원에 다녀오셨다고 한다. 목소리를 들으니 뭔가 걱정이 돼서 죽겠는 모양이다. 혈압이 굉장히 높게 나왔다고 한다. 위험할 만큼 높은 수치다. 약 복용만으로는 한계가 있으므로 무엇보다 살을 빼야 하고 앞으로도 적정 체중을 유지해야 한다.

"금방 갈게요." 당신은 옷을 챙겨 입으면서 말한다.

도착해보니 어머니는 심란해서 어쩔 줄 모른 채 앉아 있다. 당신에게 도와달라고 한다. 혼자서는 해낼 자신이 없다. 애야, 나 좀 도와줄래?

당신은 일단 주방 수납장부터 시작한다. 블루베리 머핀, 버터가 잔뜩 들어간 팝콘, 흰 빵 등 당장 없애버릴 게 한두 가지가 아니다. 전부 쓰레기봉투에 쓸어 담는다. 다음은 냉장고. 거기는 더 가관이다. 살라미, 엄청난 양의 아이스크림, 몹쓸 치즈케이크까지. 두 번째 쓰레기봉투가 꽉 찬다. 그리고 세 번째도.

쓰레기를 버리러 몇 번 바깥에 나갔다 온 후, 당신은 휴대전화로 어머니 집에서 가장 가까운 헬스장을 찾아본다. 그때 이런 생각이 퍼뜩 든다. 그냥 헬스장보다는 개인 트레이너가 있는 곳이 더 낫겠어. 개인 트레이닝 1회를 예약하고 잠시 후 다시 전화를 걸어 아예 몇 차례를 더 예약해둔다.

식단 바꾸기와 적극적인 운동. 이제 좀 안심이 된다. 당신은 어머니를 다정하게 안아드리고 이마에 입을 맞춘 후 말한다. "엄마, 괜찮으실 거예요."

한 달 후, 당신은 병원에서 어머니 옆에 앉아 있다. 어머니의 체중이 몇 킬로그램 줄었고 혈압도 약간 낮아졌다고 의사가 말한다. 느리기는 하지만 개선되는 게 보인단다.

당신은 어머니 표정을 슬쩍 살핀다. 자랑스러워하거나 아니면 적어도 약간 안심하는 기색일 줄 알았는데 전혀 아니다. 어머니는 아직도 걱정이 태산인 얼굴이다. 그래서 당신은 의사에게 묻는다. "식단도 바꿨고 일주일에 세 번씩 운동도 하고 계세요. 더 해볼 수 있는 다른 방법이 혹시 있을까요?"

"하나 있습니다." 의사가 대답한다. 임상 실험에서 뚜렷한 효과를 보여준 방법이라고 한다. 실험 결과에 따르면 이 방법을 쓸 경우 살이 빨리 빠지고 스트레스도 줄며 살이 다시 찌는 요요 현상도 막을 수 있다. 그리고 무엇보다도, 부작용이 전혀 없다.

당신은 주저하며 묻는다. "비용이 얼마나 들죠?"

의사가 웃으며 대답한다. "한 푼도 안 듭니다." 그녀는 책상 서랍을 열면서 말한다. "바로 이겁니다."

호텔 제국을 일군 기업의 비밀 무기

의사가 추천한 것은 무엇일까? 그것은 의료 시술이나 시약도, 새로운 식단이나 운동 처방도 아니다. 그것은 수많은 성공한 기업의 비밀 무기이기도 한 간단한 습관이다.

이 접근법을 활용해 성공한 대표적 기업은 고급 호텔 체인 리츠칼튼이다.[1] 혹시 리츠칼튼에 대해 잘 모르는 독자라면 이것만 알아도 충분할 것이다. 2019년 리츠칼튼은 시장조사 업체 JD 파워앤드어소시에이츠(JD Power and Associates)에서 측정하는 모든 카테고리에서 최고점을 받아 5년 연속 럭셔리 호텔 부문 최고 기업으로 선정됐다.

리츠칼튼이 최고가 된 이유가 무엇일까? 고전적 스타일과 현대적 장식의 완벽한 조화도 틀림없이 한몫한다. 그러나 투숙객에게 이 호텔에 만족한 이유를 물었을 때 자주 나오는 대답은 따로 있다. 바로 남다른 고객 서비스다.

대체 고객 서비스가 어느 수준이기에 사람들이 하룻밤에 1000달러의 숙박료를 기꺼이 내는 것일까? 나는 최근에 그 의문을 풀 기회가 있었다. 2018년 나는 가족과 케이맨제도에 갔을 때 리츠칼튼에 묵었다. 그곳에서 경험한 뛰어난(하지만 곧 소개할 것에 비하면 상대적으로 사소한) 서비스는 한둘이 아니었다. 하지만 지금까지도 마음에 남아 있는 인상 깊은 경험은 호텔을 떠나는 마지막 날 찾아왔다.

체크아웃할 때 짐을 운반해줄 벨보이가 방에 도착했는데 우리는 준비가 안 돼 있었다. 방 여기저기 옷가지가 널려 있었다. 우리는 벨보이에게 10분 정도 걸릴 것 같다고 미안해하며 말했다. 그런데 그는 방 앞에서 기다리거나 잠시 후에 다시 오겠다고 말하는 대신 우리가 전혀 예상치 못한 행동을 했다. 방에 들어와 짐 싸는 것을 도와줬을 뿐만 아니라 다른 동료를 불러 함께 가구를 옆으로 밀어보면서 우리 아이들이 깜박하고 두고 가는 장난감이 없는지 살펴봐주는 것이 아닌가(그 덕분에 장난감을 찾았다).

이건 우리 가족만의 특별한 경험이 아니다. 인터넷에서 리츠칼튼 고객 경험담을 한번 찾아보라. 이 호텔은 고객의 생일에 깜짝 선물로 장미꽃잎이 장식된 욕조를 준비하고, 객실의 설비를 수리하고 돌아가면서 렌치 모양 초콜릿을 남겨두며, 아이들이 두고 간 동물 인형을 우편으로 부쳐주면서 그 인형이 수영장, 스파, 헬스장 등 호텔의 다양한 장소에 앉아 있는 모습을 찍은 사진도 함께 보내준다.

리츠칼튼이 이렇게 탁월한 고객 서비스를 제공할 수 있는 이유는?

성과 지표들을 끊임없이 점검하기 때문이다. 모든 리츠칼튼 지점의 경영진은 체크인 대기 시간, 사전 예약 건수, 직원 만족도 등 다양한 수치를 늘 점검한다. 그런데 리츠칼튼이 강박적일 만큼 철저하게 관리하는 지표가 하나 있다. 그것은 호텔의 수익도, 고객 만족도 평가도 아니다.

리츠칼튼 투숙객들은 호텔을 떠나고 24시간 후에 "리츠칼튼 호텔을 친구나 동료에게 추천할 의향이 얼마나 됩니까?"라고 묻는 이메일을 받는다(시장조사 전문가들은 이 설문 조사로 얻는 지표를 '순추천고객지수Net Promoter Score'라고 부른다). 리츠칼튼은 이 설문 조사가 대단히 중요하다는 사실을 깨달았다. 이 질문에서 높은 점수를 얻는다면, 만족스러운 투숙 경험을 제공한 것일 뿐만 아니라 열렬한 팬이 생겼다는 의미도 되기 때문이다. 리츠칼튼 직원들은 탁월한 고객 서비스를 제공하면 고객이 만족하는 데서 그치는 것이 아니라 주변 사람들에게 입소문을 낸다는 사실을 잘 안다. 그리고 고객들 스스로 열심히 입소문을 낼 수밖에 없는 이유는? 리츠칼튼이 고객의 '명시적 요청 사항'을 뛰어넘어 '숨겨진 니즈'를 충족시켜주기 때문이다.

명시적 요청 사항에 대응하는 것은 질문을 액면 그대로 받아들여 처리하는 것이다. 아래처럼 말이다.

체크인 시간이 몇 시입니까?

오후 4시입니다.

호텔 내에 커피숍이 있습니까?

네, 있습니다.

제 고글을 찾을 수가 없네요. 혹시 보셨나요?

죄송하지만, 못 봤습니다.

이는 다분히 적절하고 사실적이며 정확한 답변이다. 그러나 리츠칼튼 직원이라면 중요한 기회를 놓치고 있는 답변이라고 여길 것이다.

숨겨진 니즈를 충족시킨다는 것은 고객이 그 질문을 왜 했는지 생각해보는 것을 의미한다. 고객이 말로 표현하진 않았지만 해결하고 싶어 하는 애로 사항이 무엇인가? 리츠칼튼 직원은 이 관점으로 질문을 바라보기 때문에 상대에게 더 공감하며 응대하고, 그래서 다른 호텔의 직원과 차별화될 수밖에 없다.

체크인 시간이 몇 시입니까?

오후 4시입니다. 혹시 더 일찍 도착하실 예정인가요? 원하시면 체크인을 좀 더 일찍 하실 수 있게 도와드리겠습니다.

호텔 내에 커피숍이 있습니까?

네, 있습니다. 커피숍 메뉴를 문자로 보내드릴까요?

제 고글을 찾을 수가 없네요. 혹시 보셨나요?

못 봤습니다. 제가 새 고글을 구해드릴까요?

리츠칼튼 직원들은 숨겨진 니즈를 해결해주어 고객을 감동시킨다. 따라서 고객의 마음속에는 잊지 못할 서비스가 남고 순추천고객지수는 월등히 높다.*

우리가 이 같은 결과에 주목해야 하는 것은 단지 리츠칼튼이 꾸준히 특급 호텔 순위의 정상에 오르기 때문만은 아니다. 이 사례가 구체적인 측정 지표에 집중하면 뛰어난 성과를 만들어낼 수 있음을 보여준다는 점 또한 중요하다.

행동과 측정 지표를 연결하면 놀라운 일이 벌어진다. 그 이유가 무엇인지 살펴보자.

측정만 해도 변화가 일어난다

수치화된 측정 지표에 집중하는 것은 리츠칼튼만이 아니다. 오늘날 기업들에는 데이터가 넘쳐난다. 마우스만 클릭하면 기업 임원은 시간

---

* 이 호텔의 서비스를 극찬한 수많은 인물 중에는 스티브 잡스도 있다. 애플 스토어를 론칭하기 전 잡스는 팀원들에게 리츠칼튼의 고객 서비스를 벤치마킹하라고 지시했다.[2]

당 매출과 고객 수요를 확인할 수 있고, 마케팅 담당자는 웹사이트 방문자 수와 그들이 실제로 상품이나 서비스를 구매한 비율을 확인할 수 있으며, 인사 담당자는 입사 지원 현황과 직원 유지율을 점검할 수 있다.

기업 리더들이 핵심성과지표(KPI)에 주목하는 데는 이유가 있다. 꼭 업무를 효율적으로 관리할 수 있어서만은 아니다. 측정이 발전을 낳기 때문이다. 측정 지표가 주어지면 사람들은 본능적으로 더 주의를 기울이고 그것을 개선하려고 움직이게 돼 있다. 따라서 올바른 지표는 조직의 지속적인 성장과 실패를 가르는 요인이 된다.

기업만 측정의 힘을 활용할 수 있는 것이 아니다. 행동을 바꾸고 싶은 개인도 얼마든지 이용할 수 있다. 실제로 개인의 발전에 가장 중요함에도 가장 적게 활용되는 것이 측정 지표라고 해도 과언이 아니다.

다이어트를 보자. 이번 장 서두에 나온 의사가 당신의 어머니에게 권할 특별한 방법이 무엇일까? 식단 기록하기다. 카이저 퍼머넌트(Kaiser Permanente)의 보건 전문가들이 1700명을 대상으로 진행한 임상 실험 결과, 다이어트를 하면서 날마다 먹는 음식을 기록하기만 해도 그렇지 않은 경우에 비해 두 배의 체중 감량 효과가 나타났다.[3]

기록하는 행위가 어째서 이런 큰 차이를 만들어낼까? 자신이 먹은 음식을 되돌아보며 정확한 칼로리 섭취량을 인지하기 때문이다. 자신이 한 선택을 되돌아보며 기록하는 행위가 미래의 결정에 영향을 미친다는 점도 중요하다.

나는 늘 시간에 쫓기는 직장인들에게서도 비슷한 효과를 목격했다. 나는 고객에게 코칭을 하면서 자신이 시간을 어떻게 사용하는지 며칠 동안 시간대별로 기록해보라고 한다. 그들의 시간 사용 방식을 객관적으로 살펴보기 위해서다. 그러고 나서 우리는 함께 앉아 그 결과를 검토한다. 그러면 그들이 인지하지 못했던 사실이 드러난다. 중요한 목표나 활동에 도움도 안 되는데 쓸데없이 시간을 잡아먹는 일들이 늘 있는 것이다.

그런데 이 '객관적인' 검토에는 미묘한 지점이 하나 있다. 시간 사용법을 기록하는 행위 자체가 그들의 선택에 영향을 미친다는 점이다. 내 계정의 시청 기록에만 남을 뿐 아무도 모를 때는 유튜브 동영상을 보느라 30분을 낭비하는 일이 아무렇지 않다. 하지만 그것을 기록해 누군가에게 보여줘야 한다면 그 행동을 훨씬 더 신중히 하게 된다. 나중에 코치와 함께 자신의 행동을 분석할 것이라고 생각하면 당장의 즐거움을 포기하고 다른 생산적인 활동을 하게 된다.

적절한 측정은 불필요한 노력을 쏟는 부분을 드러낼 수 있다. 성과 지표를 관리하기 시작하면, 원하는 결과 달성에 도움이 안 되는 부분이 눈에 띌 수밖에 없다. 내가 코칭을 해주는 고객 중 다수는 대기업에서 일하다가 창업한 이들이다. 그들이 측정 지표들을 점검하기 시작하면서 나타나는 변화 중 하나는 회의를 보는 관점이 바뀐다는 것이다. 전에는 긴 회의가 그냥 좀 싫은 정도였지만 이제는 사람들과 둘러앉아 몇 시간씩 이야기하는 일이 몸서리쳐지게 싫다고 한다.

왜 그럴까? 창업가들은 자신의 사업을 지탱하는 수치와 지표에 대단히 민감하다. 그 지표들을 무시하면 회사가 휘청거릴 만큼 타격을 입을 수 있다. 그리고 건설적인 회의는 물론 필요하지만, 끝도 없이 길어지는 장황한 회의는 혁신과 실행, 수익성에 도움이 안 된다.

그렇다면 조직 구성원 중 자신의 커리어와 관련된 지표들을 점검하는 사람이 얼마나 될까? 물론 대부분의 조직 문화에서는 직원 개인이 회의를 시간 낭비라고 여긴다 해도 피하기가 불가능하다. 하지만 이런 질문을 생각해볼 필요가 있다. 만일 모든 직원이 다음번 승진을 위해 꼭 필요한 성과 목표를 반영하는 실시간 측정 지표들을 점검한다면, 그래도 회의가 그렇게 많이 열릴까?

수치화한 지표를 점검하는 것은 우리가 피하거나 미루는 중요한 활동에 시선을 돌리게 하는 효과도 있다. 그것은 옛날 고객에게 다시 연락해 관계를 쌓는 일일 수도, 새로운 마케팅 전략을 구상하는 일일 수도 있으며, 직업적 발전에 도움이 되는데도 소홀했던 활동일 수도 있다. 목표 활동을 수치로 관리하면 완수할 가능성이 높아지는데, 이는 수치가 감정을 움직이기 때문이다.

벤처캐피털리스트 벤 호로위츠(Ben Horowitz)가 저서 《하드씽》에서 말했듯이 "수치 목표에는 행동을 유도하는 힘이 있다."[4] 우리는 수치가 올라가 발전한 사실이 눈으로 확인되면 만족과 자부심을 느낀다. 반대로 수치가 뚝 떨어진 것을 보면 실망하거나 좌절하고 심지어 창피함도 느낀다. 이런 감정 변화는 사소한 것이 아니다. 그것은 우리의 행동에 심리적 힘을 더해, 더 높은 목표를 달성하려고 힘껏 노력하게 만든다.

요컨대 수치화한 지표는 동기를 부여한다. 그것은 더 나은 결정을 내리고, 꾸준한 노력을 기울이고, 목표를 향한 집중력을 모으는 데 도움이 된다. 이것이 바로 측정이 발전을 낳는다는 '점수판 원칙'이다. 체중을 감량할 때든, 새로운 기술을 익힐 때든, 역설계로 알아낸 공식을 습득할 때든, 어떤 일에서건 발전을 위한 첫 단계는 끊임없이 점수를 기록하는 일이다.

우리는 왜 점수 쌓기를 좋아할까

수치의 힘을 훌륭하게 활용하는 대표적 분야는 비디오게임이다. 비디오게임은 수치가 동기를 부여하는 데 얼마나 큰 영향을 미치는지 보여준다.

개발자들이 스포츠와 아무 관련이 없는 게임에서도 점수를 계속 보여주는 방식으로 비디오게임을 만드는 데는 그럴 만한 이유가 있다. 성과 지표를 추가하면 게임이 훨씬 더 재밌어진다는 것을 알기 때문이다. 그리고 경쟁심도 자극할 수 있다. 플레이어들끼리 대결하는 경우든, 플레이어들이 최고 기록 경신을 위해 함께 협력하는 경우든 말이다.

내 친구 그레그 얼웨이는 1980년대 오락실 게임인 태퍼(Tapper)의 세계기록 보유자다.[5] 이 타이틀을 얻기 위해 그레그는 밥도 안 먹고 화장실도 안 가며 16시간 넘게 게임을 했다. 이런 노력의 대가로 그레그는 무엇을 받았을까? 대기업 스폰서가 주는 고액 수표? 위풍당당한 트로피? 열광하는 팬들의 환호와 애정? 전부 아니다. 그레그가 얻은 것은 비디오게임에서 제일 높은 점수를 쌓았다는 자부심이었다. 물론 그레그는 게임에 대한 열정이 매우 강한 편이다. 하지만 그의 사례는 사람들이 스스로 의미 있다고 여기는 수치 목표를 달성하기 위해 극단의 노력을 할 수 있다는 사실을 보여준다.

오늘날 실시간 성과 수치 활용은 비디오게임의 세계에만 국한되지 않는다. 앱 개발자들은 수치가 동기를 부여한다는 사실을 잘 알기 때문에, 소비자의 행동 방식에 영향을 미치기 위해 점수를 획득하거나 더 많은 포인트를 쌓는 기회를 제공한다. 우리는 도처에서 게이미피케이션(gamification: 게임 이외의 분야에서 게임의 기법 및 요소를 활용해 사용자의 동기 강화와 행동 변화를 유도하는 것 – 옮긴이)을 목격할 수 있다. 요즘은 웬만한 앱은 대개 점수나 포인트의 요소를 갖고 있다. 심지어 점수 시스템이 딱히 필요 없어 보이는 경우에도 말이다. 기업들은 사용자를 끌어들여 그들이 게임을 더 오래하고, 웹사이트를 재방문하고, 앱 내에서 결제하도록 유도하기 위해 영리하게 포인트를 나눠준다.

최근 진행된 일련의 실험은, 피험자에게 제시되는 점수가 그들의 행동과 전혀 상관이 없을 때도 총점수가 높아지면 더 노력해 높은 성과를 낸다는 사실을 보여줬다. 연구 팀은 이 같은 현상을 "숫자를 통한 넛지(numerical nudging)"라고 칭하면서, "본질적으로 무의미한 숫자들"도 "전

략적으로 행동을 변화시키기에" 충분하다고 설명했다.[6]

그렇다면 수치가 인간의 행동에 영향을 미치는 이유는 무엇일까? 숫자는 어째서 동기를 부여하는 힘이 강력할까? 왜 때때로 인간은 통계 수치에 혹하고 넘어가는 것일까?

이를 설명하는 한 가지 접근법은 심리적 욕구와 관련된다. 심리학자들의 연구에 따르면 연령이나 성별, 문화권에 관계없이 모든 인간은 기본적으로 세 가지 심리적 욕구를 갖고 태어난다.[7] 소속감, 자율성, 유능함에 대한 욕구가 그것이다. 이 중 점수 향상이 충족시켜주는 것은 유능함에 대한 욕구다. 배움과 기술 습득과 뛰어난 능력에 대해 인간이 느끼는 기본 욕구 말이다. 수치는 발전과 성취를 보여주기 때문에 성장에 대한 본능적 욕구를 충족시켜준다.

또 어떤 이들은 인간이 숫자에 매혹되는 본능이 더 깊은 곳에 존재하며 과거에 필수 불가결했던 생존 메커니즘과 관련된다고 본다. 뇌 과학을 깊이 연구한 생리학 교수 안드레아스 니더는 인간을 비롯한 다양한 동물이 두뇌로 숫자를 처리하는 방식을 오랫동안 연구했다.[8] 니더에 따르면 모든 동물은 선천적으로 '숫자 본능'을 갖고 있다. 생존과 번식에 필수적인 숫자 정보를 인지하고 추구하는 본능적 감각을 갖고 태어난다는 뜻이다.

그는 저서 《수학하는 뇌》에서 숫자가 진화적 측면의 성공을 촉진하는 수많은 사례를 소개한다. 셈하기만 해도 그렇다. 아주 기본적인 생존 차원에서 볼 때, 우리 조상들은 많은 양의 식량과 적은 양의 식량을 구분하는 감각이 있었기에 생존율을 최대화하는 쪽의 식량을 택할 수 있었다.

숫자를 인지하는 능력은 사회관계에서도 장점으로 작용한다. 어느쪽 식량을 택하는 것이 나은지 알려주는 숫자 감각은 외부 집단의 힘과 영향력을 바로 파악하는 데도 유용했다. 우리 조상들은 새로 마주친 부족의 규모를 가늠함으로써 어떤 부족을 정복해야 하고 어떤 부족을 피해야 하는지에 관한 전략적 정보를 얻었다.

숫자를 가늠하는 것은 짝짓기 파트너를 지키는 일에서도 유용하다. 자신의 경쟁 상대가 몇인지 알면 파트너를 지켜야 할 때와 그냥 놔둬도 비교적 안전한 때를 판단할 수 있기 때문이다.

이런 여러 이유로 인해, 강한 숫자 본능을 가진 인간이 생존과 번식에 더 유리했다. 숫자에 날카롭게 집중하면 전략적 우위를 확보했지만, 숫자를 무시하면 위험에 빠졌다.

허세 지표에 집착한 스타트업의 최후

오랜 세월에 걸친 진화의 결과 인간이 숫자 정보에 집착하게 되었다는 사실은 우리에게 의미 있는 기회가 될 수도 있지만 저주가 되기도 한다.

먼저 후자의 경우부터 살펴보자. 숫자가 저주가 되는 사례는 너무나 많다. 오늘날 우리는 숫자의 홍수 속에 살아간다. 어떤 숫자들은 가치 있고 유용하지만 대부분은 그렇지 않다. 보통의 직장인들은 하루에도 수많은 숫자 정보를 만난다. 읽지 않은 이메일 개수, 마케팅 수치, 주식 시세, 소셜미디어의 팔로워 숫자, 수면이나 운동 관련 정보가 생성될 때마다 표시되는 앱 알림 숫자 등. 옛날에는 숫자 정보에 대한 욕구가 인간의 생존을 도왔다. 오늘날은 그 욕구가 주의력을 분산시킨다. 최악의 경우에는 강박적 집착에 이를 수도 있다.

실리콘밸리의 스타트업 전문가 에릭 리스는 저서 《린 스타트업》에서 신생 기업의 성과를 망가트리곤 하는 문제점 하나를 설명한다.[9] 그것은 허세 지표(vanity metrics)에 대한 집착이다. 허세 지표란 숫자를 증가시키기 쉽고 일반적으로 비전문가들의 눈에 매력적으로 비치지만 기업의 실질적 성과를 반영하지는 못하는 수치를 말한다. 예를 들어 만일 회사가 연 매출 1억 달러를 달성했다고 하면 대부분의 비전문가에게는 매우 인상적으로 들린다. 하지만 노련한 전문가라면 회사의 운영 비용이 얼마나 되는지 물을 것이다. 만일 운영 비용 역시 연간 1억 달러에 가깝다면, 번창하고 있는 것 같은 이 회사의 외관은 허울에 불과하다.

리스는 많은 스타트업이 허세 지표 속에서 허우적댄다고 말한다. 대표적 예는 웹사이트 총 방문자 수(실제 상품 구매로 이어지는 비율 대신에), 총 이용자 수(돈을 지불하는 실제 고객 대신에), 사용자 증가(활성 사용자나 반복 사용자가 훨씬 더 중요하다)에 집착하는 것이다. 리스는 엉뚱한 지표에 집중하는 것은 헛수고일 뿐만 아니라 사업 실패의 지름길이 될 수 있다고 말한다. 허세 지표는 창업자들이 얼핏 그럴듯해 보이는 피상적 목표에 몰두하고 지속 가능한 사업체를 일구는 데 중요한 활동은 소홀하게 해 위험하다.

일에서 탄탄한 경력을 쌓고자 하는 개인의 경우도 마찬가지다. 사회적으로 바람직하지만 궁극적으로는 별 의미가 없는 숫자는 한두 가지가 아니다. 직업적 목표가 무엇이냐에 따라 다르긴 하겠지만, 당신의 최근 게시글에 달린 '좋아요' 수, 링크드인(LinkedIn) 팔로워 수, 또는 심지어 당신의 연봉에 붙은 '0'의 개수도 그런 숫자의 예다. 당신의 관심을 끌어당기지만 건강이나 행복, 직업적 발전에 기여하지 못하는 숫자는 무엇이든 목표로부터 멀어지게 만드는 훼방꾼이다. 허세 지표에 집중할수록 진짜 중요한 활동에 쏟을 에너지는 줄어든다.

반면 숫자가 우리에게 줄 수 있는 기회도 존재한다. 이 기회를 스포츠 이외의 영역에서는 제대로 활용하는 경우가 드물다. 무언가를 지속적으로 측정하면 거기에 쏟는 관심이 늘어나게 돼 있다. 그리고 관심과 집중력을 쏟으면 자연히 발전하게 된다.

엉뚱한 것이 아니라 측정해야 할 행동을 측정하는 것, 그리고 올바른 지표에 집중하게 이끌어주는 점수판을 만드는 것이 핵심이다. 최종적으로 지향하는 비전과 현재 능력 사이의 격차를 좁히는 데 기여하는 지표 말이다.

그렇다면 어디서 시작해야 할까?

로저 페더러의 경기력을 향상시킨 숫자의 힘

2016년 로저 페더러는 테니스 인생의 중대한 위기를 맞았다.[10]

20년 가까운 세월 동안 페더러가 이룬 성과는 눈부시다는 말로도 부족할 정도였다. 그는 1000회가 넘는 경기에서 승리를 거뒀고, 그랜드슬램 타이틀을 17개 거머쥐었으며, 세계남자프로테니스협회(Association of Tennis Professionals)가 발표하는 세계 랭킹에서 237주 연속 1위에 오른 선수였다.

하지만 어쩐 일인지 경기력이 부진해지기 시작했다. 미묘하게 예전 같지 않은 경기 운영 모습이 툭툭 튀어나왔다. 어떤 날은 평소답지 않게 서브를 두 번 연속 실패했다. 어떤 날은 실책이 연달아 나왔다. 스트레이트 세트로 승리하는 횟수도 줄었고 얼마 후에는 초반 라운드에서 패배하는 일도 잦아졌다.

2016년에 페더러는 서른다섯 살이었다. 스포츠 프로그램의 패널들은 "이제 페더러가 테니스화를 벗을 때가 된 것인가?"라는 민감한 주제를 대놓고 토론했다. 경기 실적 데이터도 그의 편이 아니었다. 페더러의 가장 최근 그랜드슬램 우승은 4년 전인 2012년으로, 이는 6년 동안 거둔 유일한 메이저 대회 우승이었다. 앤드리 애거시는 메이저 대회 마지막 우승을 했을 때 서른두 살이었고 피트 샘프러스는 서른한 살이었다. 페더러가 남달리 오랫동안 경이로운 성과를 냈다는 점에는 누구나 동의했다. 하지만 이제 서른다섯 살인 그는 코트를 떠날 날이 얼마 남지 않은 듯했다.

그즈음 아무도 예상치 못한 일이 발생했다. 페더러는 욕실에서 쌍둥이 아이들을 목욕시키다가 무릎을 다쳤다. 몇 시간 후 병원 침대에 누워 있는 그의 왼쪽 무릎이 심상치 않게 부어올랐다. 서둘러 MRI 검사가 진행됐고 그 결과는 암울했다. 경골과 대퇴골 사이에 있는 연골 부분인 반월판이 찢어진 것이다. 관절경 수술을 한 후 최소한 몇 주간은 절대적 안정과 재활이 필요하다는 의사 소견이 나왔다. 언제 다시 코트에 설 수 있을지도 알 수 없었다.

무릎 수술을 받고 한동안 페더러는 인생에서 가장 힘든 시간을 보냈다. 그동안 수술은 고사하고 큰 부상도 한 번 없던 그였다. 어쩌면 은퇴해야 할지도 모른다는 생각이 마음을 짓눌렀다. 그는 훗날 이렇게 말했다. "당시에 나는 상당히 마음의 벽이 얇아졌다. 다리를 내려다보며 예전의 내 다리를 되찾지 못할지 모른다는 생각이 들었다."[11]

열렬한 테니스 팬이 아니더라도 그것이 페더러에게 테니스 인생의 끝이 아니었다는 사실을 알 것이다. 오히려 그것은 전례 없는 인생 제2막이 시작되는 과도기였다.

그는 코트 복귀를 시도했지만 아무래도 무리였다. 결국 무릎 재활을 위해 6개월 동안 경기 출전을 중단하기로 했다. 이 기간에 그는 단순히 휴식과 재활 치료만 한 것이 아니다. 플레이에서 개선할 점을 찾아내기 위해 코치 스태프와 함께 자신의 경기를 모조리 분석했다.

언뜻 보기에는 그동안 패배한 경기들의 원인을 설명하기 힘들었다.

통계만 봐도 그의 강점은 엄청났다. 서브 득점률은 50퍼센트였다. 상대 선수가 그의 서브를 받아넘기는 경우에도 대개 페더러가 득점을 올리곤 했다. 그는 경쟁자들보다 두 배 이상 많은 발리 포인트를 따냈다. 평균적으로 페더러가 코트에서 4포인트를 올릴 때마다 상대 선수는 불과 1포인트를 올렸다.

그러나 페더러에게는 약점으로 불릴 만한 요소가 있었으니, 바로 백핸드였다. 수치 자료만 봐도 알 수 있었다. 페더러는 백핸드 위너(winner: 상대방이 라켓도 못 대게 쳐서 득점한 샷 – 옮긴이) 개수가 상대 선수보다 적었을 뿐만 아니라, 공을 받아내기 위해 백핸드 슬라이스를 구사해야 하는 상황이 되면 포인트 득점 확률이 50퍼센트 밑으로 떨어졌다. 게다가 막강한 선수일수록 페더러의 취약점인 백핸드를 이용하곤 했다. 막강한 라이벌을 만나면 페더러는 백핸드 때문에 한 경기에 10포인트 이상을 잃곤 했다.

2017년 1월 페더러가 호주 오픈에 참가하며 테니스 코트로 돌아왔을 때 사람들의 기대는 별로 높지 않았다. 언론에서는 그를 "원로"이자 테니스계의 "구시대 멤버"를 대표하는 선수라고 폄하했다. 그러나 페더러는 모두를 깜짝 놀라게 했다. 호주 오픈에서 확연히 향상된 기량과 경기력을 보여줬을 뿐만 아니라, 그랜드슬램 결승전에서 한 번도 꺾지 못했던 막강한 상대이자 오랜 라이벌인 라파엘 나달을 물리치고 우승 트로피를 거머쥐었다.

2017년 호주 오픈 우승은 끝이 아니었다. 그것은 황제의 귀환을 알리는 서막이었다. 페더러는 그해 후반 윔블던에서 상대에게 한 세트도 내주지 않고 우승 트로피를 안았다. 이듬해인 2018년 1월에는 또다시 호주 오픈에서 우승함으로써, 사상 최초로 메이저 대회 남자 단식 20회 우승이라는 기록을 세웠다.

무엇이 페더러의 경기력을 바꿔놓은 것일까? 그 답은 숫자에 들어 있다. 나달과 맞붙은 2017년 호주 오픈 결승전의 수치 자료를 보면 두 가지가 금세 눈에 띈다. 첫 번째는 페더러가 기록한 백핸드 위너 개수다. 페더러의 약점이 백핸드였다는 점을 떠올려보라. 상대 선수는 페더러의 백핸드를 유도할수록 포인트를 딸 가능성이 높아진다. 그러나 2017년 호주 오픈 결승전에서 페더러는 나달을 상대로 14개의 백핸드 위너를 성공시켰다. 이는 두 사람이 같은 코트에서 맞붙은 지난번 경기보다 350퍼센트 늘어난 수치였다. 페더러는 자신의 최대 약점을 중요한 강점으로 변화시킨 것이다.

어떻게 이런 변화를 이뤄냈을까? 그는 자신의 플레이에서 세 가지를 조정했다. 첫째, 백핸드를 전보다 더 빨리, 즉 공이 바닥에서 튀어 오른 직후에 구사해서 공이 더 낮게 그리고 네트에 더 가깝게 날아가게 했다. 둘째, 전보다 강력해진 스윙으로 공의 속도를 높였다. 마지막으로, 스핀을 줄이고 공을 정면으로 쳐서 직선으로 날아가게 함으로써 스피드를 높여 상대가 받아치지 못하게 했다.

우리가 이 모든 것을 알 수 있는 것은 테니스 경기에 관한 엄청난 양의 분석 자료 덕분이다. 프로 스포츠 협회들은 모든 경기에 대한 데이터를 수집하기 때문에 페더러 같은 선수들이 자신의 플레이에서 개선할 점을 정확히 찾아낼 수 있다.

이는 다른 대부분의 직업 분야와 크게 다른 점이다. 대개 사람들은 일터에서 자신의 행동을 정기적으로 점검하지 않는다. 그리고 이처럼 평소의 행동과 장기적 성과를 분리해서 바라보는 관점은 중대한 결과를 가져올 수 있다. 만일 기업 임원에게 오늘 진행한 화상회의의 성과가 작년의 성과와 비교할 때 얼마나 차이가 있느냐고 묻는다면 대개는 정확히 대답하지 못할 것이다. 하루의 업무 시간 중 이메일 답장에 소비한 시간의 비율은 얼마나 되는가? 아무도 모른다. 이번 주에 진행한 고객 프레젠테이션의 성과는 예년에 비해 얼마나 나아졌는가? 이것을 아는 직원 역시 거의 없다.

그러나 성과 지표는 스포츠보다 일터에서 훨씬 더 중요할 수도 있다. 이를 생각해보라. 스포츠에서는 목표가 명확하다. 로저 페더러가 경기에서 이기기 위해 해야 할 일은 딱 한 가지밖에 없다. 득점하는 것이다. 하지만 일터에서 우리의 목표는 고정돼 있지 않고 움직인다. 그 목표는 날마다 바뀌기 일쑤고 어떤 직종에서는 시간마다 바뀌기도 한다. 이는 일터에 활기를 불어넣기도 하지만, 그런 변동성 때문에 방향을 제대로 잡지 못하고 궤도를 이탈하거나 쓸데없이 바쁜 상태를 의미 있고 생산적이라고 착각하기 십상이다.

일터에는 우리의 성과를 보여주는 점수판이 없다. 하지만 만일 점수판이 있다면 어떨까? 페더러의 경기를 구성 부분들로 해체하는 분석가들이 일터에서 당신의 성과도 그렇게 분석해준다면? 어떤 강점을, 또는 어떤 취약점을 발견하게 될까? 페더러처럼 당신도 수치 정보를 활용해 당신의 약점을 강점으로 변화시킬 수 있다면 어떨까?

무엇을 측정해야 할까

30대 중반에 모두의 예상을 깨고 완벽하게 부활한 페더러의 사례는 수치 지표로 경기력 도약을 위한 통찰력을 얻을 수 있다는 사실만 보여주는 것이 아니다. 가장 유용한 지표의 종류를 알아내는 것이 중요하다는 점도 일깨워준다.

페더러와 코치 스태프가 경기력 향상을 위해 활용한 지표에서 주목할 점이 하나 있다. 길고 복잡한 경기들을 다양한 행동 카테고리로 쪼갰다는 점이다. 따라서 그들은 페더러의 플레이를 구성하는 각 요소를 개별적으로 평가할 수 있었다. 즉 서브, 포핸드, 백핸드, 오버헤드 스매시, 네트 포인트 등의 핵심 요소를 평가함으로써 페더러의 약점을 찾아내 개선 전략을 짤 수 있었다.

어떤 분야에서든 우리의 성과를 측정할 때도 이와 유사한 접근법을 이용할 수 있다. 수치 지표를 효과적으로 이용하려면 성과에 대한 피드백 이상의 것이 필요하다. 주요 행동을 측정해야 한다는 뜻이다. 그래야 어떤 부분을 잘하고 있고 어떤 부분에 개선이 필요한지 파악할 수 있다.

그렇다면 구체적으로 무엇을 측정해야 할까? 어떤 요소를 추적 및 점검해야 할지는 과업의 특성, 당신의 실력, 추구하는 최종 목표에 따라 달라질 것이다. 그렇다 하더라도 대체적으로 유용한 세 가지 접근법을 소개하면 다음과 같다.

첫 번째는 어떤 특정한 활동을 여러 개의 하위 기술로 쪼개는 것이다. 테니스 경기가 여러 다양한 종류의 샷들로 이뤄지듯이, 대부분의 지적 활동도 여러 가지 기술 카테고리로 쪼갤 수 있다. 예컨대 새로운 잠재 고객 앞에서 제품을 피칭해야 한다고 치자. 당신은 프레젠테이션 성과를 점검할 지표를 만들고 싶다. 프레젠테이션을 할 때는 여러 하위 기술을 사용하게 된다. 암기, 메시지 전달, 보디랭귀지, 침착함, 자세 등 등. 당신의 프레젠테이션을 녹화해 영상을 보면서 이들 각 요소에 점수를 매겨보면 어떤 강점이 있고 어느 부분을 개선해야 하는지 파악할 수 있다.

두 번째 접근법은 서로 다른 여러 기술의 조합보다는 특정한 특성들을 갖추는 것이 중요한 경우에 유용하다. 보고서나 기사, 또는 고객에게 보내는 이메일을 작성하는 일이 그 예다. 이들 경우에는 효과적인 글쓰기가 주요 기술이다. 그럼에도 우리는 글의 완성도를 평가하는 데 도움이 되는 지표를 만들 수 있다.

중요한 계약서에 아직 사인을 하지 않은 고객에게 이메일을 쓴다고 치자. 당신은 이 계약을 최대한 빨리 마무리 지어야 한다. 고객의 사인을 성공적으로 받아내고 싶지만, 지나치게 밀어붙이거나 절박해 보인다는 인상은 주고 싶지 않다. 가능하다면 이 이메일을 통해 관계를 더 돈독히 하고 싶은 마음도 있다. 다행히 당신은 효과적인 이메일 샘플을 몇 개 수집해 역방향 개요 작성을 한 뒤 중요한 특성을 정리해둔 상태다. 이에 따르면 당신의 이메일은 이런 식으로 구성돼야 한다.

- 업무와 무관한 이야기로 서두 열기. 고객을 과거에 만났을 때 공통 관심사였던 주제라면 더 좋다.
- 상대방이 취하기를 바라는 행동을 간단하게 언급.
- 그 행동을 신속히 취하는 것이 상대방에게도 이로운 이유를 설명.
- 상대방이 관심을 가질 만한 새로운 정보 제공. 예컨대 당신과 상대방이 공통의 목표를 추구하고 있음을 보여주는 기사 등.
- 상대방과의 관계에 대한 애정을 드러내는 말이나 꼭 답장을 받고 싶다는 말로 마무리.

물론 이런 특성들이 모든 이메일이나 모든 수신자에게 적절한 것은 아니다. 하지만 일단은 이것이 '상대방의 약속 이행을 요청하는' 종류의 이메일을 효과적으로 쓰는 데 꼭 필요한 특성이라고 가정하자.

다음 단계는 이메일 초고 작성 후 각 요소별로 점수를 매겨 평가하는 것이다. 예컨대 1점(부적절함)에서 7점(매우 적절함)까지 아래의 요소들에 점수를 매긴다.

- 업무와 무관한 이야기로 서두 열기. 고객을 과거에 만났을 때 공통 관심사였던 주제라면 더 좋다. (점수:＿＿)
- 상대방이 취하기를 바라는 행동을 간단하게 언급. (점수:＿＿)
- 그 행동을 신속히 취하는 것이 상대방에게도 이로운 이유를 설명. (점수:＿＿)
- 상대방이 관심을 가질 만한 새로운 정보 제공. 예컨대 당신과 상대방이 공통의 목표를 추구하고 있음을 보여주는 기사 등. (점수:＿＿)
- 상대방과의 관계에 대한 애정을 드러내는 말이나 꼭 답장을 받고 싶다는 말로 마무리. (점수:＿＿)

이렇게 각 특성을 숫자로 바꾸면 자신의 성과에 대한 즉각적인 피드백 역할을 하는 지표가 만들어진다. 따라서 개선하거나 보완해야 할 요소가 눈에 들어온다.

성과 점검을 위한 지표를 만드는 세 번째 접근법은 앞의 두 가지에 비해 전체적인 관점을 지닌다. 이는 특정한 과업에 국한되지 않고 구체적인 시간 동안의 전체적인 성과를 평가하는 것이다.

경영자 코칭 전문가 마셜 골드스미스는 이 방법을 굳게 신뢰한다.[12] 저술가이자 코칭 분야 선구자인 그가 항상 고객에게 시키는 것이 있다. 자신이 어떤 사람이 되고 싶은지 생각해보고 그 이상적인 자신이 늘 할 것 같은 구체적인 행동을 목록으로 만들게 한다. 그리고 각 행동을 얼마나 실천했는지 날마다 자가 진단을 하게 한다. 골드스미스 자신도 이 방법을 활용한다. 매일 잠자리에 들기 전에 그의 비서가 전화를 걸어 목록을 읽어준다. 타인이 목록을 읽으면서 질문을 던지면 그가 느끼는 책임감이 커져 더 열심히 실천하게 되기 때문이다.

골드스미스가 매일 점검하는 목록은 36개의 질문으로 돼 있다. 여기에는 일과 관련된 내용(예: 원고 작업, 고객 응대에 쓴 시간), 건강 및 위생(운동, 비타민 복용에 쓴 시간), 타인에게 공감하기(아내 라이다를 기쁘게 해주기) 등이 포함된다.

골드스미스의 일일 점검 목록은 미국 건국의 아버지들 중 하나이자 전설적 혁신가인 벤저민 프랭클린이 실천한 습관의 현대적 버전에 해당한다.[13] 프랭클린은 오늘날 대부분의 사람들이 생각하는 훌륭한 인품의 소유자이기만 했던 것은 아니다. 그는 20대 초반에 술에 탐닉하는 주당이었고 가십 생산자로 악명 높았으며 이성에 따라 행동하기보다는 성적 욕망에 끌려다닌 젊은이였다. 그리고 그 자신도 이런 성격적 결함을 누구보다 잘 알았다. 그는 결점을 극복하기 위해 자신의 성격에 불어넣고 싶은 덕목의 목록을 만들었다.

1791년 출판된 자서전에는 그가 매일 점검한 목록이 소개돼 있다. 늘 아름답지만은 않았던 그의 평판을 감안할 때, 여기에 포함된 일부 덕목에는 고개가 끄덕여진다. 즉 그 덕목들은 그가 없애고 싶어 한 습관의 정반대에 해당한다. 목록의 가장 위에 적힌 것은 절제(과음하지 말기)이고, 그다음으로 침묵(쓸데없는 가십 줄이기)이 나오며 성적 금욕(성적 방탕함 피하기)도 있다.

프랭클린의 목록은 13가지 덕목으로 구성됐다. 그는 매일 저녁 일기장을 꺼내 그날 실천하지 못한 항목을 점검했다.

골드스미스와 프랭클린이 활용한 방법론은 동일하지만 각자 추구한 목표는 달랐다. 골드스미스의 지표는 경영자 코치와 남편이라는 역할의 성과를 높이기 위해서였고, 프랭클린의 목록은 인격적 특성을 변화시키기 위해 선택한 것이었다.*

이는 일일 점검 목록이 여러 경우에 적용 가능한 유연한 접근법임을 보여준다. 그리고 목표 목록을 만드는 것 자체만으로도 도움이 된다. 한 걸음 물러나 생각해보면서 자신이 꼭 실천하거나 이뤄야 할 일을 정리할 수 있기 때문이다.

스포츠에서는 성공을 규정하는 성과가 모호하지 않다. 우승하려면 공을 라켓으로 치든 바스켓에 던져 넣든 들고 달려서 터치다운을 찍든, 득점을 하면 된다. 하지만 인생은 그렇지 않다. 실제 현실에서는 성공으로 가는 길이 엄청나게 다양하다. 그리고 인생에서 승리하기 위한 첫 단계는 자신이 따내려는 포인트를 명확히 설정하는 것이다.

---

* 프랭클린과 골드스미스의 지표는 정확성 면에서도 차이가 있다. 골드스미스는 프랭클린의 목록에 들어 있는 '질서'나 '근면'처럼 막연한 목표를 정하지 않는다. 그는 중요한 일들에 사용한 정확한 시간을 점검한다. 이런 구체성은 매우 유용하다. 행동과학 연구에 따르면 목표가 모호하지 않고 분명할수록 실천할 확률이 높아진다.

따내려는 포인트가 명확할 때 생기는 일들

하위 기술이나 특성 점검하기, 일상의 습관 체크하기 중에 어떤 방법을 택하든 몇 가지 이점은 곧장 눈에 띈다.

목표로 삼을 구체적인 지표를 정해놓으면 방향 감각이 생긴다. 정해진 지표들에 집중하게 되므로 삶을 적절히 관리 및 통제하게 된다. 또 지표를 토대로 성과를 점검하면 자신이 내리는 결정을 더 민감하게 의식하게 되므로 더 나은 선택을 할 수 있다.

하지만 곧장 감지되지 않는 다른 이점도 있다. 첫째는 즉각적인 피드백의 효과가 생긴다는 것이다. 대다수 사람들은 일터에서 제대로 된 피드백을 받는 경우가 좀처럼 없다. 그리고 피드백을 받더라도 시간이 한참 흐른 후에(연간 성과 평가를 떠올려보라) 또는 이미 일을 그르친 후에야 받곤 한다.

우리가 아는 실력 향상 메커니즘에 비춰본다면 이는 이해할 수 없는 현상이다. 전문성을 연구하는 심리학 분야에서 누구이 강조하는 사실 하나는 수행 능력 향상에는 신속한 피드백이 필요하다는 것이다. 피드백을 빨리 받을수록 학습 속도도 빨라진다. 이는 객관적인 데이터가 성과의 질을 평가하는 데 유용할 뿐만 아니라, 훌륭한 성과를 위해 보완해야 할 점에 대한 중요한 단서를 담고 있기 때문이다.

일련의 수치 지표를 정해 자신의 성과를 점수로 매기면, 타인의 의견을 기다릴 필요 없이 즉각적인 피드백을 얻게 된다. 설득력 높은 프레젠테이션을 준비하든, 효과적인 이메일을 쓰려고 하든, 역설계로 알아낸 공식을 실천할 때든, 규칙적인 피드백을 받는 일은 필요하다.

쉽게 인지되지 않는 두 번째 이점은 전략적 사고에 도움이 된다는 점이다. 성공의 판단 기준이 되는 지표들을 명확히 정해두면 일의 성과를 사후에 평가하는 것 이상을 할 수 있다. 즉 앞으로 수행할 행동을 결정할 때도 그 지표를 활용할 수 있다.

이는 맨해튼의 최고급 식당 일레븐 매디슨 파크(Eleven Madison Park)를 운영하는 셰프 대니얼 훔(Daniel Humm)이 메뉴판을 만들 때 쓰는 방식이다.[14] 보통 식당들은 셰프가 맛있다고 여기는 요리들을 메뉴판에 넣는다. 일레븐 매디슨 파크에서는 그렇게 하지 않는다. 이 식당은 특정 요리를 메뉴에 넣을지 판단하는 일련의 기준을 갖고 있다. 어떤 요리가 이 식당의 메뉴판에 들어가려면 맛있고, 창의적이고, 스토리가 있고, 아름다워야 한다. 훔은 이 네 조건을 충족해야만 메뉴로 개발할 가치가 있다고 생각한다.

이 네 조건(맛, 창의성, 스토리, 아름다움)은 메뉴판에 이미 존재하는 요리에 대해서는 성과 지표의 역할을 하지만, 새로운 요리가 메뉴판에 올라갈 가치가 충분한지 판단하는 필터의 역할도 한다. 이런 접근법은 창의적 작업을 하는 모든 이들에게 유효하다.

나는 이런 훔의 방식을 처음 알았을 때 깜짝 놀랐다. 내가 매체에 기고할 글을 쓸 때 사용하는 방식과 비슷했기 때문이다. 나는 800단어 분량의 글로 완성할 가치가 있는 글감인지 아닌지 판단할 때 나만의 필터를 활용한다. 구체적으로 말하면, 내 머릿속의 글감은 다음 네 조건을 충족해야 한다. 그 주제는 1) 내 분야와 관련성이 있어야 하고 2) 과학적 근거를 제시할 수 있어야 하고 3) 실천 가능한 조언을 제시할 수 있어야 하며 4) 독자가 읽고 나서 유용하다고 느낄 수 있어야 한다. 이 중 하나라도 충족하지 못하면 그 글감은 미련 없이 폐기한다. 이것은 양질의 글을 쓰는, 그리고 헛된 시간 낭비를 피하는 나만의 프로세스다.*

지표 활용과 관련해 쉽게 눈에 띄지 않는 세 번째 이점은 선행 지표를 밝혀냄으로써 성공을 결정짓는 숨은 패턴을 알 수 있다는 것이다.[15]

선행 지표란 중요한 결과가 아직 확정되지 않은 상태에서 그 결과를 예측하게 해주는 지표를 말한다. 반면 후행 지표는 최종 결과를 나타내는 지표다.

이 둘의 차이를 이해하기 위해 예를 들어보자. 당신이 직장을 그만두고 오랜 꿈이던 수제 양초 사업에 뛰어들었다고 치자. 목표는 1년 안에 전 직장의 연봉만큼 수익을 올리는 것이다. 그 목표 달성에 영향을 미치는 요인은 매우 많다. 일주일에 평균적으로 제작할 수 있는 양초의 개수, 양초를 판매하는 웹사이트의 인기도, 거리 축제나 지역 직판장의 판매 부스에 참여하는 횟수 등. 이들 각각의 데이터는 당신이 목표를 달성할 수 있을지 없을지 말해주지 않는다. 그러나 한 해 동안 수익을

---

* 나는 이미 쓴 글들을 검토하며 작성하는 평가표에서도 이 네 가지 기준을 활용한다. 따라서 이것들은 두 가지 역할을 한다. 즉 글을 쓰기 전에 내가 방향을 제대로 잡았는지 판단하는 필터도 되고, 글을 제대로 썼는지를 점검하기 위한 성과 지표도 된다.

좌우하는 변수들을 점검하게 해준다.

이 경우 전 직장의 연봉은 후행 지표, 즉 당신이 달성하려는 최종 결과에 해당한다. 반면 생산 속도, 웹사이트 트래픽, 행사 참여 횟수는 선행 지표다. 이것들은 당신이 원하는 결과에 영향을 미치는 평소의 활동을 나타내는 지표다.

얼핏 선행 지표와 후행 지표가 어려운 비즈니스 용어처럼 느껴질지도 모른다. 하지만 그렇지 않다. 사실 선행 지표와 후행 지표는 애초에 수치 수집이 필요한 이유와 밀접한 관련이 있다.

자신이 하는 행동에 대한 데이터를 수집하면, 성공에 중요한 선행 지표들을 추려낼 수 있다. 그렇게 얻은 통찰력은 수행 능력을 도약시키는 데 핵심 역할을 한다. 이는 비단 조직뿐만 아니라 성과를 끌어올리고 싶은 개인에게도 유효하다. 어떤 선행 지표가 성공을 가능하게 해주는지 파악하면 거기에 집중적으로 에너지를 쏟을 수 있다.

앞에서 우리는 수치 데이터가 로저 페더러의 숨은 취약점을 드러내는 것을 살펴봤다. 하지만 그 숫자들은 약점만 드러내는 것이 아니다. 놀라운 발전 기회가 존재하는 지점도 알려준다. 일례로 페더러와 코치 스태프는 데이터를 통해 다음과 같은 사실을 알아챘을 것이다. 페더러가 서브를 넣으면 그 게임의 첫 포인트는 대단히 중요했다. 데이터 분석에 따르면 페더러가 먼저 포인트를 딸 경우 해당 게임에서 이길 확률이 무려 97퍼센트로 치솟았기 때문이다.[16]

페더러처럼 우리도 주의 깊게 살피면 선행 지표를 발견해낼 수 있다.

당신이 현재의 직장을 다니면서 저녁과 주말을 이용해 부업으로 작은 사업을 시작하고 싶다고 가정하자. 그 꿈을 이루기 위해 날마다 점검할 수치 지표를 정한다. 예컨대 하루 중 사업 준비에 투자하는 시간, 다양한 일상 활동(수면, 운동, 식사 등)에 할애하는 시간이 그것이다.

이들 데이터를 한 달 동안 모으면 무엇을 알게 될까? 상당히 많은 것을 알게 된다. 예를 들어 밤에 일곱 시간 이상 자고, 아침 식사 전에 15분간 간단히 조깅을 하고, 점심에 800칼로리 미만을 섭취한 날은 사업 준비에 훨씬 더 많은 에너지를 쏟는다는 것을 발견할 수도 있다. 이 세 가지 데이터는 효과적인 하루를 암시해주는 선행 지표이며, 당신은 세심한 계획을 통해 그 선행 지표를 의도적으로 변화시킬 수 있다.

생산성 전문가 칼 뉴포트는 자신만의 선행 지표를 발견했다. 그것은 집중력이 깨지지 않고 지속되는 시간이다. 뉴포트는 그 시간의 총합을 계산해 종이에 손으로 기록한다. 자신의 성과를 결정짓는 가장 강력한 동력 중 하나가 집중력을 잃지 않고 일하는 능력이라고 생각하기 때문이다. 그는 집중한 시간의 총합을 종이에 기록하는 방식에는 또 다른 이점이 있다고 말한다. "총합이 적으면 스스로 창피해지고, 이는 집중할 수 있는 시간을 찾아내려고 열심히 노력하도록 나를 자극한다."[17]

결국 선행 지표를 찾는다는 것은 성공에 기여하며 자신이 관리할 수 있는 선행 사건을 찾는 것이다. 원하는 목표를 달성하는 데 도움이 되는 통제 가능한 행동을 파악할수록, 수행력을 높이고 목표를 이뤄낼 가능성도 높아진다. 그리고 그 모든 것의 출발점은 하나, 즉 수치 지표를 점검하는 것이다.

숫자 자체가 목표가 될 때

당신은 창업해 회사의 운영자가 된다는 것에 대해 어떤 기분이 드는가? 실제로 창업가들에게 이 질문을 던지면 온갖 종류의 감정 반응이 나온다. 어떤 이들은 스스로 대단한 성취를 이뤘다는 자부심을 먼저 떠올린다. 그런가 하면 어떤 이들은 창업을 지독한 불확실성과 두려움 가득한 도전이라고 생각한다. 기억에 안 남는 일이라고 표현하는 사람은 거의 없다.

데이비드 더글러스(David Douglas)의 경우엔 엄청난 충격으로 다가왔다.[18] 2013년 그는 자신이 소유한 조경 회사에 대해 처음 알게 됐다. 하지만 그는 그런 회사를 창업한 적이 전혀 없었다. 그리고 얼마 후 자기 명의로 된 페인팅 및 디자인 회사도 있다는 사실을 알았다. 뭔가 단단히 잘못된 게 분명했다.

더글러스는 웰스파고(Wells Fargo) 은행 유령 계좌 스캔들의 피해자들 중 비교적 초기에 드러난 피해자 중 한 명이다.[19] 이 스캔들은 수치에 대한 집착이 불러온 대규모 기업 사기였다. 이 사건의 원인은 캘리포니아 본사의 웰스파고 경영진이 어떻게든 하나의 수치 목표를 달성하라고 직원들을 압박하기 시작한 일이다. 그 수치는? 고객 한 명당 판매해야 하는 상품 개수였다.

1990년대 말 웰스파고의 내부 분석가들은 고객이 여러 계좌를 보유할수록 수익을 더 많이 발생시킨다는 사실을 발견했다. 이런 분석 결과는 즉시 기업 전략에 반영됐다. 이제는 신규 고객 유치에만 집중하지 않고, 기존 고객에게 더 많은 상품을 판매하는 일에 주력하기 시작했다.

조직이 하나의 수치를 높이는 데 몰두하기 시작하면 어떤 일이 벌어질까? 웰스파고의 경우 실적이 크게 향상됐다. 그리고 그 과정에서 중요한 재정 목표와 도덕적 책임을 망각하게 됐다.

모든 직원이 상품 판매 실적을 높이는 데 집중하게 하기 위해, 웰스파고는 그들에게 할당량을 부과했다. 직원들은 고객의 80퍼센트에게 적어도 네 개의 금융 상품을 판매해야 했다. 이는 해고당하지 않기 위해 채워야 하는 최소한의 할당량이었다. 실제 그들의 목표 수치는 더 높았다. 경영진은 목표를 세뇌하기 위한 슬로건도 만들었다. 이제는 고객과의 대화를 "고객에게 조언하기"라고 표현하지 않고 "여덟 개씩 팔기"라고 불렀다.

무리한 영업 목표만 세운 것이 아니다. 직원의 성과를 끊임없이 점검했다. 각 지역 관리자들은 하루에 네 번씩(오전 11시, 오후 1시, 3시, 5시) 화상회의에 참여해 실적 현황을 보고하고 비교했다. 높은 실적을 올린 지점은 칭찬을 받았고, 실적이 바닥인 지점은 위협과 조롱을 받았다.

관리자들은 낮은 실적으로 면박당하는 일을 피하려고 안간힘을 썼고 그런 압박감은 자연히 아래쪽 직원들에게도 점점 퍼졌다. 일부 직원은 할당량을 채우기 위해 추가 수당도 받지 않고 야근과 주말 근무까지 불사했다. 가족이나 이웃, 친구에게 계좌를 개설해달라고 부탁하는 직원도 있었다. 심지어 어떤 직원은 실적을 채우기 위해 노숙자를 이용해 여러 계좌를 개설하기도 했다.

얼마 지나지 않아 그런 무리한 실적 추구는 웰스파고 자신에게도 피해로 돌아오기 시작했다. 공격적인 영업 전술로 고객들의 거부감을 샀을 뿐만 아니라 직원 사기도 크게 떨어졌다. 책상에 앉아 울거나, 화장실에서 구토를 하거나, 스트레스를 못 이기고 회의 자리를 뛰쳐나가는 직원이 속출했다. 한 직원은 상사에게 불려가기 전에 마음을 진정시키려고 손 세정제를 마셨다고 고백하기도 했다. 어떤 전 지점장은 〈로스앤젤레스타임스〉 인터뷰에서 "이러다가 결국 맥도날드에서 일하게 될 거라는 얘기를 끊임없이 들었다"고 말했다.[20] 그녀 역시 주말도 반납하고 일하기 시작했다.

결국 일부 직원들은 할당량을 채우지 못하자 스스로 해결하기 시작했다. 가짜 계좌를 만들기 시작한 것이다. 데이비드 더글러스 같은 피해자들이 그래서 생겨난 것이다. 더글러스의 유령 회사는 웰스파고 직원의 창조물이었다. 그들은 실적을 채워야 한다는 압박감에 고객의 신용등급을 떨어뜨리고 고객에게 부당한 수수료를 부과하는 짓을 저질렀다.

지금까지 우리는 수치 지표를 이용해 성과를 점검하는 방식의 이점을 살펴봤다. 그러나 수치 지표가 무조건 좋다고 말할 수는 없다. 때로 숫자는 우리를 잘못된 방향으로 이끌 수 있기 때문이다. 웰스파고의 경우처럼 말이다.*

심리학자들은 웰스파고 직원들처럼 강박적으로 수치에 집착하게 되는 것을 '대체 효과(surrogation)'라고 부른다. 이는 목표 수치를 달성해야 한다는 생각에 사로잡혀, 애초에 그 지표를 만들게 된 더 큰 목표나 전략을 잊어버리는 것을 말한다. 수치가 전략의 대체재가 되고, 숫자 자체가 목표가 되는 것이다.

사실 잘 살펴보면 이런 대체 효과는 도처에서 발생한다.[22] 자동차 영업 사원이 실적 집계가 마무리되는 월말에 당신에게 기꺼이 낮은 가격에 차를 파는 경우, 타율이 높은 야구 타자가 시즌 마지막 게임에서 타석에 나가지 않는 경우, 1만 걸음을 채웠다는 만보계 화면을 보고 뿌듯함을 느끼려고 같은 공간에서 원을 그리며 걷는 경우를 생각해보라.

대체 효과는 숫자가 가져오는 자연스러운 결과다. 숫자는 행동을 유인하는 강력한 힘을 가졌기 때문에 많은 경우 시야를 좁게 한다. 우리가 자신의 행동을 측정할 때도 말이다.

---

* 웰스파고 스캔들에서 놀라운 점은 하나의 수치를 지나치게 강조하는 접근법의 위험을 여실히 보여준다는 사실뿐만이 아니다. 이 은행이 집착한 수치가 그다지 많은 수익을 가져다주지 않았다는 점도 놀랍다. 웰스파고 직원들이 만든 가짜 계좌 대부분은 수익을 한 푼도 발생시키지 못했다. 나머지 가짜 계좌들에서 발생한 수익은 겨우 240만 달러였다. 웰스파고 연매출의 1퍼센트도 안 되는 금액이다. 그렇다면 직원들의 잘못된 행동으로 이 은행이 치러야 했던 비용(과징금, 소비자 피해 보상금 등)은 얼마일까? 그 총 비용은 수십억 달러가 넘는 것으로 추정된다. 이는 가짜 계좌로 얻은 수익의 1000배가 넘는 금액이다.[21]

효과적인 점수판을 만드는 몇 가지 방법

넓은 시야를 놓치는 것은 수치 지표 점검에 동반될 수 있는 여러 함정 중 하나에 불과하다. 발생 가능한 실수를 전부 나열하자면 책 한 권 분량이 될지도 모른다. 그러므로 여기서는 비생산적인 지표를 피하고 효과적인 점수판을 만들기 위한 최선의 방법을 몇 가지 살펴보자.

첫째는 '다양한 지표를 수집하는 것'이다. 웰스파고는 하나의 수치에만 집중하는 치명적 실수를 저질렀다. 한 종류의 수치(판매 실적, 좋아요 수, 투자자나 잠재 고객의 미팅 요청 수)에만 집중하면 다른 중요한 요인들은 제쳐두게 될 가능성이 높아진다.

둘째는 수집하는 지표의 종류에 '균형을 추구하는 것'이다. 한 예로 행동과 결과를 함께 점검하는 것을 들 수 있다.[23] 사실 행동에만 집중하고 싶은 마음이 들기 쉽다. 행동은 자신이 통제 가능하지만 대개의 경우 결과는 그렇지 않은 탓이다. 하지만 행동만 점검하는 것은 실수다. 선행 지표를 찾아내려면 반드시 행동과 결과를 함께 기록해야 한다. 그래야 결과에 영향을 미치는 숨은 동력을 발견해낼 수 있다.

균형의 또 다른 예는 시간의 범위와 관련된다. 바람직한 점수판은 단기적, 장기적 결과를 모두 반영한다. 이는 완수하기까지 오랜 시간이 걸리는 목표의 경우에 특히 중요하다. 결실을 맺기까지 몇 주나 심지어 몇 년이 걸리는 프로젝트라면 사기가 떨어지고 지치기 십상이다. 단기적 결과를 측정하면 발전 상황을 피부로 느낄 수 있어서 동기 부여에 도움이 되고 긴 시간에 걸친 대형 프로젝트라도 완수할 수 있다는 생각이 든다.

이런 이유 때문에 판매 주기가 긴 세일즈 팀에서는 거래가 성사된 건들 이외에 다른 여러 지표도 측정한다. 새로운 잠재 고객 수, 제안요청서(RFP)를 받은 횟수, 발주자에게 보낸 제안서의 수 등이 그것이다. 이것들은 세일즈 팀이 최종적으로 성사시킬 계약 건수에 영향을 미치는 단기적 지표에 해당한다. 마찬가지로, 많은 저자는 자신이 발표한 글이나 출간한 책의 권수에만 집중하지 않는다. 그들은 매일 자신이 쓴 글의 분량도 점검한다.

한편 단기적 결과를 관리하느라 장기적 결과를 간과하기도 쉽다. 뉴욕 증시에 상장한 수많은 기업이 양호한 분기 실적을 위해 장기적인 성공을 희생시키곤 한다. 기업공개를 하고 나면 빨리 성과를 내야 한다는 압박감이 커서 장기 투자에 대한 타당성을 느끼기가 상대적으로 힘든 것이다.

균형의 세 번째 예는 바람직한 긍정적 지표와 바람직하지 않은 부정적 지표를 함께 수집하는 것이다. 긍정적 행동 및 결과만 점검하는 것으로는 충분치 않다. 이상적인 점수판은 향상시키고 싶은 지표와 최소화해야 하는 지표를 동시에 관리한다.

부정적 지표는 단순히 원하는 결과의 정반대만을 의미하는 것이 아니다. 이 지표를 잘 활용하면 개선할 수 있는 특정한 지점에 대한 단서를 얻을 수 있다. 예를 들어 고급 레스토랑의 많은 셰프는 매 코스 손님이 접시에 남긴 음식을 점검한다. 이렇게 하면 음식의 어떤 부분이 미흡했는지 알 수 있다. 성공하지 못한 점을 점검함으로써 개선점에 대한 통찰력을 얻는 것이다.

부정적 지표는 일종의 가드레일로도 활용할 수 있다. 즉 긍정적 지표가 지나치게 큰 영향력을 발휘할 때 우리에게 경고 신호를 보내는 역할을 하는 것이다. 효율적인 성과 측정 시스템으로 수많은 실리콘밸리 경영자에게 영향을 미친 인텔 전 CEO 앤디 그로브(Andy Grove)는 모든 성과 지표는 역효과를 낼 가능성이 있다고 생각했다.[24] 그는 이런 중요한 원칙을 실천했다. "모든 지표에는 해당 지표가 가져올 부정적 결과에 대한 대응책 역할을 할 '짝꿍 지표'가 반드시 있어야 한다."[25]

그로브는 수치 지표에 행동을 유도하는 강력한 힘이 있음을 알기에 이런 말을 한 것이다. 따라서 당신도 점수판을 설계할 때 이 질문을 생각해봐야 한다. 이 측정 지표의 영향력이 지나치게 커지면 어떡하지? 긍정적 지표가 가져올 수 있는 부정적 결과를 감안해, 큰 그림을 놓치지 않게 도와줄 짝꿍 지표를 만들 필요가 있다.

웰스파고가 그로브의 조언에 주의를 기울였다면 좋았으리라. 지금 시점에서 되돌아보면 이 거대 금융기관이 이런 보완책을 채택했다면 법적, 재정적 재앙을 피할 수 있었다. 만일 웰스파고가 자신이 향상시키고자 하는 긍정적 지표(고객당 평균 계좌 수)와 더불어 최소화해야 하는 부정적 지표(예컨대 웰스파고 직원 때문에 스트레스를 받는 고객의 수)도 함께 활용했다면, 공격적인 영업 전술이 심각한 피해를 불러오고 있음을 쉽게 감지했을 것이다.

효과적인 점수판을 만들기 위한 세 번째 방법은 아무 생각 없이 오래된 지표만 관리하지 말고 때때로 '지표들을 변화시키는 것'이다.

어떤 영역의 실력을 닦아나가다 보면 점검할 가치가 있는 항목이 변하기 마련이다. 어떤 지표는 추적하는 의미가 없어지고 다른 새로운 행동과 관련된 지표를 추가할 필요성이 생긴다. 자신의 점수판을 고정된 기준점으로 보는 대신, 실력이 향상되고 목표가 조금씩 변화함에 따라 조정 가능한 도구로 여겨야 한다.

점수판 활용으로 가장 큰 이점을 얻는 시기는 자신의 행동과 결과를 점검하기 시작하는 프로젝트 초기 단계다. 한편 프로젝트 진행 도중에 지표들을 변화시키면 시간이 흐르면서 달라진 새로운 목표와 조화시킬 수 있고, 새롭게 주의력을 환기해 의욕을 높이는 데도 도움이 된다.

그렇다면 지표를 얼마나 자주 조정해야 할까? 그것은 당신이 몰두하는 작업의 종류, 당신이 속한 분야가 발전하는 속도에 따라 다르다. 그러나 일반적으로 유효한 원칙은 있다. 즉 현재 사용하는 지표들이 성과 점검에 효과적인지 여부를 한 분기가 시작될 때마다 판단해보면 좋다.

하지만 이 점을 기억하라. 지표를 바꾸는 주기와 상관없이, 그것을 활용한다는 사실만으로 당신의 성과는 향상될 것이다. 측정할 항목을 선택하고, 데이터를 수집하고, 결과를 되돌아보는 간단한 프로세스는 발전과 성장으로 가는 지름길이다.

고수의 경지에 이르는 출발점은 측정 지표다. 그러나 물론 그게 전부는 아니다. 아무리 효과적인 지표라도 그것은 전체 방정식의 일부일 뿐이다. 당신에게는 주기적으로 당신의 아이디어와 능력치를 시험해볼 기회가 필요하다. 그 기회를 어떻게 만드느냐가 다음 장의 주제다.

5장

리스크를
똑똑하게 감당하라

· · ● · ·

논픽션 책이 주는 여러 즐거움 중 하나는 사소하지만 특이하고 놀라운 사실을 알게 되는 짜릿한 순간이 있다는 것이다. 예를 든다면 어떤 것? 아래와 같은 정보다. 음식과 관련된 이 사실들을 아는 사람은 아마 별로 없을 것이다.[1]

- 정보 1: 도넛에 구멍이 뚫린 것은 잘 안 익는 가운데 부분을 없애기 위해서다.
- 정보 2: 샌드위치는 도박을 하다 우연히 발명됐다. 역사가들에 따르면 샌드위치를 만든 사람은 영국의 샌드위치 백작이다. 1762년 그는 한 손으로 식사를 하면서 다른 한 손으로 도박을 할 수 있도록 빵 두

장 사이에 구운 고기를 끼워 오라고 지시했다.

- 정보 3: 고깔 모양 과자에 아이스크림을 담는 방식은 1904년 세인트루이스 만국박람회 행사장의 아이스크림 장수가 발휘한 순발력 덕분에 생겨났다. 그는 아이스크림을 담을 그릇이 다 떨어져 해결책이 필요했다. 다행히 근처에 얇고 바삭한 페이스트리를 판매하는 시리아 상인이 있었고, 아이스크림 장수는 그 페이스트리를 가져다 고깔 모양으로 말아서 손님에게 아이스크림을 담아주기 시작했다. 물론 그들 자신은 이 우연한 협업이 세계적으로 유행할 음식을 탄생시킬 것이라는 사실을 알지 못했다.

이제 한 가지 묻겠다. 당신이 지금부터 1년 후에 이 정보를 기억할 확률이 얼마나 될까? 여기에는 여러 요인이 영향을 미칠 것이다. 물론 무엇보다 당신의 평소 기억력 수준이 중요하다. 그리고 음식이라는 주제에 얼마나 관심이 있는지, 현재 얼마나 주의를 집중하고 있는지, 이 정보들이 어느 정도로 놀랍다고 느끼는지, 또는 주변 사람에게 들려줄 가치가 있다고 느끼는지 등도 영향을 미친다.

그런데 1년 후까지 이 정보를 기억할 확률을 예측할 때 당신이 틀림없이 고려하지 않을 요인이 하나 있다. 인쇄에 사용된 폰트다.

대다수 사람은 폰트처럼 사소한 요인이 1년이나 지난 후의 기억 능력에 영향을 미친다는 것이 말도 안 된다고 생각할 것이다. 하지만 연구 결과는 글자의 폰트가 꽤 큰 영향을 미칠 수 있음을 보여준다. 왜일까? 우리가 글의 내용을 이해하는 데 쏟는 정신적 노력과 관련이 있기 때문이다.

2010년 프린스턴대학교의 심리학자 대니얼 오펜하이머(Daniel Oppenheimer)와 연구 팀은 이런 실험을 했다.[2] 그들은 학생들을 불러 가공의 생명체에 대한 글을 읽게 했다. 학생들이 받은 자료는 두 종류였다. 한 그룹은 읽기 쉬운 큰 폰트로 인쇄된 자료를, 다른 그룹은 작고 흐릿한 폰트로 인쇄된 자료를 받았다.

읽기 쉬움

읽기 어려움

두 그룹에게는 자료를 읽는 데 똑같은 시간(90초)이 주어졌다. 이후 그들은 읽은 내용을 잠시 잊기 위해 해당 자료와 상관이 없는 과제를 수행했다. 그리고 연구 팀은 15분 후에 학생들의 기억력을 테스트했는데, 결과가 놀라웠다. 읽기 쉬운 폰트의 자료를 읽은 그룹의 오답이 읽기 어려운 폰트의 자료를 읽은 그룹보다 두 배 이상 많았다.

오펜하이머는 나중에 실제 현실에서도 비슷한 결과를 목격했다. 이번 실험에서는 한 학기 동안 같은 강의를 여러 번 하는 고등학교 교사들의 협조를 얻었다. 교사들은 한 반에는 글자가 또렷하게 적힌 자료를, 다른 반에는 내용은 같지만 복사하는 동안 종이를 움직여서 글자가 흐릿해진 자료를 나눠줬다. 이번에도 글씨를 읽고 이해하느라 더 집중력을 쏟은 학생들의 성과가 좋았다. 이런 현상은 영어, 물리학, 역사, 화학 등 여러 과목에서 동일하게 나타났다.

오펜하이머 연구 팀은 이 같은 교실 실험의 결과를 보고 회의나 발표 같은 일상 속 다른 상황에서의 학습 효율에도 관심을 갖기 시작했다. 오늘날 사람들 대부분은 빨리 기록하기 위해 노트북과 태블릿에 의존하고 종이와 펜은 거의 사용하지 않는다. 하지만 우리는 두뇌를 써서 생각해야만 할 때 학습 효과가 높아진다. 그렇다면 전자 기기를 이용한 편리한 필기에는 단점이 있지 않을까? 이를 알아보기 위해 진행한 새로운 연구에서 오펜하이머는 사람들이 손으로 필기한 정보를 훨씬 더 잘 흡수한다는 사실을 발견했다. 그 이유는 손 필기가 타이핑보다 느리기 때문이다. 속도가 느리므로 더 집중해서 생각하게 되고, 꼭 받아 적어야 할 중요한 내용과 빼도 되는 내용을 판단해야 한다.

이와 같은 연구 결과를 종합해보면, 노력을 쏟아야 할수록 학습 효과가 높아진다는 결론이 나온다. 심리학자이자 교육 전문가인 로버트 비요크(Robert A. Bjork)는 이 현상을 설명할 때 '바람직한 어려움(desirable difficulty)'이라는 용어를 쓴다.[3] 비요크는 지난 50년간 지속적인 학습에 기여하는 요인들을 찾기 위한 수많은 연구를 진행해 다음과 같은 사실을 밝혀냈다. 즉 자신이 가진 현재 능력의 최대치를 넘어서야 하는 도전 과제를 할 때 가장 효과적인 학습이 일어난다는 것이다.

바람직한 어려움이 발전을 촉진한다는 원리는 교육 분야에만 해당하는 것이 아니다. 일례로 보디빌더는 원하는 체격을 만들기 위해 체계적으로 특정한 근육들을 목표로 삼아 자신이 소화할 수 있는 최대 강도로 훈련한다. 이때 근육에 가해지는 긴장은 필수적인 촉매 역할을 한다.[4] 그런 긴장이 결국 다양한 생물학적 반응을 이끌어내고 그 결과 근육 양과 체력을 증가시키기 때문이다.

스포츠 선수도 비슷하다. 세계적인 운동선수들은 새로운 기술을 익힐 때 안전하고 적당한 훈련에 머물지 않는다. 그들은 자기 능력의 최대치로 연습하되, 실패해도 괜찮다는 마음가짐으로 능력치를 뛰어넘는 과감한 시도를 한다.

이 글을 쓰고 있는 현재 국제체조연맹은 점수 규정을 개정해야 할 심한 압박감을 느끼고 있다. 이유는 시몬 바일스(Simone Biles) 때문이다.[5] 올림픽 금메달 4관왕인 이 체조 스타는 그동안 다른 선수들과는 수준이 다른 압도적 경기를 보여왔다. 그리고 2019년 전미 체조 선수권 대회에서는 여자 선수로서는 최초로 트리플더블(두 바퀴 돌고 세 차례 트위스트)을 성공시키는 기록을 세웠다. 바일스의 이 기술은 너무 어려운 것이라서, 현행 점수 규정에서 줄 수 있는 가장 높은 점수도 그 난이도를 반영하지 못한다.

물론 바일스는 뛰어난 재능을 타고난 선수다. 그러나 강렬한 도전 정신과 리스크를 기꺼이 감수하는 태도가 없었다면 그런 탁월한 연기는 불가능했을 것이다. 그녀는 재능에 의존하지 않고 계속 자기 능력의 한계치를 시험함으로써 새로운 기술을 개발한다.

시몬 바일스의 일화를 읽은 당신은 이제 뒤에 나올 내용을 눈치챘다고 생각할 것이다. 내가 당신에게 더 강해지라고, 용기를 내서 더 많은 리스크를 감수하라고 조언할 것으로 짐작할 것이다. 그렇다면 당신의 추측은 완전히 빗나갔다.

일터에서 성장하기 어려운 3가지 이유

요컨대 발전하려면 분투의 과정이 필요하다. 적당한 수준의 어려움은 정신적, 육체적 발전에 꼭 필요하다. 교사, 보디빌더, 운동선수는 이 사실을 잘 알고 있다.

그런데 자신의 한계를 시험하고 새로운 기법을 시도하기 가장 어려운 공간이 어디일까? 바로 일터다. 역설적이게도, 우리의 일터는 실력 향상이 굉장히 중요한데도 뭔가를 학습하기가 가장 어려운 곳이다.

일터에서는 학습이 왜 그토록 어려운 일일까?

먼저, 대개 조직에서는 실수나 실패에 따르는 대가가 크기 때문이다.[6] 아무리 좋은 의도에서 비롯된 실수라도 대부분의 관리자는 실수를 용납하지 않으며, 실수를 저지른 사람은 질책을 당한다. 스포츠나 음악, 교육 분야에는 새로운 시도와 피드백을 통해 효과적 학습이 이뤄진다는 인식이 있지만, 일터에서는 즉각적이고 확실한 성과를 강조한다. 조직은 실패에 관대하지 않다. 매일이 실전이고, 연습할 기회는 없다.

일터에서 실력 향상이 어려운 두 번째 이유는 리스크를 감수할 기회가 대단히 적기 때문이다. 어쨌거나 조직은 직원의 성장이 아니라 효율성을 추구하는 곳이다. 그리고 조직이 효율성을 달성하는 방법 하나는 직원들에게 같은 작업을 반복해서 수행하도록 요구하는 것이다. 작업을 반복할수록 일 처리 속도가 빨라져 조직의 효율성이 높아진다.

물론 효율성은 좋은 것이지만 학습 촉진에는 도움이 안 된다. 시몬 바일스의 사례도 보여주듯, 단순한 반복만으로는 성장과 발전이 이뤄지지 않는다. 진정한 학습은 자신의 능력치를 약간 넘어서는 어려운 것을 시도하고 결과를 본 뒤 필요한 조정과 보완을 해나갈 때 이뤄진다. 적절한 리스크를 감수할 기회가 주어지지 않는다면 새로운 기술을 습득하기 어려워진다.

설령 실패 가능성과 리스크를 감수한다 하더라도, 실력 향상을 막는 중요한 세 번째 장애물이 아직 남아 있다. 지속적이고 상세하며 즉각적인 피드백의 부재다. 시몬 바일스는 새로 시도한 고난이도 점프가 성공적인지 아닌지 그때그때 곧장 알 수 있다. 그녀는 연말 성과 평가를 기다리거나 임원 코칭을 받을 필요도, 상사와 어색한 대화를 시도할 필요도 없다. 그녀가 지속적으로 받는 피드백은 대단히 중요하다. 경험을 통해 빠르게 배우고 기술을 보완할 수 있기 때문이다. 이런 프로세스를 갖춘 일터는 별로 없다. 그래서 아무리 조직의 리더가 직원의 성장을 돕는 것이 중요하다고 느껴도 현실적으로 실천하기가 쉽지 않다.

일터에서 리스크 감수와 피드백 얻기가 어렵다는 사실과 관련해 대단히 아이러니한 점이 있다. 성공하는 기업은 항상 적지 않은 리스크를 감수하고 시장 피드백에 맞춰 변화하기에 하는 얘기다. 최고의 기업은 안전한 테두리 안에서만 움직이지 않는다. 시몬 바일스처럼 새로운 도전을 택함으로써 끊임없이 성장하려고 노력한다. 새로운 제품에 모험을 걸고, 검증되지 않은 새로운 시장에 진출하고, 수익을 낸다는 보장이 없어도 기꺼이 연구개발에 투자한다. 그런 리스크를 감수해야만 성공으로 갈 수 있다고 믿기 때문이다.

그들은 어떻게 리스크를 감수할 수 있을까? 리스크를 감수하되 리스크를 최소화하는 법을 알기 때문이다. 많은 혁신적 조직과 창업가는 전략적이고 민첩하며 비용이 적게 드는 일련의 접근법을 활용해, 모든 것을 걸지 않고도 리스크 감수에서 오는 이익을 거둬들인다.

이제 우리는 리스크를 최소화하는 동시에 유용하고 현실적인 피드백을 얻는 네 가지 방법을 살펴볼 것이다. 당신은 이를 활용해 더 많은 도전을 하고, 어려움을 극복하고, 현재 능력과 최종 비전의 격차를 줄일 수 있다.

GE 경영진이 미처 예상하지 못했던 것

1990년대 초반 제너럴일렉트릭(General Electric, GE)은 이론상으로는 제품의 공급과 수요를 완벽히 맞출 수 있을 듯 보이는 기회를 잡았다.[7]

공급될 제품은 심장 질환 진단의 필수 장비인 심전도계였다. 수요가 예상되는 곳은 세계에서 심장병 환자가 가장 많은 인도였다. 관상동맥 심장 질환은 생명을 위협하는 중요한 질병이며, 당시 전 세계 심장병 환자의 약 3분의 2가 인도에 살고 있었다. 이보다 더 완벽한 사업 기회는 없는 것 같았다. 하지만 GE는 당혹스러운 상황을 마주했다. 심전도계가 인도에서 팔리지 않았던 것이다.

GE 경영진은 고개를 갸웃거렸다. 대체 문제가 뭘까? 전 세계적으로 GE의 심전도계 판매는 늘었지만, 정작 심전도계가 가장 필요한 인도에서는 어쩐 일인지 거의 팔리지 않았다. 마케팅 전략 때문일까? 제품이 문제일까? 인도에 심장병을 진단하는 다른 방법이 있는 걸까?

혼란에 빠져 있던 GE 연구 팀은 판매 부진의 원인을 본격적으로 파헤쳤다. 그리고 그들이 알아낸 것은 이후 GE의 제품 개발 방식뿐 아니라 수많은 다른 글로벌 기업의 접근법까지 바꿔놓았다.

조사 결과, 심전도계 판매를 가로막는 몇 가지 장애물이 있었다. 특히 2만 달러라는 가격이었다. 인도에서 2만 달러는 의료기관 한 곳의 정규직 근로자들을 고용하는 비용에 맞먹는 큰 금액이었다. 미국의 응급 의료기관에는 푼돈일 수도 있는 금액을 인도의 병원들은 감당할 수 없었다.

그러나 더 중요한 문제가 있었다. 인도 의사들은 무게 때문에 심전도계를 꺼려 했다. GE 입장에서 처음엔 이해가 안 갔다. 물론 일반적인 심전도계는 30킬로그램 정도의 무거운 기계다. 하지만 진료실에 놓고 쓰는데 무게가 왜 중요하단 말인가? 인도 의사들은 심전도계를 대체 어떻게 사용하려는 것일까?

GE는 이런 사실을 깨달았다. 병원에 찾아오는 환자를 진료하는 미국 의사와 달리, 인도 의사는 빈번하게 왕진을 다닌다. 교통수단이 원활하지 않은 시골의 환자들을 찾아가는 것이다. 인도 의사들이 보기에 GE 심전도계는 비실용적이었다. 그들에게 필요한 것은 가격이 저렴하면서도 손상될 위험 없이 멀리까지 들고 다닐 수 있는 기기였다.

몇 년 후 GE는 해결책을 내놓았다. 무게 3킬로그램에 충전식 배터리로 작동하는 심전도계를 개발한 것이다. 가방처럼 들고 다닐 수 있도록 손잡이도 달았다. 가격은 과거 제품과는 비교도 안 되게 저렴한 500달러였다. 이로써 GE는 마침내 인도 시장을 뚫을 수 있었다. GE가 예상하지 못한 것은 이 휴대용 기계가 인도에서만 팔리는 데 그치지 않을 것이라는 사실이었다. 이후 GE의 휴대용 심전도계는 미국을 비롯한 세계 각지에서 큰 매출을 일으켰다. 특히 병원 이외의 공간에서 즉각적인 처치를 해야 할 때가 많은 응급 의료 요원과 스포츠 의료팀이 적극적으로 구매했다.

GE는 휴대용 심전도계 개발을 통해 중요한 교훈을 얻었다. 미국 시장을 위한 제품을 개발한 후 나중에 그 제품으로 신흥 시장에 진출하는 기존 전략은 리스크가 높다는 것이었다. 그런 모델은 과녁을 빗맞히기가 쉽다. GE가 병원 비치용의 2만 달러짜리 기계를 인도에 팔려고 했던 것처럼 말이다.

그보다 더 똑똑한 대안은 기존의 표준적 관행을 변화시킨 역혁신(reverse innovation)이다. 필요 사항을 맞추기는 더 힘들지만 제품 구현 과정에 비용이 적게 드는 신흥개발국 시장의 니즈에 맞춘 제품을 개발한 후 그 제품을 선진국 시장에 역공급하는 것이다.

오늘날 GE뿐만 아니라 코카콜라, 마이크로소프트, 네슬레, 프록터앤드갬블, 펩시코, 르노, 존 디어 브랜드로 유명한 디어앤드컴퍼니, 리바이 스트라우스 등 많은 기업이 제품 개발을 위해 역혁신 접근법을 활용한다.[8] 이들은 새로운 제품 아이디어를 신흥 시장에서 테스트하면서(즉 신흥 시장을 위한 제품을 먼저 개발함으로써), 추후 진출하게 될 선진국 시장보다 요구 사항을 맞추기 더 어려운 소비자들로부터 적은 비용으로 신속한 피드백을 수집한다.

대기업뿐만 아니라 연예인이나 강연가, 정치인도 이와 유사한 접근법을 활용한다. 10년 전쯤 나는 유명 코미디언이 깜짝 출연하기로 유명한 뉴욕의 코미디 클럽에 갔다. 그날은 인기 시트콤 〈팍스 앤 레크리에이션(Parks and Recreation)〉에 나온 배우 아지즈 안사리(Aziz Ansari)가 무대에 등장했다.[9] 마이크를 잡은 안사리는 유머를 적은 종이들을 주머니에서 꺼내더니 무대의 나무 의자에 올려놓았다. 그리고 이후 15분 동안 그 내용을 읽으면서 스탠드업 코미디 공연을 진행했는데 관객의 뜨거운 호응을 받았다. 그로부터 몇 년 후 출간된 그의 책 《모던 로맨스》에서 나는 그날 들었던 유머의 상당수를 발견했다.

코미디 클럽을 새로운 창작물을 위한 일종의 실험장으로 활용한 안사리의 전략은 코미디언들 사이에서 흔한 방식이다. 피터 심스(Peter Sims)의 책《리틀벳》에는 중요한 공연을 하기 전에 뉴저지의 작은 코미디 클럽들에서 여러 가지 유머를 실험해보는 코미디언 크리스 록(Chris Rock)의 이야기가 소개돼 있다.[10] 신제품을 실험하는 기업과 마찬가지로, 록은 관객의 반응을 잘 살핀 다음 그것을 토대로 더 큰 무대에 서기 전에 공연 내용을 조정한다.

비교적 작은 청중 앞에서 소재를 테스트해볼 기회는 코미디뿐만 아니라 어느 분야에서든 찾을 수 있다. 지그 지글러(Zig Ziglar)는 세계적인 동기부여 전문가가 되기 한참 전인 젊은 시절, 사우스캐롤라이나주의 주방 기구 세일즈맨으로 일하면서 앞으로 강연가가 되고 싶다는 꿈을 품고 있었다.[11] 그는 청중 앞에 서는 경험을 쌓고 강연 실력을 닦기 위해서, 청중 수가 우스울 만큼 적은 경우도 마다하지 않고 자신에게 오는 강연 요청을 무조건 수락했다. 그는 그런 기회를 자신만의 코미디 클럽으로 활용하면서, 그동안 3000회가 넘는 강연을 무료로 했다고 사람들에게 자랑하곤 했다. 로타리클럽, 라이온스클럽, 상공회의소, 대학의 비즈니스 과정, 교회 등에서는 늘 전문 강연가를 초청하고 싶어 했기 때문이다. 물론 강연료가 무료라면 더욱 환영이었다.

정치인들도 정치 기반을 닦고 선거 유세의 연설 기술을 키우기 위해 비슷한 전략을 쓴다. 대개 그들은 지역 노인센터나 해외참전용사 모임처럼 규모가 크지 않은 청중 앞에 먼저 선다. 그처럼 중요도가 상대적으로 덜한 연설을 자주 해보면서 유권자의 마음을 움직이는 주제와 표현이 무엇인지 파악한다.

각각 상황은 다르지만 지금까지 소개한 사례들의 핵심 공통점은 이 것이다. 피드백을 수집하기 위해 비교적 작은 청중을 상대하면서 리스크를 최소화하고, 그 피드백을 토대로 개선해나가는 것이다. 강연가와 코미디언의 경우는 실시간으로 무대에 오르는 일이 필수이다. 하지만 인터넷 덕분에 우리는 집 밖으로 나가지 않고도 그런 실험을 해볼 수 있다.

스콧 애덤스(Scott Adams)가 1989년 〈딜버트(Dilbert)〉를 그리기 시작했을 때, 이 연재만화에는 바보 같은 엔지니어와 빈정대기 선수인 반려견이 등장했다.[12] 이 엔지니어는 때때로 출근도 했지만, 스토리라인은 늘 다시 이 둘이 집에서 벌이는 무모한 모험이 중심이 되곤 했다. 애덤스는 연재를 시작하고 몇 년 후부터 만화 여백에 자신의 이메일 주소를 적어놓기 시작했다. 독자 피드백을 받기 위해서였다. 그리고 독자들의 이메일을 통해 일부 소재가 특히 커다란 호응을 얻는다는 사실을 알게 됐다. 바로 직장에서 벌어지는 에피소드였다. 이후 그는 스토리라인을 조정해 일터에만 초점을 맞추기 시작했다. 그러자 〈딜버트〉의 인기가 하늘로 치솟기 시작했다.

애덤스는 이메일 주소를 첨부해서 독자와의 소통 창구를 열었고, 그 덕분에 만화의 엄청난 성공에 기여할 결정적 피드백을 얻었다. 오늘날은 팬들의 반응을 알아내기가 어느 때보다 쉽다. 또한 '일부' 팬들에게 소재를 시험해보고, 최종 결과물을 만들어 세상에 공개하기 전에 사전 피드백을 얻기도 쉽다.

코미디언이자 〈데일리쇼(Daily Show)〉 공동제작자인 리즈 윈스테드 (Lizz Winstead)는 트위터를 바로 그런 식으로 활용한다.[13] 윈스테드는 하루에 여러 번 트위터에 이런저런 이야기와 유머를 올린다. 단순히 팔로워를 늘리기 위해서가 아니다. 소재를 미리 실험하는 것이다. 그녀는 가장 많은 '좋아요'를 받거나 가장 많이 리트윗된 트윗들을 자신의 코미디에 활용한다. 이는 안사리가 코미디 클럽을, 지글러가 교회를, 정치인이 지역 소모임을 활용하는 것과 비슷하다. 리스크가 적은 시도를 통해 피드백을 얻고 그것을 토대로 개선하는 것이다.

기존 팬층을 가진 사람만 인터넷을 이용해 피드백을 얻을 수 있는 것은 아니다. 요즘은 특정 분야에 특화된 매체나 플랫폼에서 독창적인 콘텐츠를 찾는 경우가 많으므로, 창작자가 틈새시장 청중의 반응을 살필 기회를 얼마든지 얻을 수 있다.

무명 만화가 제프 키니(Jeff Kinney)는 대중매체에 만화를 연재하고 싶다는 꿈을 포기할까 고민 중이었다.[14] 몇 년간 신문사 이곳저곳의 문을 두드렸지만 줄줄이 퇴짜를 맞았기 때문이다. 그는 큰 기대 없이 만화 샘플을 어린이 교육 웹사이트 펀브레인(FunBrain)에 보냈다. 자신의 만화를 아이들이 좋아할지 어떨지 알고 싶어서였다. 중학생 소년이 주인공으로 나오는 키니의 만화에 쏟아진 반응은 기대 이상이었고 열렬한 팬들도 생겨났다. 이런 독자 반응에 자신감이 생긴 그는 자신의 작품을 출간해줄 출판사를 찾기 위해 코믹콘 행사에 참여했다. 그로부터 1년도 안 돼, 키니가 온라인으로 처음 선보였던 만화는 책으로 바뀌어《윔피 키드》시리즈가 탄생했다.《윔피 키드》시리즈는 54개 언어로 번역돼 2억 부 이상 판매됐다.

먼저 온라인 미디어에 작품을 게재하는 경우 초보 작가는 종종 경험 많은 편집자와 협업하게 되는데, 이로써 실제로 책을 출간하기 전에 유용한 피드백을 얻기도 한다. 베스트셀러 작가 아툴 가완디는 자신이 작가가 될 수 있었던 것은 온라인 매체 편집자의 숙련된 편집 실력과 조언 덕분이라고 말한다.[15] 1990년대 말 가완디는 하버드 의대에서 외과 레지던트로 일하던 중 친구의 부탁을 받았다. 친구는 생긴 지 얼마 안 된 온라인 매거진 〈슬레이트(Slate)〉에서 일했는데, 거기에 실을 글을 한두 편 써달라는 것이었다. 당시 신생 매체였던 〈슬레이트〉는 많이 알려지지 않아서 필자를 찾는 데 애를 먹고 있었다. 친구는 가완디에게 당분간만 도와달라고 했다. 가완디는 스스로 '글쓰기 실력이 형편없다'고 생각했지만 일단 시도해보기로 했다. 훗날 그는 당시를 되돌아보며, 작가라는 두 번째 길을 걷기로 결심하는 데 큰 영향을 준 것이 그때 꾸준히 받은 피드백이라고 말했다.

물론 자신의 글을 온라인에 발표할 수 있는 시간이나 자원, 또는 의향이 누구에게나 있는 것은 아니다. 또 온라인에서 얻은 피드백이 창작자에게 확실하게 도움이 된다는 보장도 없다. 이 때문에 많은 창작자와 기업가가 신속한 피드백을 얻기 위해 유료 광고를 활용한다.

작가 팀 페리스가 대표적이다.[16] 그는 서른 살 되던 해에 기존에 나온

책들과 상당히 다른 야심 찬 책을 썼다. 이 책은 성년 이후의 삶에 대한 회고록이자, 현금을 자동으로 창출하는 방법의 가이드북인 동시에, 일과 시간으로부터의 자유 선언서이기도 했다. 그런데 제목을 정하기가 너무 어려웠다. 처음에 정한 "재미와 수익을 위한 마약 거래"는 듣는 순간 머리에 각인되기는 했지만, 서점들이 몹시 싫어했다. 심지어 월마트에서는 책 판매대에 아예 진열하지 않겠다고 알려왔다. 페리스는 아무래도 새로운 제목을 붙여야겠다고 판단했다. 몇 가지 후보를 뽑아봤지만 답답하긴 마찬가지였다. 이 중 하나를 골라야 하는데, 어떤 것이 최선일까?

만화가 스콧 애덤스나 코미디언 리즈 윈스테드와 달리, 아직 초보 작가인 페리스에게는 반응을 살필 큰 규모의 청중이 없었다. 그래서 그는 차선책을 택했다. 구글 애드워즈(Google AdWords)로 광고를 해 어떤 제목이 가장 많은 클릭 수를 받는지 본 것이다. 이 실험에 든 비용은 약 200달러였다. 그리고 일주일도 안 돼 승자가 결정됐다.《나는 4시간만 일한다》였다. 또한 그는 이 방법 덕분에 몇 가지 최악의 선택(예컨대 "광대역과 흰 모래", "백만장자 카멜레온")을 피할 수 있었다. 만일 그 제목들을 택했다면, 폭삭 망하지는 않았을지 몰라도 책의 성공을 장담할 수 없었을 것이다.

페리스의 방식은 출판 이외의 영역에서도 얼마든지 활용 가능하다. 구글이나 페이스북 같은 온라인 플랫폼들 덕분에 요즘은 누구나 큰돈을 들이지 않고도 자신이 원하는 특정 청중에게 사업이나 창작물의 아이디어를 경험하게 하고 즉각적인 피드백을 얻는 일이 가능하다.

그리고 창작자가 자신에 대해 잘 모르는 온라인 청중을 상대할 때는 기존 팬층을 상대할 때보다 관심과 칭찬을 얻기가 더 어렵다. 신흥 시장에 제품을 판매하는 경우처럼 통과해야 할 기준선이 더 높은 셈이며, 이는 곧 해당 아이디어가 그들의 관심을 얻는 데 성공한다면 나머지 사람들에게도 통할 확률이 높음을 의미한다.

책 제목을 실험해보는 것은 유료 광고의 수많은 활용법 중 하나에 불과하다. 웹사이트를 방문하거나 동영상을 시청하거나 라이브 강연에 참석하도록 사람들을 유도하고 싶을 때도 유료 광고를 활용할 수 있다. 리스크가 낮은 소규모 청중으로부터 신속한 피드백을 얻을 기회는 무궁무진하다.

우리는 피드백의 황금기에 살고 있다. 당신의 아이디어를 실험해볼 청중은 도처에 존재한다. 실험해보느냐 마느냐를 고민할 것이 아니라, 더 적극적으로 실험할 방법이 무엇인지 궁리해야 한다.

언제든 버릴 수 있는 이름을 써라

자정이 다 된 시간, 경찰들이 당황한 표정으로 쩔쩔매고 있었다.

만일 불한당들이 날뛰는 무법천지가 될 가능성이 가장 높은 미국 도시들을 꼽아본다면, 조용한 중산층 도시인 매사추세츠주 우스터는 후

보에도 못 낄 곳이었다. 그럼에도 우스터의 경찰들이 출동했다. 야간 당직 근무 중이던 경찰 17명이 모두 나와 빗속에서 4000명 가까이 되는 시끄러운 군중을 통제하려고 안간힘을 썼다.

잠시 후 밴 한 대가 도착하자 군중은 광분했다. 밴에 타고 있는 것은 록 밴드였다. 사람들은 이 밴드를 보려고 모여든 것이다. 밴드는 우스터의 작고 허름한 록 클럽 서 모건스 코브(Sir Morgan's Cove)에서 공연할 예정이었다. 밴드는 자신들을 더 코크로치스(The Cockroaches)라고 불렀다.[17]

하지만 벌써 소문이 다 나버린 상태였다. 우스터에 사는 사람이면 모를 수가 없었다. 사실 '더 코크로치스'는 가명이었다. 세계적인 록 밴드가 모종의 작전을 쓴 것이었다. 그날 이 클럽으로 들어가 300명의 지독하게 운 좋은 팬들 앞에서 공연할 이들은 롤링스톤스였다.

때는 1981년이었다. 롤링스톤스의 작전은 결국 별 의미가 없어지고 말았다. 이들은 그동안 이 작전을 간간이 써온 터였다. 이 밴드는 긴 공백기 이후나 중요한 투어를 시작하기 직전이면 가명을 사용해 공연 계획을 잡곤 했다. 완벽한 공연을 해야 한다는 부담감을 내려놓은 채 청중 앞에서 연습할 기회를 얻기 위해서였다.

롤링스톤스처럼 가명을 쓰는 것은 리스크를 최소화하는 또 다른 방법이다. 이는 비즈니스 세계에서도 매우 흔한 접근법이다.

샌프란시스코에 본사를 둔 의류 기업 갭을 생각해보라.[18] 갭은 서로 다른 가격 전략으로 여러 소비자 집단을 공략하기 위한 여러 하위 브랜드를 갖고 있다. 갭의 올드네이비는 가성비를 중시하는 소비자를, 바나나리퍼블릭은 경제적으로 여유가 있는 소비자를, 애슬레타(Athleta)는 스포츠 의류 구매자를 타깃으로 한다. 갭은 기존 브랜드에서 신제품을 출시하는 데 무리가 없는 경우에도 신규 브랜드를 만들어 론칭하곤 한다. 여러 브랜드를 운용하면 유연성 있게 리스크를 감수할 수 있고, 리스크 감수가 수익 실현으로 이어지지 못하는 경우 더 쉽게 사업 전략을 바꿀 수 있기 때문이다. 올드네이비와 바나나리퍼블릭, 애슬레타는 누구나 다 아는 브랜드다. 이 브랜드들이 우리에게 익숙한 것은 성공을 거뒀기 때문이다. 반면 포스앤드타운(Forth & Towne)과 파이퍼라임(Piperlime)을 기억하는 이들은 거의 없다. 이 둘을 비롯해 소비자 공략에 실패한 갭의 브랜드들은 출시 후 얼마 지나지 않아 조용히 시장에서 철수했다.

기업이 제2의 이름을 활용하는 또 다른 예는 자체 개발 상품(private label)이다. 마트에 가면 엄청나게 다양한 브랜드의 상품을 만날 수 있다. 그중에는 해당 유통 업체의 자체 개발 상품이 적지 않게 섞여 있다. 하지만 유통 업체 이름을 그대로 쓰는 것이 아니라 새로운 브랜드명을 사용한다. 코스트코의 커클랜드(Kirkland), 월마트의 그레이트밸류(Great Value), 베스트바이(Best Buy)의 인시그니아(Insignia)가 대표적이다.

타깃(Target)은 식품 분야의 아처팜스(Archer Farms)와 굿앤드개더(Good & Gather), 의류 분야의 메로나(Merona)와 체로키(Cherokee), 침구 및 욕실 용품 분야의 필드크레스트(Fieldcrest)를 비롯해 무려 36개의 자체 브랜드를 갖고 있다.[19] 갭과 마찬가지로 타깃은 이처럼 수많은 자체 브랜드를 운용함으로써 리스크를 최소화할 뿐만 아니라, 타깃이라는 기업 브랜드를 위험에 빠트리지 않고 다양한 정체성을 시도할 수 있다. 다양한 자체 브랜드의 이점은 또 있다. 소비자에게 제품 선택의 폭이 넓은 매장이라는 인상을 줄 수 있는 것이다. 사실은 브랜드 이름만 다를 뿐 동일한 기업이 판매하는 제품임에도 말이다.

위와 같은 유통 업체만 새로운 브랜드를 만드는 것이 아니다. 유명 브랜드들도 자신의 정체성을 숨기곤 하는데, 비싼 가격이 소비자에게 잘 안 통하는 온라인에서 특히 그렇다.[20] 아마존에 들어가 보면 GNC, 이퀄(Equal), 터프트앤드니들(Tuft & Needle) 같은 유명 브랜드가 개발한 상품이 다른 브랜드명을 달고 최저 가격에 판매되는 것을 볼 수 있다. 이는 상대적으로 가격이 높은 기존 제품 라인의 이미지를 떨어트리지 않는 동시에 신상품에 대한 빠른 피드백을 얻기 위한 전략이다.

이처럼 기업들은 제2의 이름을 활용해 리스크를 줄여 신제품을 론칭한다. 그런데 기존 제품을 시장에 다시 내놓을 때도 가명을 사용할 수 있다. 이는 특정 브랜드의 원래 이미지나 정체성에 구속받지 않고 제품을 새롭게 바라보게 하는 효과를 낸다.

2018년의 팔레시(Palessi)가 그 대표적인 사례다.[21] 당시 일단의 인스타그램 인플루언서들이 미국 샌타모니카에 있는 팔레시라는 브랜드의 팝업스토어를 방문했다. 매장 내부는 현대미술 작품과 고급스러운 소파로 꾸며졌고, 엄선된 고가의 신발과 하이힐들이 은은한 조명을 받으며 우아하게 진열돼 있었다. 사람들은 고급스러운 매장을 구경하며 셀카와 동영상을 찍었으며 1000달러짜리 신발을 만족스럽게 구매했다.

그들은 나중에야 자신들이 속았다는 사실을 알았다. 팔레시는 애초에 있지도 않은 가짜 브랜드였다. 그곳에 있는 모든 신발은 페이리스(Payless)의 제품이었다. 페이리스는 저렴하고 품질 좋은 신발을 판매하는 브랜드였지만 매출 부진을 겪고 있었다(이 회사는 약 1년 후 파산하게 된다). 팔레시는 페이리스가 기획한 마케팅 전략이었다. 팔레시를 명품 브랜드라고 생각한 패션 인플루언서들은 기꺼이 600달러 이상을 내고 원래 35달러도 안 되는 페이리스 신발을 구매했으며, 페이리스는 이런 모습을 촬영한 영상을 광고로 활용했다. 이는 페이리스가 자사 제품이 저렴하면서도 명품 못지않은 품질임을 보여주기 위해 기획한 깜짝 마케팅 행사였다.

새로운 아이디어를 시험하기 위해 파생 브랜드를 만드는 것은 비즈니스 세계에서 흔하지만 예술 분야에서도 유용할 수 있다.

영국의 성공한 미스터리 소설가로 지낸 지 10년쯤 됐을 때, 애거사 크리스티는 사랑을 주제로 한 소설을 쓰고 싶다는 생각에 사로잡혔다.[22] 출판사에서는 이미 열렬한 독자층이 형성돼 있는데 갑자기 장르를 바꾸면 팬들이 떨어져 나갈 것이라며 그녀의 생각에 반대했다. 하지만 크리스티의 의지는 확고했고 결국 메리 웨스트매콧(Mary Westmacott)이라는 필명으로 작품을 써서 출간했다. 그것은 현명한 선택이었다. 크리스티는 사랑과 여성의 삶을 주제로 한 소설을 총 여섯 편 출간했다.

이 작품들은 그녀에게 명성을 안겨준 추리소설들에 쏟아진 찬사와 호평의 반의반도 얻지 못했다.

더 최근으로 와서, J. K. 롤링도 '해리 포터' 시리즈로 눈부신 성공을 거둔 후 크리스티와 비슷한 작전을 택했다. 롤링의 후속 작품은 어린이가 아닌 성인 대상의 범죄소설로, J. K. 롤링이 아니라 로버트 갤브레이스(Robert Galbraith)라는 가명으로 출간됐다. 그녀는 가명을 사용함으로써 자신의 명성에 얽매이지 않고 새로운 장르에 도전할 수 있었으며, 정체를 숨긴 상태에서 독자와 평론가들의 반응을 살펴볼 수 있었다. 만일 가명으로 출간된 책에 대한 반응이 시들했다면, 갤브레이스의 진짜 정체는 영영 밝혀지지 않았을지도 모른다. 그리고 사실 그 책이 롤링이 가명으로 출간한 첫 번째 책이 아닐 가능성은 얼마든지 있다.

가수 데이비드 요한센(David Johansen)이 가명을 사용한 것도 새로운 장르에 도전하고 싶은 욕구 때문이었다.[23] 1970년대 펑크 밴드 뉴욕 돌스(New York Dolls)의 프론트맨이자 보컬이었던 요한센은 그 명성을 지키고 싶었다. 그래서 1980년대 말에 라운지 음악과 칼립소를 섞은 새로운 음악을 시도하면서 버스터 포인덱스터(Buster Poindexter)라는 가명을 사용했다. 뜻밖에도, 경쾌하고 재미있는 노래를 부르는 버스터 포인덱스터에게는 데이비드 요한센이었을 때보다 더 많은 팬이 생겨났다. "핫핫핫(Hot Hot Hot)"이 큰 성공을 거둔 후, 그는 포인덱스터로서 활동하는 것에 점점 피로감을 느꼈고 이 노래를 "내 존재의 골칫거리"라고 표현하기도 했다. 얼마 후 그는 포인덱스터라는 정체성을 버렸고, 재결

합한 뉴욕 돌스의 멤버로서 무대에 올랐다. 요한센은 가명 덕분에 새로운 시도를 할 수 있는 자유를 잠시 누렸지만, 그것이 더 이상 즐겁지 않아진 순간 그 가명을 과감히 버렸다.

존재하지 않는 제품을 파는 방식

특별한 것 없는 인생을 살고 있던 닉 스윈먼(Nick Swinmurn)은 어느 날 엄청난 사업 기회가 될 아이디어를 떠올렸다.[24]

영화학과 졸업 후 마이너리그 야구팀의 티켓 판매 보조원으로 일하던 그는 쇼핑몰에서 신발을 사려고 한참을 돌아다녔지만 소득이 없었다. 문제는 그가 자신이 원하는 제품을 정확히 찍어뒀다는 점이었다. 갈색 처커 부츠였다. 이 신발이 있는 가게는 많았지만 그중에 그가 원하는 신발은 없었다. 이 가게에는 그가 원하는 색깔이 없었고, 저 가게에는 맞는 사이즈가 없었다. 몇 시간 허탕을 치고 나니 짜증이 폭발했다. 그때 퍼뜩 이런 생각이 들었다. 신발을 사는 더 편리한 방법을 만들어야겠어.

1999년 샌프란시스코 베이 에어리어에 살고 있던 젊은이답게 그는 슈사이트닷컴(Shoesite.com)이라는 웹사이트를 만들었다.

스윈먼의 사업 계획에는 한 가지 문제가 있었다. 판매할 신발이 없었던 것이다. 재고 시스템을 구축할 자본도 없었다. 그의 사업 경력은 제로였고 투자자를 만나본 적조차 없었다.

그래서 그는 지역 신발 가게 풋웨어 엣세터라(Footwear Etc)를 찾아가 이런 원윈 제안을 했다. "이곳 신발들의 사진을 찍어서 인터넷에 올릴 게요. 사람들의 구매 요청이 오면, 제가 당신에게 전액 지불하고 그 신발을 사겠습니다." 신발 가게 측에서는 흔쾌히 동의했다. 얼마 지나지 않아 주문이 들어오기 시작했다. 주문이 들어오면 스윈먼은 가게에 직접 가서 돈을 지불하고 신발을 산 후 주문한 소비자에게 배송했다.

그는 친구와 가족, 자신의 척추 지압사로부터 15만 달러의 투자금을 확보했고 1년 후에는 회사 이름을 '신발'을 뜻하는 스페인어 '자파토스'로 바꿨다. 이후 다시 좀 수정해 더 재미있고 특별하게 느껴지는 '자포스(Zappos)'로 바꿨다. 약 10년 후 자포스는 무려 12억 달러에 아마존에 인수됐다.

지금 시점에서 보면 스윈먼의 성공이 행운이었다는 생각이 들지도 모른다. 물론 그는 베이 에어리어에 살았으므로 스타트업 문화에 익숙했고 1999년은 온라인 사업에 뛰어들기에 최적인 시점이었다. 그리고 지금 시각에서 보면 소비자들이 온라인으로 신발을 구매하게 될 것이라는 사실쯤은 충분히 예상 가능한 일처럼 보인다. 그러나 자포스의 성공을 그런 식으로만 설명한다면 스윈먼의 똑똑한 전략을 제대로 평가하지 못하는 것이다.

스윈먼은 신발을 보관할 대규모 창고와 재고 시스템을 구축하지 않았다. 그러기 위해 필요한 엄청난 비용과 자원이 없었다. 대신 그는 어떻게 했는가? 오프라인 가게에서 찍은 신발 사진을 인터넷 사이트에 올려 온라인으로 팔았다. 그는 실물이 아닌 일종의 견본을 판매함으로써 소매업 창업에 따르는 리스크를 크게 줄일 수 있었다. 즉 먼저 팔고 나중에 실제 상품을 조달한 것이다.

이런 접근법을 쓴 사람은 스윈먼이 최초가 아니다. 실제로 존재하지 않는 제품을 선판매하는 사례는 예전부터 비즈니스 세계에 많았다.

청년 빌 게이츠는 아버지의 뜻에 따라 어쩔 수 없이 하버드 법대를 다니고 있었다.[25] 1974년 12월, 그는 〈파퓰러 일렉트로닉스(Popular Electronics)〉 신년호에서 세계 최초의 개인용 컴퓨터 알테어 8800(Altair 8800)에 관한 기사를 접했다. 고등학교 때부터 프로그래밍에 푹 빠져 있던 게이츠는 자신이 아직 초창기 기계인 알테어에서 다른 프로그램들을 구동하게 해주는 소프트웨어를 개발할 수 있을 거라고 확신했다.

아마 대개의 사람들은 이런 상황에서 곧장 소프트웨어 개발에 뛰어들 것이다. 개발을 끝낸 후에 판매할 계획으로 말이다. 하지만 게이츠가 보기에 그 방식은 너무 리스크가 높았다. 그가 알기로는, 뉴멕시코주에 있는 알테어의 제조사 MITS에서 이미 소프트웨어를 준비 중이었다.* 스윈먼과 마찬가지로 게이츠도 자신의 시도가 성공 가능성이 있는지 확인하고 싶었다. 그래서 그는 학교 수업을 제쳐놓고 프로그램 개발에 시간과 에너지를 쏟는 대신 창의적인 접근법을 생각해냈다.

먼저 그는 MITS에 편지를 보내, 자신과 친구들이 이미 알테어를 위한 소프트웨어를 만들어놓았으며 MITS 측에서 원한다면 임대해줄 수 있다고 말했다. 이 편지에 별다른 반응이 없자, 게이츠는 회사 CEO에게 전화를 걸었다. "우리가 만든 소프트웨어를 직접 시연해 보여드리고 싶습니다. 언제쯤 방문하면 될까요?"

CEO와의 미팅 날짜가 잡히고 나서야 게이츠와 친구 폴 앨런(Paul Allen)은 베이식(BASIC)을 개발하기 시작했다. 이 프로그래밍 언어는 결국 마이크로소프트 탄생의 토대가 됐으며, 나중에 게이츠는 잠시 애플을 위한 베이식을 제공하기도 했다.

오늘날 우리는 스원먼과 게이츠가 사용한 전략에 익숙하다. 많은 스타트업이 사업 아이디어 설명만으로도 수백만 달러 규모의 투자를 유치한다. 우리는 설득력 있는 세일즈 피칭을 듣고 기꺼이 신용카드를 꺼내며, 크라우드펀딩 플랫폼 킥스타터(Kickstarter)를 통해 아직 결과물을 완성하지 않은 창업가에게 후원금을 지원한다. 우리는 일론 머스크가 아직 제조하지도 않은 자동차의 선주문으로 140억 달러의 매출을 올렸다는 소식에도 그리 놀라지 않는다.[26]

이들 사례는 똑똑한 혁신의 중요한 측면 하나를 일깨워준다. 우리는 어떤 분야의 기술이나 능력을 갈고닦는 과정에서 자연히 결과물을 개선하는 것에 주력한다. 완벽한 글을 쓰고, 완벽한 웹사이트를 만들고,

---

* 실제로는 그렇지 않았다. 사실 이 회사 역시 실제로 존재하지 않는 제품을 팔고 있었다. 〈파퓰러 일렉트로닉스〉는 알테어 8800 제조사인 MITS로부터 제공받은 사진과 사양 정보를 이용해 특집 기사를 작성한 것이다. 당시 MITS에는 실제로 작동하는 알테어 8800 모델이 딱 한 대 있었는데, 그마저도 배달 사고로 분실되고 만다. 잡지 표지에 실린 사진도 가짜였다. 그것은 내용물이 없는 알테어 8800의 외부 케이스로, 그 어떤 컴퓨터 기술도 내장되지 않은 상태였다.

완벽한 강연을 하고 싶어 한다. 그러나 때로는 완벽함 추구를 잠시 미뤄두고, 자신의 접근법이 사람들에게 호응을 얻을 것인지를 먼저 타진하는 것이 더 현명하다.

다 완성했는데 아무도 그것을 원하지 않는다면 아무 소용이 없다. 이런 함정을 피하는, 그리고 그 과정에서 리스크를 줄이는 한 가지 방법은 완성물이 나오지 않은 상태에서 다음 단계로 건너뛰는 것이다. 많은 경우 그다음 단계란 고객이나 관리자에게 아이디어를 판매하는 것이다. 이는 기업이나 창작자가 실패할 프로젝트를 미리 피하고, 성공 가능성을 더 빨리 판단하고, 훨씬 적은 리스크를 감수하게 해준다.

'다음 단계'가 무엇인지 판단하려면 이 질문을 던져보면 된다. 만일 내가 이 프로젝트의 실행에 성공한다면 그다음엔 무엇을 할 것인가? 그 답은 닉 스윈먼처럼 온라인 판매 사이트를 만드는 것일 수도, 빌 게이츠처럼 회사 CEO와 미팅을 잡는 것일 수도 있고, 누군가에게 대담한 제안을 하는 것일 수도 있다.

전설적인 인재 에이전트 어빙 '스위프티' 라자르(Irving 'Swifty' Lazar)는 이 마지막 방법으로 비즈니스 제국을 일궜다.[27] 라자르는 20세기 후반 할리우드와 뉴욕 출판계에서 이름을 날린 유명한 에이전트다. 그의 고객 명단은 험프리 보가트, 다이애나 로스, 진 켈리, 케리 그랜트, 셰어(Cher), 마돈나, 노엘 코워드(Noël Coward), 블라디미르 나보코프, 어니스트 헤밍웨이 등 이름만 들으면 누구나 알 만한 유명 인사로 가득했다.

라자르가 그런 수많은 스타와 계약을 맺기 위해 변호사와 협상가, 스

카우트 전문가를 갖춘 대형 에이전시를 운영했을 것이라고 추측할 사람이 많을 것이다. 하지만 아니었다. 그와 비서, 단 둘뿐이었다. 라자르의 성공 비결은? 먼저 판매부터 하는 것이었다.

라자르는 처음 만나는 배우나 작가 앞에서도 비즈니스 피칭을 했다. 그리고 영화사나 출판사로부터 반응이 좀 오면, 자신이 피칭을 했던 그 유명 인사에게 다시 찾아가 해당 영화사나 출판사와 계약을 맺을 준비가 이미 다 됐다고 말했다. 작가 어윈 쇼(Irwin Shaw)는 이렇게 말한 바 있다. "모든 작가에게는 에이전트가 두 명이다. 자신의 원래 에이전트와 어빙 라자르다."

계약을 성사시키는 라자르의 일반적이지 않은 접근법에 약간의 윤리적 문제가 있다고 느낄 사람들도 있겠지만, 어쨌든 그의 접근법에 깔린 기본 원리는 유용하다. 특정한 아이디어의 실행에 본격적으로 투자하기 전에 그 아이디어에 대한 사람들의 관심을 체크하라. 작가라면 작품 제안을 담은 편지를, 창업가라면 사업 아이디어 목록을, 발명가라면 시제품을 활용할 수 있다.

먼저 판매하고 나중에 만드는 전략의 가치는 리스크를 최소화하고 초반 피드백을 얻을 수 있다는 점에만 있지 않다. 결국 그것은 배트를 더 많이 휘둘러서 성공 아이디어를 맞힐 확률을 높이는 길이기도 하다.

벤처캐피털리스트처럼 생각하라

당신은 '벤처캐피털'이라고 하면 무엇이 떠오르는가? 아마 자금, 투자자, 스타트업 같은 단어가 떠오를 것이다. 하지만 당신이 십중팔구 연상하지 못할 단어가 있다. 바로 고기잡이다. 오늘날 벤처캐피털 업계에서 택하는 기본적인 투자 접근법에 영감을 준 것은 오래전의 고기잡이 산업이었다.[28]

19세기는 고래의 고기와 뼈, 기름을 얻기 위한 포경업의 황금기였다. 성공만 하면 수천 달러(오늘날 가치로 수백만 달러에 해당)를 손에 쥘 수 있었으므로 고래잡이는 매력적인 사업이었다. 해마다 수많은 선장과 선원이 큰돈을 만질 기회를 꿈꾸며 대서양으로 출항했다.

얼마 지나지 않아 고래잡이 경쟁이 치열해지자 바다의 고래가 크게 줄어들었다. 이제 포경선들은 점점 더 먼 바다로 나가기 시작했다. 항해가 길어질수록 선원들은 힘들고 열악한 상황을 견뎌야 했다. 식량이 떨어지거나 일부 선원은 정신이 이상해지기도 했으며, 망망대해에서 배가 길을 잃는 경우도 적지 않았다.

포경업에 따르는 위험이 커지자 새로운 종류의 투자가 등장했다. 당시에는 먼 바다로 나가려는 의욕이 가득한 노련한 선장과 부유한 엘리트를 연결해주는 중개업자가 있었다. 이들 포경 중개업자는 부자들이 항해를 재정적으로 지원하도록 하는 중간 다리 역할을 하되, 포경선 여러 척에 분산해서 투자하게 했다. 투자자가 선박 한 척에 투자한 거금을 몽땅 날리는 일을 막기 위해서였다.

오늘날 벤처캐피털도 분산 투자를 통해 리스크를 최소화하는 전략을 취한다. 그리고 이런 전략은 많은 글로벌 대기업에서도 목격된다. 원래 만화 회사였던 디즈니는 이제 테마파크, 휴양 리조트, 유람선 사업, 주거 공동체, 스트리밍 서비스도 운영하며 픽사, 마블 스튜디오, ESPN도 소유하고 있다.[29] 원래 직물 회사였던 워런 버핏의 버크셔해서웨이(Berkshire Hathaway)는 현재 세계 최대 부동산 회사를 운영하고 있으며 듀라셀(Duracell), 가이코(GEICO), 프루트 오브 더 룸(Fruit of the Loom), 데어리 퀸(Dairy Queen) 등을 소유하고 있다.[30] 심지어 뉴스 및 엔터테인먼트 콘텐츠를 제공하는 웹사이트로 출발한 버즈피드(BuzzFeed)도 현재 TV 쇼와 요리책을 제작하고 각종 행사와 머천다이즈를 기획하고 있다.[31]

수익성 높은 기업들은 하나의 제품이나 한 가지 산업만 고수하지 않는다. 그들은 사업을 다각화한다. 그러한 다각화를 통해 리스크를 낮추는 것이다. 위험 가득한 대서양을 향해 출항한 포경선의 경우처럼, 단한 가지 제품은 여러 원인으로 침몰할 수 있다. 그러나 다양한 제품이나 산업, 고객층에 걸친 투자 포트폴리오가 동시에 한꺼번에 망할 확률은 훨씬 낮다.

리스크를 줄이는 이 원칙을 당신도 활용할 수 있다. 여러 제품에 재정적 투자를 분산하면 리스크가 줄어들듯이, 직업과 관련된 다양한 기회에 투자하는 것도 마찬가지 효과를 낼 수 있다.

린다 와인먼(Lynda Weinman)이 1990년대 중반에 한 선택들이 그것을 잘 보여준다.[32] 와인먼은 할리우드에서 틈새시장을 개척해 꽤 성공적으로 자리를 잡았다. 그녀는 〈스타워즈〉, 〈로보캅〉, 〈엑설런트 어드벤처(Bill and Ted's Excellent Adventure)〉등 대형 작품들에 참여한 잘나가는 특수효과 애니메이터였다. 얼리어답터 기질을 지녔고 애플 제품광이었던 그녀는 컴퓨터그래픽을 독학으로 익힌 터였다. 동료들은 그런 그녀에게 컴퓨터 관련 기술을 가르쳐달라고 요청하곤 했다. 그녀는 가르치는 일을 부업으로 시작해보고 적성에 맞는다는 사실을 깨달았다. 또한 그녀는 사람들에게 추천할 만한 쉽게 쓰인 컴퓨터그래픽 교재가 없는 것을 발견하고는《웹 그래픽디자인(Designing Web Graphics)》이라는 책을 써서 출간했다. 이 책이 성공을 거두자 다 소화할 수 없을 만큼 많은 강의 요청이 들어오기 시작했다. 그래서 아이디어를 내 일주일 집중 강좌 코스와 주말 강좌를 만들었다. 일부 강의는 비디오테이프에 녹화해 판매하기도 했다. 와인먼은 학생들에게 강의 관련 자료를 전달하기 위해서 린다닷컴(Lynda.com)이라는 웹사이트도 만들었다. 와인먼이 처음 강의를 시작하고 약 20년 후인 2015년 4월, 린다닷컴은 링크드인에 15억 달러에 인수됐다.

와인먼의 사례에서 주목할 점은, 자포스의 닉 스원먼과 달리 그녀는 성공하겠다고 작정하고 사업을 시작하지 않았다는 사실이다. 그녀는 자신의 관심사와 적성에 따라 움직이면서 새로운 기술을 익혔고 교육하는 방식을 다각화했다. 처음엔 전통적인 교실 강의를 했지만 이후에는 책을 집필하고, 일주일 집중 강좌를 개설하고, 비디오테이프를 제작하고, 온라인 구독 방식의 교육 서비스를 제공하기에 이르렀다. 그것도 교육자가 포트폴리오를 구성해 교육 서비스를 다각화하는 사례가 아직 없던 시절에 말이다. 와인먼의 경우 이런 다각화 접근법이 수익만 창출시킨 것이 아니라 급부상하는 온라인 교육이라는 트렌드를 적기에 활용할 수 있게 해주었다.

와인먼의 경우 한 명의 고용주를 위해 일하는 것이 아니라 다양한 고객을 상대로 자신의 능력을 활용할 여러 방법을 찾음으로써 직업적 포트폴리오를 구성했다. 이렇게 커리어를 다각화하면 각각의 개별 리스크를 감수하기가 훨씬 더 쉬워지므로 각각의 비즈니스에서 오는 스트레스도 줄어든다.

직업적 포트폴리오 구성은 프리랜서나 사업가가 시도하기 쉬워 보인다. 어쨌든 이들은 고객이나 프로젝트, 업계의 종류를 선택할 수 있으니까. 하지만 그렇다고 조직에서 일하는 사람이 이 접근법을 활용할 수 없는 것은 아니다. 오히려 더 쉬울 수도 있다.

직장인이 커리어를 다각화하는 방법 하나는 새로운 것을 시도할 기회를 계속 찾아내는 것이다. 곧 진행될 프로젝트에 대해 새로운 접근법을 제안하거나, 타 부서와의 혁신적 협업을 주도하거나, 새로운 제품 아이디어를 시험해보는 등 그 기회는 다양하다. 이런 시도들은 직원의 능력을 성장시킬 뿐만 아니라, 해당 직원의 역할을 넓혀주어 그의 가치를 높인다.

두 번째 방법은 봉급을 받으며 일하는 동시에 직장 바깥에서 리스크를 감수하는 것이다. 2014년 위스콘신대학교 연구 팀은 창업가들의 성공률을 분석했다.[33] 연구 팀은 다니던 직장을 그만두고 창업한 이들과, 직장을 다니면서 이외의 시간을 이용해 사업한 이들을 비교했다. 그랬더니 놀랍게도 퇴사하고 창업에 올인하는 것은 똑똑한 전략이 아님이 드러났다. 직장을 다니면서 창업한 이들의 성공률이 훨씬 더 높았던 것이다. 이유가 무엇일까? 후자 그룹은 경제적 안정이 확보돼 있으므로 더 인내심을 갖고 전략적인 결정을 내릴 수 있기 때문이다. 생존 여부가 위태로운 신생 기업에 모든 것을 건 전자의 그룹과 달리 말이다.

기본적인 연봉은 안정감을 준다. 안정된 수입원이 있으므로, 부업으로 시작한 사업이 설령 틀어지더라도 실패에서 회복하기가 비교적 쉽다. 이것은 이번 장에서 살펴본 네 가지 전략을 관통하는 기본 원칙이라고 할 수 있다. 규모가 작은 청중을 상대로 테스트하기, 가명 활용하기, 먼저 아이디어부터 판매하기, 포트폴리오 다양화하기. 이들 전략은 실패에 따르는 대가가 작으면 리스크를 감수하기가 훨씬 더 쉽다는 원리에 기초한다.

성장하려면 용기가 필요하다고들 한다. 발전과 성공을 위한 유일한 길은 진취성을 발휘해 더 많은 리스크를 끌어안고 불편한 상황을 감수하는 것이라고 말이다. 그러나 이번 장에서 살펴봤듯, 그것만이 능사는 아니다. 어려운 도전에 기꺼이 맞서는 것과 모든 것을 거는 것은 똑같은 일이 아니다.

능력을 연마해 최고 수준에 이르고자 하는 이에게 필요한 것은 최대한 많은 리스크를 감수하는 것이 아니다. 닉 스윈먼과 빌 게이츠, 워런 버핏 등 이번 장에 소개된 많은 인물은 아마 이렇게 말할 것이다. 리스크를 감수하되 그 리스크를 줄일 수 있는 기회를 찾는 것이 더 현명하다고 말이다.

6장

뻔한 연습이 아니라
전략적 연습이 필요하다

$\cdot$ $\cdot$ $\bullet$ $\cdot$ $\cdot$

이런 상상을 해보자. 몇 분 후면 당신 인생의 가장 중요한 프레젠테이션이 시작된다. 오늘을 위해 몇 주 동안 팀원들과 열심히 준비했다. 당신도 팀원들도 이 프레젠테이션에 얼마나 많은 게 걸려 있는지 잘 알기 때문이다.

이번 고객과 계약이 성사되면 당신의 회사는 업계 최고가 될 것이다. 만일 계약을 따내지 못하면 당신은 팀장 자리에서 물러나고 팀도 해체될 수밖에 없다. 회사 전체의 사기가 뚝 떨어질 것이며, 당신의 리더십에도 의문이 제기될 것이다. 당신이 그동안 쌓아온 모든 것이 이 30분짜리 프레젠테이션에 달려 있다.

프레젠테이션에 온통 신경이 쏠려 있어서 오늘 아침이 어떻게 지나갔는지도 기억이 잘 안 난다. 아침을 먹었는지 안 먹었는지도 헷갈린다. 집을 나오기 전에 아이들에게 인사를 했는지 아무리 애를 써도 기억이 안 난다. 지금 커피를 여섯 잔째 마시고 있는 것 같다.

하지만 회의실에 들어가 등 뒤로 문이 딸깍하고 닫힘과 동시에 모두의 시선이 당신에게 쏠리는 순간, 이상한 일이 벌어진다. 갑자기 시야가 맑아지고 호흡이 차분해진다. 프레젠테이션을 시작하자 상황과 문맥에 완벽하게 맞는 정확한 단어들이 마법처럼 입에서 튀어나온다.

슬라이드 두 장까지 진행했을 때 노트북이 갑자기 다운돼서 화면이 멈춘다. 하지만 당신은 마치 예상이라도 한 듯 전혀 당황하지 않은 채 슬라이드에 의지하지 않고도 능숙하게 발표를 계속한다. 몇 가지 어려운 질문이 나오지만 자신감 있고 멋지게 답변한다. 프레젠테이션이 끝날 무렵, 누군가 회사가 맞이할 수 있는 잠재적 위기에 어떻게 대응할 것이냐는 질문을 던진다. 당신은 바로 그 질문에 대비해 준비해온 메모를 꺼낸다. 거기에는 전략적 목표와 토킹 포인트, PR 캠페인 등이 빼곡히 적혀 있다.

답변이 끝난 후 고객은 "훌륭하다", "프로답다" 하면서 프레젠테이션에 극찬을 쏟아낸다. 당신 회사의 CEO가 귓속말로 당신에게 미래를 내다보는 능력을 갖고 있느냐며 장난스럽게 묻는다. 당신은 웃으며 "저는 평범한 인간인 걸요" 하고 겸손하게 대답한다. 미래를 볼 수 있는 사람은 없다. 아니, 혹시 볼 수 있는 사람이 있을까?

이 질문은 당연히 말도 안 되게 들린다. 적어도 세계적인 운동선수들의 행동을 관찰하기 전까지는 말이다.

프로 테니스 선수 세리나 윌리엄스는 시속 190킬로미터가 넘는 서브를 수시로 만난다. 보통 사람들 같으면 라켓을 들어서 공을 조준해 휘두르는 것은 고사하고 눈을 한 번 깜빡이기도 부족한 순간이다. 그럼에도 윌리엄스는 그런 서브를 정확하고 강력하게 받아넘겨 상대 선수가 입을 떡 벌리게 만든다. 그게 어떻게 가능할까? 뉴욕 메츠의 강타자 피트 알론소(Pete Alonso)는 2019년 무려 53개의 홈런을 기록했다. 그런데 알론소의 홈런 타구 영상을 정밀히 분석해보면 특이한 점을 발견하게 된다. 공이 투수의 손을 떠나기 '전에' 그의 배트 스윙이 시작된다는 점이다. 이와 유사한 현상은 아이스하키에서도 목격된다. 뉴저지 데블스의 전설적인 선수 마르탱 브로되르(Martin Brodeur)를 비롯한 많은 골텐더는 상대 팀 선수가 퍽을 치기도 전에 몸을 날려 막아내는 놀라운 세이브를 보여준다.

과학자들은 이를 어떻게 생각할까? 다음 상황을 정확히 예측하는 운동선수의 능력을 어떻게 설명할까? 그리고 더 중요한 질문 하나. 그들의 전략을 경기장 바깥에서, 즉 우리의 삶에서도 활용하는 것이 가능할까?

그 답을 찾기 위해 지금부터 전문가의 머릿속을 탐험해보자.

전문가는 적은 에너지로 최상의 결과를 얻는다

2017년 봄 미식축구 선수 토니 로모(Tony Romo)가 은퇴를 발표했을 때 리그의 반응은 미적지근했다.[1] 로모는 약 10년 동안 댈러스 카우보이스의 쿼터백으로 활동했으며, 이 기간에 댈러스 카우보이스는 대체로 기대 이하의 성적에 머물렀다. 로모의 마지막 몇 년은 특히 기억할 만한 활약이 없었다. 척추와 목에 부상을 당해 몇 개월간 결장했고, 주전 쿼터백 자리를 더 젊고 기량도 출중한 닥 프레스콧(Dak Prescott)에게 내줘야 했다.

결국 로모와 관련해 미식축구 팬들의 머릿속에 남을 만한 것은 두 가지뿐이었다. 쉬운 필드골 기회에서 공을 놓치는 어이없는 실수를 하는 바람에 팀에게 플레이오프 탈락을 안겨준 선수라는 사실과 한때 유명 가수 제시카 심슨과 사귀었다는 사실이다.

따라서 로모가 선수 은퇴 얼마 후 CBS의 미식축구 해설가로 데뷔했을 때 사람들의 기대치는 낮았다. 그는 경기 생중계 경험도 전혀 없었고, 그가 '전문가 입장에서' 분석하게 될 일부 쿼터백들보다 나이도 어렸다. 당시 CBS 스포츠 회장도 "토니는 아직 완성되지 않은 해설가다"라고 인정했다. 로모에게 아무도 기대감을 갖지 않았다. 첫 TV 중계에 들어가기 30분 전 담당 프로듀서는 그를 옆으로 끌고 가더니 집중력을 잡아주려 애쓰면서 "침착하게 그냥 당신답게 하세요"라고 말했다.

그해 시즌의 플레이오프 경기들을 해설하면서, 로모는 미식축구계 최고의 화제 인물 중 한 명이 됐다. 프로듀서, 미식축구 선수, 팬 할 것 없이 모두가 그에게 찬사를 보냈다. 유달리 열광적인 해설 톤 때문만이 아니었다. 과거에 중계석에 앉았던 그 누구도 보여준 적이 없는 엄청난 능력을 보여줬기 때문이다. 선수의 플레이를 예측하는 능력이었다.

로모의 이 능력은 첫 해설 때부터 드러났다. 그는 경기장을 내려다보며 공격 진영이 어떻게 움직일지 정확하게 예측했다. 그것도 경기 시작을 알리는 스냅 동작이 이뤄지기도 전에 말이다. 그리고 상대 팀의 수비 포메이션을 눈으로 훑은 후 그들의 전략 역시 정확히 알아맞혔다. 마치 독심술이라도 가진 듯 귀신같이 예측하는 해설을 계속 팬들에게 보여줬다. 얼마 안 가 인터넷에는 로모를 이용한 온갖 밈이 퍼졌고 사람들은 예지력을 가진 그를 "로모스트라다무스(Romo-stradamus)"라고 부르기 시작했다. 〈월스트리트저널〉에서는 로모의 예측 능력을 분석했는데, 그가 예측한 플레이 2599건을 검토한 결과 68퍼센트 이상의 적중률이 나왔다. 참고로 이는 그의 쿼터백 시절 패스 정확도보다 높았다.

로모의 예측 능력은 두말할 것 없이 놀라운 수준이다. 그러나 그 능력은 초자연적인 것도 불가능한 것도 아니다. 적어도 상대 팀의 포메이션을 읽어내고 그에 따라 움직이는 훈련을 엄청나게 하는 프로 쿼터백의 경우라면 말이다. 뛰어난 예측 능력은 전문가들에게서 종종 목격되는 특징이다.[2] 그리고 미식축구뿐만 아니라 다른 다양한 분야에서도 목격된다.

우리가 토니 로모를 검사실로 데려와서, 경기 해설을 하는 동안 두뇌

영상 촬영을 한다고 가정해보자. 그러면 무엇을 알게 될까? 로모 같은 전문가는 평범한 미식축구 팬들과 무엇이 다를까?

첫째, 미식축구 경기장의 선수들을 분석할 때 로모의 두뇌는 평범한 팬의 두뇌보다 '덜' 활발하게 움직인다.[3] 놀랍게도 전문가는 정보를 처리할 때 초보자보다 적은 에너지를 쓰고도 더 훌륭한 결과를 얻는다.

어떻게 그게 가능할까? 전문가는 오랜 세월 쌓인 경험으로 유의미한 단서와 무의미한 단서를 재빨리 구분해내고, 따라서 관심을 쏟을 가치가 있는 정보로 곧장 직진하기 때문이다. 그들의 주의력은 매우 선택적으로 발휘되며, 중요한 몇몇 정보에만 집중한다. 평범한 팬과 달리 로모는 흥분한 관중이나 익살스러운 마스코트에 의해 주의가 분산되지 않는다. 그의 두뇌는 자신이 집중할 것을 정확히 알기 때문에 그 외의 다른 것들은 무시한다.

전문가의 두뇌는 유의미한 단서와 무의미한 단서만 구분하는 것이 아니다. 얼핏 평범해 보이는 신호에서 더 많은 정보를 얻어내기도 한다. 1978년 영국 심리학자들은 전문가가 소수의 효과적인 단서에 집중해 일반인보다 훨씬 더 많은 것을 알아낼 수 있음을 보여주는 인상적인 연구를 발표했다.[4] 연구 팀은 테니스 선수 두 그룹(전문가와 초보자)에게 테니스 선수들이 서브를 넣는 모습을 담은 영상을 보여줬는데, 각각의 서브 때마다 라켓에 공이 닿기 42밀리세컨드 전에 영상을 멈췄다. 그리고 두 그룹에게 "라켓에 맞은 공이 어느 위치에 떨어질 것 같습니까?"라고 물었다. 이때 초보자 그룹은 잘 맞히지 못했지만, 전문가 그룹은 공이 떨어질 위치를 훨씬 더 정확히 예상했다. 이들은 서버를 넣는 선수의 몸통 방향, 팔꿈치가 굽은 정도, 라켓의 각도 등 초보자는 알아채지 못하는 정보에 주목해 공의 방향을 예측한 것이다.

토니 로모 같은 전문가들이 두뇌를 적게 쓰는 것은 고려하는 선택지가 더 적기 때문이기도 하다.[5] 경험상 그들은 특정 상황에서 어떤 일이 발생 가능성이 높고 어떤 일이 그렇지 않은지 안다. "초심자의 마음에는 많은 가능성이 있지만 숙련된 사람의 마음에는 가능성이 몇 개 없다"고 했던 선불교 지도자 스즈키 순류의 말이 떠오른다.[6] 예술가와 방사선 전문의, 체스 그랜드 마스터들의 뇌 MRI 연구 결과가 이를 뒷받침한다. 로모는 미식축구에 대한 깊은 지식과 경험 덕분에 발생 가능성이 낮은 플레이를 머릿속에서 지우고 발생 가능성이 높은 소수의 선택지에만 집중한다. 따라서 뇌의 인지 부하는 줄어들고 예측은 더 정확해진다.

둘째, 토니 로모의 두뇌에서 어떤 활동이 감지될 때는 일반인보다 뇌 전체에 넓게 퍼져서 관찰될 가능성이 높다.[7] 초보자와 달리 전문가는 정보를 처리할 때 뇌의 여러 영역을 동시에 사용한다. 단순히 주변 환경을 읽어내기만 하는 것이 아니기 때문이다. 즉 주변 환경을 읽고, 그 정보를 해석하고, 반응을 준비하며, 이 모두가 동시에 이뤄진다. 반면 초보자의 뇌는 같은 작업을 하더라도 순차적으로, 한 번에 하나씩 수행한다.

셋째, 전문가와 초보자의 또 다른 차이점은 해부학적 특성에 있다. 토니 로모 두뇌의 특정 부분들은 일반 팬보다 더 발달했을 가능성이 높다.[8] 이런 차이는 뇌의 신경가소성을 보여준다. 신경가소성이란 우리 뇌가 빈번하게 마주치는 외부 요구를 더 효과적으로 처리하기 위해 스스로 자신을 재조직하는 능력을 말한다. 같은 활동을 반복적으로 수행하면 두뇌는 거기에 맞춰 변화한다. 이 현상은 해당 활동과 관련된 뉴런들 사이의 연결이 더 빨라지고, 인지 부하에 대응하기 위해 새로운 뉴런 연결을 형성하는 과정을 통해 일어난다. 시간이 흘러 이러한 재조직과 성장이 쌓이면 실제로 전문가와 초보자의 두뇌 사이에 물리적인 차이가 발생한다.

런던의 택시 운전사를 생각해보자. 이들은 직업상 대도시의 구조와 길을 외우고 수시로 떠올려야 한다. MRI 스캔 결과는, 운전 경력이 오래된 택시 기사일수록 장기 기억력과 공간 탐색에 관여하는 뇌 영역인 해마가 크게 발달해 있음을 보여준다. 그리고 일련의 장기적 연구들에 따르면 기억력 좋은 사람들이 택시 운전사라는 직업을 택하는 것이 아니라, 오랜 택시 운전 경험이 사람들의 두뇌 구조를 변화시킨다.

지금까지 살펴본 물리적 사실들(두뇌가 더 적게 활성화되는 것, 주의력의 선택적 발휘, 더 적은 선택지 고려하기, 뇌의 여러 영역의 더 강한 상호작용, 더 두드러진 해부학적 특성 등)은 전문가에게 나타나는 신경학적 특성이다. 이는 깊고 정교한 지식 및 기술이 쌓이면 두뇌가 거기에 맞춰 변화한다는 사실을 보여준다. 이 때문에 전문가가 중요한 정보를 정확히 식별하고, 앞으로 일어날 일을 예상하고, 남들보다 빠르게 반응할 수 있는 것이다.

토니 로모의 예측 능력에 감탄하는 많은 팬은 그가 미식축구에 천재적 재능을 타고난 선수였을 것이라고 추측할지 모른다. 하지만 그의 신인 시절 영상은 우리에게 전혀 다른 그림을 보여준다.

2003년 로모는 언드래프트 자유 계약으로 댈러스 카우보이스에 입단한 3군 쿼터백으로서, 어떻게 해서든 자신의 자리를 지키기 위해 고군분투해야 했다. 그가 댈러스 카우보이스의 당시 감독 빌 파셀스(Bill Parcells)의 지도를 받으며 훈련하는 영상을 보면 안쓰러운 마음마저 든다. 파셀스는 잔뜩 화난 목소리로 "로모, 스냅 전에 그따위로 하면 어떡해!"라고 외치곤 한다. 파셀스가 그를 쿼터백으로 기용하기까지는 4년이 걸렸다. 영상 속에서 파셀스는 툭 하면 로모를 훈련장 한쪽으로 데려가 동작이 너무 느리다고, 경기 흐름을 제대로 읽지 못했다고, 상대의 움직임을 예측하지 못했다고 야단친다. "얼른 패스 안 하고 뭐 하는 거야. 너처럼 하다가는 상대 수비수들한테 작살나기 십상이야. 끝장이라고."

그렇다면 로모의 프로다운 실력은 어떻게 생겨났을까? 언제 퇴출될지 모르는 신인이었던 그가 어떻게 나중에 팀의 훌륭한 주전 쿼터백으로 성장해 활약할 수 있었을까?

그 답은 연습이다. 하지만 우리가 흔히 생각하는 그런 연습이 아니다. 이번 장을 읽으며 알게 되겠지만, 대다수 사람은 연습을 대단히 좁은 관점으로 정의한다. 그러나 토니 로모 같은 운동선수들이 오랜 세월 연습을 활용하는 방식에서 영감을 얻어 우리 역시 연습에 대한 정의를 넓히면 정신적, 신체적 활동의 성과를 크게 향상시킬 수 있음을 여러 연구가 보여준다.

4장과 5장에서 우리는 비전과 현재 능력 사이의 격차를 좁히기 위한 두 가지 전략을 살펴봤다. 그것은 핵심 지표를 측정하는 것과 리스크가 적은 기회를 활용하는 것이었다. 이번 장에서는 과거 경험에서 정보와 통찰력을 얻어내고, 기술을 빠르게 숙달하고, 앞으로 일어날 일을 예측하게 도와주는 일련의 도구를 알아본다.

어떻게 하면 미래를 예측할 수 있을까? 아이러니하게도, 그 첫 단계는 과거를 살펴보는 것이다.

뛰어난 스포츠 감독과 할리우드 감독의 분석 도구

로버트 저메키스(Robert Zemeckis)는 스티븐 스필버그에게 전화를 걸기 전에 잠시 망설였다.[9] 어쩌면 감독 자리에서 물러나야 할지 모른다는 생각까지 들었다.

때는 1984년. 저메키스 감독이 〈포레스트 검프〉, 〈누가 로저 래빗을 모함했나〉, 〈캐스트 어웨이〉 등 아카데미상을 수상하거나 후보에 오른 유명한 작품들을 만들기 훨씬 전이었다. 당시 거의 무명인 저메키스는 운 좋게도 네 번째 영화의 감독을 맡은 상태였다.

제작자인 스필버그에게 전화를 걸어 할 얘기는 매우 민감한 주제였다. 저메키스는 자신이 일을 망쳤다는 자책이 들었다. 그가 선택한 배우가 기대에 못 미치고 있었기 때문이다. 스필버그의 의견을 들어보고 싶었다. 촬영을 시작하고 한 달이나 지난 지금, 저메키스는 그에게 터무니없는 제안을 할 참이었다. 주연 배우를 교체하면 어떨까요? 이것은 쉽게 내릴 수 있는 결정이 절대 아니었다. 새 배우를 섭외하는 데 몇 주는 걸리고, 주연 배우가 교체되면 다른 출연진의 사기도 저하되는 데다 개봉도 몇 개월 뒤로 밀릴 터였다. 게다가 현재 주연 배우의 출연료가 350만 달러라는 점을 감안하면 추가로 들어갈 제작비가 만만치 않았다.

저메키스는 스필버그에게 지금까지 찍은 촬영분을 보여주고 싶었다. 영화판에서 '데일리스(dailies)'라고 부르는 자료였다. 감독과 편집 책임자, 촬영감독은 매일 아침 모여서 전날 찍은 것을 분석하면서 만족스러운 부분과 고쳐야 할 점을 파악하고 그때그때 촬영에 반영했다. 저메키스 팀은 데일리스를 검토하다가 문제가 있다는 것을 깨달았다. 저메키스는 팀원들 앞에서 인정할 수밖에 없었다. "스크린 한가운데에 구멍이 뻥 뚫린 기분이야. 주연 배우가 문제야."

스필버그는 앰블린(Amblin) 스튜디오의 상영실에서 저메키스와 함께 커다란 스크린으로 촬영분을 봤다. 실내조명이 꺼지고 프로젝터가 돌아가자 곧 스크린에 영상이 떴다. 1950년대의 한 식당에서 일어나는 일을 찍은 신이다. 식당에 두 남자 손님이 앉아 있는데, 똑같은 자세로 상체를 약간 굽히고 손을 뒤통수에 댄 채 고개를 왼쪽으로 돌린 모습이다. 그때 식당 문이 벌컥 열리며 누군가 외친다. "야, 맥플라이! 뭐 하냐?" 10대 청소년 무리가 식당으로 들어온다. 두 남자 손님은 동시에 고개를 돌리며 그들을 쳐다보는데 마치 미리 짜기라도 한 것처럼 동작이 똑같다.

이때 화면에 마티 맥플라이의 얼굴이 클로즈업된다. 영화 〈백 투 더 퓨처〉의 주인공이다. 그는 지금 자신에게 일어나는 상황이 도무지 믿기지 않는다는 표정으로 "비프?" 하고 중얼거린다. 하지만 이 영상 속에서 마티 역의 배우는 우스꽝스럽지만 사랑스러운 마이클 J. 폭스(Michael J. Fox)가 아니었다. 우울한 눈빛의 조각 미남 에릭 스톨츠(Eric Stoltz)였다.

저메키스와 스필버그는 촬영해놓은 수많은 신들을 보면서 뭔가 빠져 있음을 확신했다. 그것은 코믹한 느낌이었다. 스톨츠는 드라마에 잘 맞는 매력적인 배우였다. 하지만 〈백 투 더 퓨처〉는 드라마가 아니었다. 이건 코믹 요소가 필요한 영화였다. 너무 진지하게 나가면 플롯 자체가 무의미해지는, 재밌는 오락영화였다.

결국 저메키스가 힘들게 설득할 필요조차 없었다. 스필버그 역시 그와 똑같은 결론에 도달했으니까. 스톨츠를 교체해야 한다는 것. 이제 실행하는 일만 남았다. 스필버그는 당시 마이클 J. 폭스가 출연 중이던 시트콤 〈패밀리 타이즈(Family Ties)〉의 방송국인 NBC에 연락했고, 자신의 영향력을 활용해 그가 시트콤 촬영과 〈백 투 더 퓨처〉 촬영을 병행할 수 있도록 조치를 취했다.

만일 에릭 스톨츠가 주인공을 맡았다면 〈백 투 더 퓨처〉가 얼마나 성공을 거뒀을지는 아무도 알 수 없다. 그러나 폭스가 나온 〈백 투 더 퓨처〉보다 더 성공했을 것 같지는 않다. 폭스의 익살스러운 이미지가 마티 역할에 꼭 필요하다고 느낀 저메키스의 판단은 옳았다. 그는 데일리스를 분석함으로써 배우 교체라는 중요한 결정을, 머릿속에 그린 비전과 최종 완성물을 일치시킬 결정을 내릴 수 있었다.

촬영한 영상을 활용해 성과를 높이는 것은 할리우드뿐만 아니라 프로 스포츠의 세계에서도 쓰는 전략이다.

최근에 스포츠 채널 ESPN에서 미식축구 팀 볼티모어 레이븐스의 감독 존 하보(John Harbaugh)에게 시즌 중에 시간을 보통 어떻게 쓰는지 알려달라고 부탁했다.[10] 감독의 답변을 토대로 작성된 자료에는, 그가 시카고 베어스와의 경기를 준비하며 보낸 일주일간의 생활이 분 단위로 기록됐다.

하보는 경기 영상을 보는 데 얼마나 시간을 보낼까? 그 시간은 무려 하루에 여섯 시간에 달했다. 그는 다른 어떤 활동보다도 과거 경기를 분석하는 데 많은 시간을 보낸다. 그가 경기 분석에 쓰는 시간은 훈련을 지도하고, 선수와 면담하고, 팀의 전략을 짜는 데 쓰는 시간들을 '다 합친 것'보다도 많았다. 전략적 사고에 뛰어난 감독인 그는 미래를 준비하려면 과거 경기에서 배우는 것이 무엇보다 중요하다고 믿는다.

NBA 팀 골든스테이트 워리어스의 감독 스티브 커(Steve Kerr)도 비슷하다.[11] 심지어 그는 선수들에게 실제 경기 중에 영상을 보게 한다. 하프타임이 되면 워리어스의 선수들은 라커 룸에서 전반전의 하이라이트 영상을 본다. 하지만 이들이 보는 영상은 〈스포츠센터(SportsCenter)〉같은 TV 스포츠 프로그램에 소개되는 특별하고 비범한 플레이들이 아니다. 커 감독은 선수들이 부진했던 점과 자신의 플레이를 미세 조정하는 데 활용할 만한 장면을 추려서 보여준다. 전반 경기를 가만히 살펴보면, 선수들에게 다시 보여주고 싶은 플레이가 나올 때 커 감독이 어시스턴트 코치를 향해 "그 장면 따로 따놔!"라고 외치는 장면을 종종 볼 수 있다.

하프타임을 이용한 이런 짧은 리뷰 후에 3쿼터가 진행된다. 그리고 워리어스는 3쿼터에 유독 강한 팀으로 유명하다. 2018년 NBA 플레이오프 경기들만 해도 3쿼터에서 상대 팀보다 총 159점을 더 득점했다. 이는 나머지 세 쿼터의 득실 차를 합친 것의 세 배가 넘는 수치다. ESPN은 지난 4년 동안의 워리어스의 3쿼터 실적을 분석하고 "워리어스는 경기당 평균 득점, 공격과 수비 효율 등 3쿼터의 거의 모든 항목에서 NBA 최고의 팀이다"라고 논평했다.

이처럼 영화감독, 운동선수, 스포츠 감독은 영상을 활용해 과거에서 배우고 부진한 부분을 개선한다. 이러한 개선과 조정은 끔찍한 실패와 엄청난 성공을 가르는 결정적 요인이 될 수 있다. 물론 이들은 대다수 사람에게 없는 도구를 활용한다. 성과를 녹화한 객관적 영상이다.

그렇다면 우리는? 녹화 자료가 없다면 무엇을 검토해야 할까?

성과를 향상시키는 3분의 힘

아래 표를 보라.

2.65	8.23	6.87
7.98	4.31	3.25
0.99	2.55	1.23
4.49	5.69	9.03

세 자리로 이뤄진 수 열두 개가 적혀 있다. 이 열두 개 중 두 개를 합치면 10이 된다. 당신은 그 수들을 찾을 수 있는가?

이런 상상을 해보라. 내가 당신에게 위와 같은 표를 한 무더기 주면서, 20초 안에 답을 맞힐 때마다 상금을 주겠다고 제안한다. 그렇다면 얼마나 많이 맞히게 될까?

하버드대학교 연구 팀이 성인 수백 명을 대상으로 이 실험을 했다.[12] 그리고 피험자들이 답을 맞히는 경험이 어느 정도 쌓인 후, 연구 팀은 또 다른 지시 사항을 추가했다.

연구 팀은 한 그룹에게 3분을 주면서 자신의 성과를 되돌아보게 했다. 문제를 푸는 데 특별히 효과적이라고 느낀 전략이 있었는가? 지금까지의 경험에 비춰볼 때, 앞으로 남은 표들의 답을 맞힐 가능성을 높이려면 어떻게 해야 하는가? 말하자면 자기 성찰을 요구한 것이다. 이는 잠시 뒤로 물러나 마치 녹화 영상을 재생하듯 자신의 행동과 경험을 숙고해보는 것이다.

한편 다른 그룹에게는 3분 동안 그냥 쉬라고 했다. 이들은 특정 실험 요건을 가하지 않은 대조군이었다. 연구 팀의 목적은 그냥 쉬는 것과 과거를 되돌아보는 것이 피험자의 성과에 미치는 영향을 알아보는 것이었다. 3분이 지난 후 연구 팀은 두 그룹에게 위와 같은 표들을 다시 나눠주었다.

자기 성찰이 과제수행에 어떤 영향을 미쳤을까? 점수의 총합을 내보니 놀라운 결과가 나왔다. 자기 성찰 그룹이 휴식 그룹보다 20퍼센트 이상 많은 답을 맞힌 것이다. 문제를 풀면서 자신이 깨달은 것과 그것을 앞으로 어떻게 적용할지 잠깐 생각해본 것만으로도 큰 성과 차이가 발생했다.

연구 팀은 이후에도 비슷한 결과를 확인했다. 금전적 보상이 걸려 있지 않은 다른 실험에서도 자기 성찰이 성과를 높이는 현상을 목격한 것이다. 그리고 실험 상황이 아닌 현실 세계에서 자기 성찰의 효과를 시험해봤는데, 조직 구성원들에게 교육 기간 배운 점을 돌이켜 생각해보게 하자 교재에 대한 이해 수준이 무려 23퍼센트나 높아졌다.

자기 성찰 또는 교육 분야에서 말하는 '성찰적 연습'의 이점은 한둘이 아니다.

먼저, 성찰적 연습은 우리가 평소에 좀처럼 하지 않는 무언가를 하게 유도한다. 잠시 멈춰서 자신의 발전 상태를 생각해보는 것 말이다. 그럴 때 우리는 잠시나마 아무 생각 없는 반사적 행동과 습관에서 빠져나와 정신이 번쩍 들게 된다. 자신이 한 행동의 가치를 생각해보게 된다. 잘 하고 있다고 생각되면 더욱 자신감을 갖고 앞으로 나아갈 수 있다. 반 면 결과물이 미흡하다는 판단이 들면 보완하거나 개선할 부분을 찾을 수밖에 없다.

또 성찰적 연습은 더 고차원적인 원칙을 찾도록 이끌기 때문에 효과 적인 학습을 촉진한다. 위에 소개한 '더해서 10이 되는 수 찾기'의 경우, 자기 성찰이 대단히 유용하다는 것은 누가 봐도 자명하다. 잠깐만 생각 해봐도 답을 맞히는 지름길을 깨달을 수 있다. 10에서 각 수를 빼보는 것이다(10에서 4.31을 빼면 5.69다. 표에 5.69가 있는가? 그렇다면 그게 답이다. 만일 없다면, 10에서 다른 수를 빼본다). 한 번에 한 쌍씩, 열두 개의 수 각각 을 더해보려고 하면 훨씬 더 시간이 걸리고 어렵다.

일터에서도 우리의 경험을 되돌아보면 이런 식의 지름길을 발견할 수 있다. 그런 성찰적 사고를 통해 유용한 교훈을 발견함으로써 성과를 높이고 앞일을 효과적으로 예상할 수 있다.

성찰적 연습의 마지막 이점은 자신이 경험한 사건과 원래 갖고 있 던 믿음을 서로 비교하는 과정을 통해 지혜를 얻게 된다는 것이다. 1900년대 초 철학자이자 교육학자인 존 듀이는 성찰적 사고의 중요성 을 분석한 글을 저술했으며, 그것이 학습과 발전에 필요한 도구라고 강 조했다.[13] 듀이는 관찰만으로는 효과적인 교육이 이뤄질 수 없고, 지식 은 경험을 성찰적으로 되돌아보면서 자신의 믿음을 수정하고 마음속 가정을 시험해볼 때 비로소 습득된다고 생각했다.

교육 분야에서는 지금도 듀이의 영향력이 힘을 발휘하고 있어, 교사가 학습계획안에 따라 수업을 한 뒤 다음과 같은 질문을 던져보는 경우가 많다. "교수법의 어떤 점이 효과적이었는가?" "개선할 점이 무엇인가?" "다음 수업 때는 어떤 다른 시도가 필요할까?"

하지만 교육 이외의 영역에서는 성찰적 연습을 목격하기 힘들다. 자기 성찰이 이뤄진다 해도 대개 생일이나 새해 첫날, 의무적인 성과 검토 기간 같은 특별한 날을 기점으로, 또는 코치나 조언자의 재촉에 의해 이뤄지는 경향이 있다.

마감일에 맞춰 프로젝트를 완료하는 데 당장 도움도 안 되는데 시간을 따로 빼서 자기 성찰을 하기는 쉽지 않다. 또 어떤 이들은 자기 내면으로 눈을 돌려 성찰하는 일이 어색할 수도 있다. 그러나 자기 성찰을 가로막는 가장 큰 장애물은 일터에 그것을 장려하는 규정이나 관습이 없다는 사실일 것이다. 일터에서 우리는 조용한 성찰의 시간을 보내는 리더를 좀처럼 보기 힘들다. 설령 그런 모습을 본다 해도 우리는 그저 자기도취 성향이 강한 것이라고 치부해버리곤 한다.

흔히 우리는 교육이 외부로부터 우리에게 들어오는 것이라고 생각한다. 새로운 정보와 자극에 노출되면서 학습이 일어난다고 말이다. 하지만 이는 반쪽짜리 진실이다. 과거의 일을 돌아보면서 통찰력과 패턴, 예측을 위한 단서를 발견할 때 비로소 우리의 경험은 지혜가 된다.

성찰적 연습을 위한 가이드

이쯤 되면 성찰적 연습의 중요성을 인지했을 것이다. 그렇다면 무엇부터 시작해야 할까?

토머스 에디슨 같은 뛰어난 발명가들, 프리다 칼로 같은 화가들, 세리나 윌리엄스 같은 운동선수들에게서 굉장히 자주 목격되는 방법 하나는 일기 쓰기다.[14]

일기라고 하면 감성 폭발하는 외로운 10대나 쓰는 것이라고 생각하는 사람도 많을 것이다. 그런 관점을 털어내기 위해, 완전히 다른 집단인 군대 얘기를 잠깐 하겠다. 미 해군 특수부대원 같은 군인들이 가장 먼저 배우는 것 중 하나는 전투에서 고지를 선점하는 일의 중요성이다.[15] 그래야 필요한 시야를 확보할 수 있다. 시야를 확보하지 못하면 전체 그림이 눈에 들어오지 않기 때문에 치명적 실수를 범하기 십상이다. 우리 삶에서도 비슷하다. 그날그날 급한 일과 책무에 매달려 지내다 보면 더 크고 중요한 전략적 목표에 소홀해지기 쉽다.

잠시 멈춰 지나간 시간을 되돌아보고 전략을 점검하는 습관이 매일 쌓여 오랜 시간이 흐르면 엄청난 힘을 발휘한다. 앞에서 우리는 성찰적 연습이 빠르게 학습하게 해주고 자신감을 높이며 지식 습득에도 중요하다는 사실을 살펴봤다. 하지만 그것은 자기 성찰이 주는 이점의 일부에 불과하다. 하루 동안 겪은 일을 매일 글로 기록하는 행위는 감정을 정리하고 불안을 다스리며 스트레스를 줄이는 데도 도움이 된다. 특정한 사건을 자신만의 방식으로 기록할 때 우리는 일어난 사건을 그저 받아들이는 수동적 존재에서 벗어난다. 자신의 삶을 기록하는 행위는 삶에 대한 통제감을 준다.

특히 일기를 종이에 펜으로 적으면 천천히 사고하게 된다. 대다수 성인은 쓰는 속도보다 생각하는 속도가 더 빠르기 때문에, 손의 속도를 따라가다 보면 천천히 깊게 생각할 수밖에 없고, 바쁜 일과 중에는 불가능했던 방식으로 자기 생각을 검토할 수 있다. 이 간단한 습관은 우리에게 뜻밖의 깊은 통찰력을 전해준다. 마치 당신이 한 말을 심리상담사가 반복해 당신에게 다시 들려줄 때 당신이 미처 몰랐던 내면 동기나 부적절한 믿음이 드러나는 것처럼 말이다.

일기 쓰기의 효과는 심리학적으로도 밝혀졌다. 하지만 나는 여기서 그것을 나열하는 대신 특별한 일기 쓰기 방법을 소개하고 싶다. 자기 성찰과 학습을 향상시키거나 특정한 실력을 연마할 때 특히 유용한 그것은 '5년 일기장'이다.[16]

현재 시중에는 다양한 종류와 디자인의 5년 일기장이 판매되고 있지만 한 가지 공통점이 있다. 특정 날짜의 페이지에 일기를 적는 곳이 다섯 칸으로 나뉘어 있는데 이 다섯 칸이 연속되는 다섯 해를 뜻한다는 점이다. 사용자는 날마다 한 칸에 그날의 일을 손으로 기록하기 시작한다. 그리고 1년이 지나면 처음 일기를 쓰기 시작한 페이지로 다시 돌아간다. 이때 그날 하루를 기록하면서, 작년 그 날짜에 자신이 쓴 일기를 다시 보게 된다.

나는 내가 코칭하는 모든 고객에게 5년 일기장을 선물한다. 자아 발견과 성장에 너무나도 값진 도구임을 깨달았기 때문이다. 이 일기장을 쓰면 밤마다 자아 성찰 시간을 갖는 것은 물론이거니와, 나의 지난 행동과 경험을 다시 읽으면서 과거에 대한 기억도 되살아나고 일터나 개인적 삶에서 자신의 패턴을 발견하는 데도 도움이 된다.

5년 일기장을 쓰면서 나 자신에 대해 깨달은 것들 중 다섯 가지만 소개하면 이렇다.

1. 사람들과 무언가를 함께 하는 경험은 대개 내 예상보다 더 좋다.
2. 이메일을 보지 않은 날은 가장 생산적인 하루가 된다.
3. 나는 인간관계의 부정적인 경험을 잘 잊고 마음속에 원망을 품지 않는 편이다.
4. 심장 강화 운동을 거른 날에는 숙면을 취하지 못한다.
5. 많은 노력을 쏟은 프로젝트일수록 성공할 경우 큰 보상이 돌아온다.

이 다섯 번째 항목에 대해서는 조금 부연이 필요하다. 우리는 과거에 많은 노력을 쏟아 뭔가를 이뤄냈다는 사실을 잊어버리곤 한다. 그래서 새로운 도전 과제를 만나면 그 어려움을 과대평가하고 장애물을 극복할 수 있는 자신의 능력은 과소평가한다. 5년 일기장은 내가 과거에 극복한 장애물과 두려움, 이뤄낸 뜻깊은 성취를 시간이 흐른 뒤에도 상기시켜주는 역할을 한다.

또한 자신이 했던 과거 실수들을 고스란히 보여주므로, 같은 실수를 반복하지 않게 해준다. 1년 전쯤 나는 컨설턴트를 고용하려고 생각 중이었다. 그 전에 함께 일해본 적이 있었는데, 업무 성과는 좋을 때도, 나쁠 때도 있던 사람이었다. 그런데 새로운 프로젝트를 함께 진행하자고 제안하기 직전에, 2년 전에 썼던 일기를 보게 됐다. 거기에는 "○○○은 믿을 만한 사람이 못 된다" 하는 식의 말이 적혀 있었다. 그 일기를 본 이후로 지금까지 나는 그를 한 번도 고용하지 않았다. 그 일기가 아니었다면 나는 같은 실수를 또 했을 것이다. 이유는? 위의 3번 항목 때문이다.

과학적 연구 결과에 따르면, 기억은 우리 머릿속에 사건들에 대한 정확하고 오래가는 사진을 남겨놓지 못한다.[17] 오히려 기억은 시간이 갈수록 희미해지고, 수많은 인지 편향에 휩쓸리며, 우리가 특정 사건을 회상할 때마다 조금씩 변화한다. 종이에 남긴 기록은 이런 결점들에서 자유롭다. 때문에 일기는 과거에서 배우고 미래 예측력을 키우기 위한 뛰어난 도구다.

아울러 눈앞의 현재에서 먼 과거로 시간의 폭을 넓히기 때문에, 5년 일기장은 더 현명한 의사결정을 하는 데도 도움이 된다. 현명한 판단에 중요한 열쇠 하나는, 멀찍이 떨어져 바라보면서 어떤 선택이 가져올 당장의 이익이 아니라 장기적 결과를 생각해보는 것이다. 과거 경험을 깊이 숙고해볼수록 현재 더 나은 결정을 내리게 된다.

일기가 무조건 일상에 대한 것만 기록해야 한다고 생각할 필요는 없다. 당신이 숙련된 경지에 이르고 싶은 특정한 기술에 초점을 맞춰 일기를 쓸 수도 있다. 그것은 글쓰기가 될 수도, 새로운 아이디어를 조직하는 기술이나 잠재 고객에게 효과적으로 제안하는 법이 될 수도 있다. 결국 5년 일기장의 가치는 자연스럽게 성찰적 연습을 하게 만든다는 데 있다. 5년 일기장을 쓰면 과거로부터 교훈을 얻는 동시에 앞으로 활용할 전략을 재발견할 수 있다.

웨인 루니가 경기 유니폼에 집착하는 이유

수영 황제 마이클 펠프스가 2016년 리우데자네이루 올림픽을 앞둔 몇 주 동안 날마다 하루의 끝에 하는 일은 수영이었다.[18]

펠프스는 이 일과를 마치 종교의식과도 같이 반드시 지켰다. 먼저 조용히 출발대에 올라선다. 상체를 앞으로 굽히고 양팔을 등 뒤로 뻗어 오른손으로 왼손을 움켜잡은 채 쭉 편다. 그리고 곧 손을 풀고 비상하는 매의 날갯짓처럼 양팔을 공중에서 힘차게 흔든다.

출발 신호와 함께 물속으로 뛰어든다. 속도는 빠르고 물은 거의 튀지 않는 입수다. 전속력으로 물을 가르며 나아간다. 두 다리가 규칙적인 물살을 일으키며 그의 몸을 앞으로 질주시킨다. 레인 중간쯤 왔을 때 첫 호흡을 위해 고개를 살짝 든다. 고글에 김이 서려 있다. 남달리 긴 두 팔이 만들어내는 추진력으로 레인 끝의 벽에 도착해 효과적인 플립턴을 한 후 다시 힘차게 물살을 가른다. 엉덩이는 높고 스트로크는 완벽하다.

펠프스가 마지막 랩을 끝내고 터치패드를 찍은 후 고개를 돌려 전광판에 뜬 기록을 확인할 때 다른 레인의 선수들이 그제야 들어온다. 펠프스가 금메달이다. 그는 두 팔을 허공에 힘껏 내지른다. 관중석의 팬들이 "미국! 미국!"을 일제히 외친다. 그의 어머니가 미소를 짓고 있다. 그는 기쁨에 휩싸여 숨을 고른다.

그리고 이내 펠프스는 잠이 든다.

물론 펠프스는 수영장에 간 것이 아니다. 그는 침대에 편안히 누워서 상상을 하고 있었다. 이는 그가 28개의 올림픽 메달을 따기 한참 전인 열두 살 때부터 해오던 습관이다.

또 다른 올림픽 메달리스트인 알파인스키 선수 린지 본도 경기를 앞두고 이런 마음속 리허설을 하곤 했다.[19] 그녀는 자신이 빠른 속도로 슬로프를 내려오는 모습만 상상한 것이 아니라 폐로 공기를 들이마셨다가 내뱉는 동작까지 했다. 무서운 속도로 질주해 내려오는 활강의 위험한 상황을 실제와 최대한 비슷하게 상상하기 위해서였다.

브라질의 전설적인 축구선수 펠레는 라커 룸에서 이미지 트레이닝을 했다.[20] 그는 중요한 경기 직전이면 벤치에 수건을 베고 누워 다른 수건으로 눈을 덮었다. 그리고 어린 시절 축구하던 모습을 마음속에 그리면서 축구에 처음 빠지면서 느꼈던 즐거움을 다시 떠올렸다. 그러고 나서 그동안 자신이 경기에서 활약한 많은 장면, 특히 자신이 전세를 뒤집었거나 팀을 승리로 이끈 결정적 장면들을 떠올렸다. 그러면 과거에도 해냈으니 이번에도 또 해낼 수 있다는 자신감이 불끈 솟았다. 마지막으로 그는 곧 시작될 경기로 마음의 초점을 돌린 후, 상대 팀에 대해 생각하고 자신의 전략을 검토하면서 완벽한 경기를 펼치는 모습을 상상했다.

맨체스터 유나이티드의 공격수 웨인 루니는 그의 특이한 습관에 대한 소문이 퍼지자 자신이 이미지 트레이닝을 한다는 사실을 인정할 수밖에 없었다.[21] 경기 며칠 전이면 루니는 경기 당일 팀이 입게 될 유니폼과 양말, 신발의 정확한 색깔을 알려달라고 코치에게 조르곤 했다. 그가 팀 유니폼에 집착하는 것에 대한 의문이 여기저기서 일자 그는 이렇게 털어놓았다. "나는 경기 전날 밤 침대에 누워 골을 넣는 내 모습을 상상한다." 유니폼 색깔을 알아야 더 생생하게 상상할 수 있었다고 한다. 사소한 특징까지 알고 있으면 이미지 트레이닝의 효과가 더 높았다. "머릿속에서 나는 실제 경기 속에 있다. 경기를 하기 전에 그 경기의 모습을 머리에 집어넣는다."

성공 비결을 이미지 트레이닝으로 꼽는 세계적인 운동선수는 수없이 많다. 골프의 전설 잭 니클라우스는 심지어 연습할 때도 클럽을 잡기 전에 모든 샷의 탄도, 바운스 각도, 롤을 머릿속으로 상상했다.[22] 위대한 아이스하키 선수 웨인 그레츠키는 득점력을 높이기 위해 마음속으로 골텐더 뒤에 있는 빈 그물에 집중하면서, 그물이 빨간 전등과 리본으로 장식돼 있다고 상상했다.[23] 복싱 헤비급 챔피언 마이크 타이슨은 핵펀치를 날려서 자신의 주먹이 상대 선수의 머리를 관통해버리는

장면을 상상하곤 했다.[24]

어째서 그토록 많은 운동선수가 이미지 트레이닝을 활용할까? 답은 간단하다. 효과가 있기 때문이다. 그리고 이것은 스포츠 분야만의 얘기가 아니다. 마음속 리허설이 다양한 영역에서 힘을 발휘한다는 것을 여러 연구가 보여준다.[25] 마음속 리허설은 심지어 사람의 생명도 구할 수 있다. 연구 결과에 따르면, 수술실에 들어가기 전에 미리 머릿속에서 리허설해보는 의사가 실수를 더 적게 하고 수술 중에 스트레스도 덜 받는다고 한다. 피아노 앞에 앉기 전에 마음속으로 연주하는 연습을 하는 음악가는 곡을 더 빠르게 익힌다. 자신의 강연 모습을 상상한 뒤 무대에 오른 강연가는 덜 불안해하고 긴장을 덜해 더 훌륭한 강연을 할 수 있다.

이번 장의 전반에서는 과거 경험이 지닌 가치를, 그리고 자기 분야에서 최고에 오른 사람들이 성찰적 연습을 활용하는 다양한 방식을 살펴봤다. 이처럼 과거를 돌아보는 것이 연습의 첫 번째 종류다. 이제 우리의 전문성을 키우기 위한 두 번째 도구를 살펴보자. 그것은 미래 속에서 연습하기다.

성공을 상상하는 훈련의 역효과

비앙카 안드레스쿠(Bianca Andreescu)가 US 오픈 결승에서 세리나 윌리엄스를 꺾고 우승을 차지하기 3년 전인 2016년, 열다섯 살의 안드레 쿠스는 자신 앞으로 350만 달러짜리 수표를 썼다.[26] 물론 그것은 가짜 수표였다. 훗날 US 오픈에서 우승한 후 받을 상금을 자신에게 미리 지급한 것이다. 스스로 동기를 부여하고 성공을 상상하기 위한 그녀만의 방법이었다.

안드레스쿠는 역사적인 US 오픈 우승을 거둔 직후 월요일 〈굿모닝 아메리카〉에 출연해 이렇게 말했다. "나는 마음으로 삶을 만들어낼 수 있다고 믿는다." 이런 믿음을 가진 사람은 그녀뿐이 아니다. 혹자는 그녀가 금액을 너무 소심하게 적었다고 말할지도 모른다.

1990년대 초 무명 배우였던 짐 캐리는 지급일을 3년 후로 정하고 '출연료'라고 기입한 1000만 달러짜리 수표를 만들었다.[27] 그는 이 수표를 지갑에 넣고 다니면서 안드레스쿠처럼 성공을 상상하면 반드시 이루어지리라고 믿었다. 수표에 적은 날짜가 다 되기도 전에 그는 〈오프라 윈프리 쇼〉에 출연했고 〈덤 앤 더머〉 출연 제안을 받았으며 이후 배우로 성공해 부와 인기를 모두 얻었다.

비앙카 안드레스쿠와 짐 캐리의 이야기는 꽤 인상적이다. 하지만 그들의 방법이 무조건 성공을 보장하는 것은 아니다. 성공과 부를 거머쥐는 상상을 현실로 이룬 테니스 챔피언과 할리우드 스타는 소수이고, 바라는 꿈을 이루지 못하는 이들이 훨씬 더 많다. 실패한 운동선수와 배우는 유명 토크쇼에 나올 일이 없으므로 세상은 그들의 이야기를 거의 알지 못한다.

〈덤 앤 더머〉가 대박을 치고 짐 캐리가 유명 배우가 되고 몇 년 후, 캘리포니아대학교 로스앤젤레스 캠퍼스(UCLA) 연구 팀이 성공을 상상하는 습관의 힘을 알아보는 실험을 진행했다.[28] 이 실험에는 심리학 기초 수업을 듣는 100명 남짓의 대학 신입생이 참여했다. 연구 팀은 중간고사 일주일 전에 학생들을 세 그룹으로 나눴다. 그리고 첫 번째 그룹에게는 중간고사에서 좋은 성적을 받는 것을 상상하라고 말했다. 두 번째 그룹에게도 상상을 활용하게 했지만 한 가지 차이점이 있었다. 이들에게는 좋은 성적이 아니라 공부하는 과정을 상상하라고 했다. 이들은 시험 준비를 위해 언제, 어디서, 어떻게 공부하는지 구체적으로 머릿속에 그렸다. 그리고 세 번째 그룹에게는 일주일 동안 공부한 시간을 기록하게 했다.

어쩌면 당신도 결과가 예상될지 모른다. 어느 그룹이 중간고사에서 가장 좋은 성적을 받았을까? 당연히 공부하는 과정을 상상한 그룹이었다. 이들은 실제로 더 열심히 공부했고 불안감이 줄었으며 성적도 더 높게 나왔다. 그런데 연구 팀이 발견한 사실은 또 있었다. 대조군(상상을 하지 않고 공부 시간만 기록한 그룹)과 비교할 때, 비앙카 안드레스쿠와 짐 캐리처럼 성공을 상상한 그룹이 더 낮은 성적을 받은 것이다. 즉 이 그룹은 세 그룹 중 중간고사 성적이 가장 낮았다.

긍정적인 결과를 상상했는데 어째서 더 낮은 성적이 나왔을까? 바라는 결과를 달성한 모습을 상상할 때 경험하는 감정적 보상이 성공에 필요한 작업을 수행하려는 욕구를 감소시키기 때문이다. 우리는 성공한 모습과 거기서 오는 만족감이 상상이라는 것을 머리로는 잘 알면서도 일시적으로 충족감을 느낀다. 하지만 과정에 집중해 상상하는 경우에는 그렇지 않다. 자신이 취해야 하는 구체적인 행동을 마음속에 그리면 실제 성과 향상에 분명히 도움이 된다.[29]

마음속 시뮬레이션 제대로 활용하기

당신이 내일 오전에 10페이지짜리 기획서를 써야 한다고 가정해보자. 이를 위해 당신은 마이클 펠프스처럼 침대에 누워 눈을 감고 내일 기획서를 작성하는 모습을 상상한다. 이런 연습에는 실제로 어떤 이점이 있을까?

첫째, 마음속 시뮬레이션은 미리 '장애물을 확인'하는 데 도움이 된다. 예컨대 침대 옆 탁자에 놓여 있는 책들을 참조해야 한다는 사실이나 내일 오전에 사무실 바닥 교체 공사를 할 예정이라는 사실이 떠오를 수 있다. 또는 기획서 내용 중 한 파트와 다른 파트를 어떤 식으로 연결할지 아직 결정하지 못했다는 사실이 생각날 수도 있다.

둘째, 기획서를 쓰는 순간에 경험할 기분을 예상해보는 '감정 미리보기'가 가능하다. 당신은 빠듯한 시간에 적지 않은 분량의 문서를 완성해야 한다는 생각에 중압감을 느낄지도 모른다. 자신이 어떤 기분일지 예상하고 있으면 미리 생산적인 행동 반응을 준비할 수 있다.

셋째, 기획서 작성을 시작하기 전에 '필요한 결정을 먼저 내릴 수' 있다. 예를 들어 다음 날 바닥 공사 소음을 피하기 위해 재택근무를 선택할 수 있다. 또는 참고용으로 과거에 작성한 기획서 몇 개를 열어봐야겠다는 생각이 들지도 모른다. 업무 부담감을 줄이고 기획서 작성에 집중하기 위해 이메일에 부재중 자동회신 설정을 해두기로 결정할 수도 있다.

넷째, 책상에 앉아 집중해서 기획서를 쓰는 모습을 상상하는 것만으로도 불안감이 줄고 '자신감이 높아질' 가능성이 크다. 마음속 시뮬레이션은 미리 전략을 짜는 데만 도움이 되는 것이 아니라 성공에 대한 기대감도 키운다.

반면 이런 마음속 시뮬레이션을 전혀 하지 않은 채 출근하고서야 기획서에 대해 생각하는 동료가 있다고 생각해보라. 당신은 아직 단 한 글자도 쓰지 않았지만 다음 날 훌륭한 기획서를 써낼 가능성이 그 동료보다 훨씬 높다.

마지막으로, 마이클 펠프스 같은 운동선수나 신체 활동과 관련된 성과를 내야 하는 이들에게는 마음속 시뮬레이션이 훨씬 큰 이로움을 준다. 연구 결과에 따르면, 우리가 특정 행동을 하는 상상을 하면 '그 행동을 실제로 할 때와 똑같은 신경 경로가 활성화'된다. 다시 말해 펠프스가 침대에 누워 물속으로 뛰어드는 자신의 모습을 상상하면, 실제로 출발대에서 입수할 때처럼 두뇌의 운동피질(motor cortex)이 활성화된다.

시간이 흘러 이런 과정이 반복되어 쌓이면 해당 두뇌 영역의 반응이 더 빨라지고 강해진다. 그리고 두뇌만 변화하는 것이 아니다. 마음속 시뮬레이션은 운동선수의 근육과 심혈관계, 호흡계에도 영향을 미치는 것으로 드러났다. 게다가 고된 추가 훈련으로 몸을 혹사하거나 번아웃에 빠질 위험을 감수하지 않아도 된다. 실제로 신체 훈련에만 의지하는 운동선수와 비교할 때, 이미지 트레이닝을 함께 활용하는 선수는 연습량을 '절반으로' 줄이고도 경기 결과에 부정적 영향을 받지 않는다는 사실이 연구를 통해 밝혀졌다.

이제 마음속 시뮬레이션의 힘은 충분히 납득이 됐을 것이다. 그렇다면 효과적으로 하는 방법은? 몇 가지 유용한 접근법을 소개하면 아래와 같다.

첫째, 전문가들은 '시각화'가 아니라 '상상'이라는 표현을 사용하는데 여기에는 그럴 만한 이유가 있다. 다양한 감각을 동원할수록 시뮬레이션의 효과가 커지기 때문이다. 만일 당신이 중요한 강연을 앞두고 있다면, 강연이 시작되기 전 청중이 웅성거리는 소리, 손에 쥐는 리모컨의 감촉, 머리에 쏟아지는 무대조명의 열기, 이 모든 것을 상상하라. 이렇게 세세하고 구체적으로 상상하면 단순히 강연하는 모습만 그려보는 것보다 훨씬 효과적이다.

둘째, 일인칭과 삼인칭 시점을 번갈아 활용하면 도움이 된다. 일인칭 시점의 상상(예: 무대에서 청중을 향해 서 있는 자신을 상상하기)은 더 직관적이고 본능적인 반응을 끌어내며, 이는 당신의 감정을 미리보기 하고 싶을 때 유용하다. 그러나 너무 부담감이 큰 경우, 또는 이미 여러 번 해본 일이라서 감정 미리보기가 필요 없는 경우도 있다. 이럴 때는 삼인칭 시점의 시뮬레이션이 유용하다(예: 청중석에 앉아 무대에 선 당신을 바라본다고 상상한다). 이렇게 하면 감정적 온도가 낮아지고, 강연의 특정 부분들에 청중이 어떻게 반응할지 예상하는 데 도움이 된다.

셋째, 때로 예상치 못한 장애물을 만나거나 실수하는 모습을 상상해본다. 어떻게 하면 그 순간의 어려움을 극복하고 원래 궤도로 돌아올 수 있을지 생각해보는 것이다. 이 연습은 있을지도 모를 난관을 예상해보고 어떤 상황에서도 다시 일어날 수 있다는 믿음을 줘 자신감도 높여준다.

전설적인 테니스 선수 빌리 진 킹(Billie Jean King)은 39개의 그랜드슬램 타이틀을 갖게 되기까지 바로 그런 식으로 마음속 시뮬레이션을 활용했다.[30] 킹은 은퇴 후 NPR 토크쇼 〈프레시 에어(Fresh Air)〉에서, US 오픈 경기가 열리는 코트에 들어가기 전 자신에게 일어날 수 있는 모든 불리한 상황을 상상하면서 그 경우 어떻게 대응할지 생각했다고 말했다. "나는 항상 바람에 대해 생각했다. 햇빛도 생각했다. 미심쩍은 라인 콜(line call: 공이 라인 안에 떨어졌는지 벗어났는지에 대한 판정 – 옮긴이)도 상상했다. 비가 내리는 경우도 상상했다. 내가 통제할 수 없는 모든 것을 떠올리고 거기에 어떻게 대응할지 생각했다."

킹은 단순히 자신의 플레이뿐만 아니라 라켓을 휘두르지 않을 때 자신이 취하는 태도에 대해서도 상상했다. "내가 어떻게 행동하면 좋을지 늘 생각했다. 연기를 배우는 사람을 생각해보라. 스포츠도 크게 다르지 않다. 똑바로 서 있는가? 보디랭귀지가 자신감을 풍기고 있는가? 코트에 있는 시간의 75퍼센트는 라켓으로 공을 때리고 있지 않는다. 나는 그 시간에 챔피언의 모습이 드러난다고 믿는다. 그래서 모든 가능한 상황을 상상하곤 했다."

마지막으로 덧붙일 점 하나. 효과적인 마음속 시뮬레이션에는 엄청난 시간이 필요한 것이 아니다. 연구에 따르면 최적의 시간은 20분 정도라고 하며, 어떤 실험에서는 불과 3분만 집중해서 상상해도 효과가 있다고 보고되었다.[31] 마음속 시뮬레이션의 수많은 장점, 그리고 아무런 장비 없이도 언제 어디서든 실행할 수 있다는 사실을 감안하면, 이 기법이 스포츠 이외의 분야에서 아직 폭넓게 활용되지 않는 것이 안타까울 따름이다.

뉴욕 양키스가 저지른 162번의 실수

해마다 4월에서 9월까지 MLB 정규 시즌 동안 뉴욕 양키스의 애런 분(Aaron Boone) 감독과 트레이닝 스태프는 162번의 코칭 실수를 저지른다.[32]

그들의 실수는 매 경기가 시작되기 세 시간 전 팬들이 보는 앞에서 일어난다. 분 감독과 트레이닝 스태프는 경기가 예정된 날 오후 4시에 어김없이 선수들과 타격 연습을 한다. 프로 팀들이 야구장에서 타격 연습을 하는 이런 의식은 19세기부터 시작됐다.

그런데 문제가 하나 있다. 이것이 에이스급 투수의 기술이 거의 적용되지 않은 연습이라서 효과가 없다는 사실이다. 실제로는 타자의 성과를 떨어트린다.

타격 연습이 비생산적인 까닭을 이해하려면 애초에 타격을 왜 연습하는지 생각해보면 된다. 연습이 필요한 이유는? 성과 향상 때문이고, 새로운 기술을 습득하는 방법이기 때문이다. 타격 연습은 이 둘 모두와 관련이 없다.

야구장에 조금 일찍 도착해봤거나 텔레비전으로 홈런 더비 중계를 본 적이 있는 팬이라면 이런 장면을 많이 봤을 것이다. 선수들이 차례로 타석에 서서 실제 경기에서처럼 배트로 힘껏 공을 치면서 연습하는 모습 말이다. 하지만 이때 공을 던지는 사람은 프로 투수가 아니라 코치다. 코치가 보호용 그물이 달린 L자형 구조물 뒤에 서서 타자가 실제 경기에서 만나게 될 구속에 훨씬 못 미치는 속도로 공을 던진다. 게다가 타자를 당황시키기 위해 투수가 공에 먹이는 스핀을 재현하거나 투구 타입을 다양하게 변화시키지도 않는다. 타자들은 그저 매번 직선으로 느리게 날아오는 공을 힘껏 받아칠 뿐이고, 팬들은 그렇게 날아간 공이 담장을 넘는 모습을 경탄하며 바라본다.

타자들이 실제 경기에서 느리게 날아오는 공을 만날 가능성이 날아오는 핫도그에 얼굴을 맞을 가능성만큼 낮다는 사실은 전혀 고려되지 않는다. 뉴욕 양키스뿐만 아니라 모든 팀이 경기 전에 타구 연습을 한다. 하지만 쉬운 공을 치는 연습은 별 의미가 없을뿐더러 오히려 비생산적이다.

타자에게는 배팅 타이밍이 생명이다. 배트로 정확히 공을 치려면 시속 145킬로미터로 날아오는 공이 타격 가능 범위의 어느 부분에 언제 도달할지 정확히 예측해야 한다. 느린 공으로 그런 계산을 하는 것은 별 의미가 없다. 또 타자는 투수의 보디랭귀지를 읽어서 투구 타입을 재빨리 알아채야 한다. 타격 연습은 이 점에서도 도움이 되지 않는다. 지루할 만큼 예측 가능한 한 종류의 던지기만 있을 뿐 투구에 변화가 없기 때문이다. 마지막으로, 타격 연습에서는 타자가 실제 경기에 거의 없는, 스핀 없이 똑바로 날아오는 공을 계속 치므로 거기에 익숙해진 스윙 각도가 경기에서 역효과를 낼 수 있다.

앞에서 우리는 연습의 두 가지 종류를 살펴봤다. 과거를 분석하는 성찰적 연습, 미래에 대한 시뮬레이션이 동반되는 상상하기가 그것이다. 연습의 세 번째 종류는 현재의 연습을 실행하기다. 이것은 가장 뻔해 보이지만 가장 제대로 하기 힘든 연습이다.

러시아 태생의 피아니스트 블라디미르 호로비츠(Vladimir Horowitz)는 "평범함과 비범함의 차이를 만들어내는 것은 연습"이라고 했다. 백번 맞는 말이다. 하지만 그게 말처럼 간단하지 않다는 게 문제다.

반복적 연습이 우리의 발전을 방해한다

야구의 부적절한 타격 연습이 보여주듯 모든 연습이 무조건 유익하지는 않다. 오히려 기술을 발전시키는 데 연습이 방해가 될 때도 많다. 낮은 난이도로 훈련하는 실수를 저지르는 경우에만 그런 것이 아니다. 때로는 실전과 똑같은 상황에서 연습해도 실력이 늘지 않는다. 부분적으로 이는 두뇌가 우리에게 불리한 방식으로 작동하기 때문이다.

많은 연습량의 장점 하나는 시간이 흐르면 특정 행동을 빠르게 자동적으로 수행하게 된다는 점이다.[33] 뭔가를 처음 배울 때는 다음 행동을 하려면 생각이 필요하지만 연습량이 쌓이면 더는 그럴 필요가 없다. 이런 원리가 내포된 대표적 활동은 책 읽기다. 그리고 운전도 마찬가지다. 나는 초보 운전자였을 때 핸들을 하도 세게 쥐어서 몇 시간 동안 손가락이 아플 지경이었다. 운전 경력이 20년도 넘은 지금은 자동차를 조작하는 것보다 운전 중에 들을 팟캐스트를 고르는 데 신경을 더 많이 쓰는 것 같다.

심리학에서는 이를 '자동성(automaticity)'이라고 한다. 이는 특별한 주의나 노력을 기울이지 않고도 복잡한 기술을 수행하는 능력으로, 숙련도가 높아지면 자동성이 생겨난다.

대개의 경우 자동성은 매우 유용하다. 자동성 덕분에 우리는 양치질을 하고, 옷을 입고, 아침 식사를 준비하는 등 많은 중요한 일과를 처리할 수 있다. 그 덕분에 절약된 에너지를 더 어려운 일에 쏟는다. 방금 읽은 흥미로운 기사가 의미하는 바를 깊이 생각해본다든지, 직장에서 까다로운 문제의 해결 방안을 궁리한다든지 하는 것들 말이다.

자동성은 의식적 사고를 무의식적 사고로 전환하는 과정을 통해 일어난다. 신경학자들은 MRI 스캔을 통해 그 과정을 뇌에서 확인할 수 있다. 처음에 복잡한 행동을 할 때는 뇌의 바깥층에 위치한 대뇌피질이 중요한 역할을 한다. 그러나 특정 행동에 점점 익숙해지면 이제 기저핵과 소뇌 등 더 아래쪽 영역들이 그 행동을 관장한다. 어떤 행동의 전문적 숙련도가 생기면 고차원적 기능을 담당하는 대뇌피질이 자유로워지고, 우리는 자신의 행동에 덜 집중하면서 다른 것에도 주의를 돌릴 수 있게 된다.

따라서 자동성이 더없이 좋은 것으로 생각될지 모른다. 특별한 노력을 기울이지 않고도 어떤 행동을 하면서 동시에 다른 사고도 할 수 있다는데 나쁠 게 뭐가 있는가? 그러나 사실 자동성은 발전을 가로막는 요인이 될 수 있다.[34] 자신이 하는 행동에 주의력을 덜 쏟을수록 성과를 높이거나 새로운 기술을 습득하기가 어려워지는 탓이다.

따라서 우리는 역설적인 상황에 놓인다. 경험은 자동성을 낳는다. 그리고 자동성은 학습을 방해한다. 그렇다면 그런대로 만족할 만한 수준을 넘어 성과를 더 향상시키려면 어떻게 해야 할까?

그 답을 우리는 인지심리학자 고(故) 안데르스 에릭슨(K. Anders Ericsson)의 연구에서 찾을 수 있다.[35] 에릭슨은 1993년 바이올린 연주자들을 연구해 '1만 시간의 법칙' 이론을 정립한 것으로 유명하다. 전문가가 되려면 피드백이 동반된 집중된 연습을 오랜 시간 해야 한다는 이론이다.*

자기 분야에서 최정상에 오른 이들을 수십 년간 연구한 에릭슨은 기술과 전문성을 기르는 데 가장 큰 영향을 미치는 연습의 특성을 밝혀냈다. 그에 따르면 가장 효과적인 연습에서는 '스스로 약점이라고 여기는 것을 해결'하려고 노력한다. 즉 자신이 특히 수행하기 어렵다고 느끼는 측면 말이다. 또 다른 주요 특성은 '복잡한 작업을 여러 부분으로 나눈' 뒤 한 번에 하나씩 집중하는 것이다. 또한 '빠른 피드백'도 중요하다. 피드백을 받아서 조금씩 조정 및 보완하면서 다시 시도하는 것이다. 그러면 연습에 투자한 시간만큼 서서히 발전하게 된다.

대다수 사람들은 이런 식으로 연습하지 않는다. 골프 연습장에 가보라. 사람들은 계속해서 티 위에 놓인 공을 쳐서 날리는 연습을 한다. 드라이브샷을 하면 재미도 있고 통쾌함이 느껴진다. 하지만 벙커에 빠진 공을 쳐내는 벙커샷을 연습하거나, 오르막 퍼팅을 연습하거나, 골프장의 지형을 읽어내는 능력을 시험해보는 사람은 찾아보기 힘들다. 경기 실력과 득점을 높이기 위해서는 이런 측면을 숙달하는 것이 훨씬 더 중요함에도 말이다.

약점을 고치려고 노력하는 과정은 즐겁지 않고 스트레스도 많으며

---

* 오늘날 흔히 사람들이 '1만 시간의 법칙'에 대해 알고 있는 것과 달리, 에릭슨은 연습량이 1만 시간을 넘는 것 자체가 가장 중요하다고 생각하지는 않았다. 그는 그보다 훨씬 더 중요한 것은 연습의 방법과 질이라고 생각했다.

어렵기까지 하다. 그러나 실력 향상에는 반드시 필요하다. 자동성에 의한 반복의 고리를 깨트리기 때문이다.

단점을 인정하고 해결하려고 애쓰다 보면, 자신의 행동과 그것이 만들어내는 부족한 성과의 연관 관계를 자세히 들여다볼 수밖에 없다. 그 과정에서 느끼는 불만족과 심리적 불편함은 새로운 해법을 찾고 다른 방법을 시도해보게 하는 동력이 된다. 따라서 성과의 도약이 일어날 가능성이 높아진다.

전문가는 단순한 반복으로 고수의 경지에 이르는 것이 아니다. 그들은 약점을 정확히 공략해 개선하고, 도전적인 목표를 추구하고, 자신의 능력을 한계까지 밀어붙인다. 그래야만 그런대로 만족할 만한 수준을 넘어 성과를 낼 수 있고 자동성의 지배력에서 빠져나올 수 있다.

그리고 전문가는 실전의 조건이 이미 익숙해져버린 상태에서는 그 조건을 재현하는 것만으로는 충분하지 않다는 것을 잘 안다. 때로 어느 정도 숙련된 정신을 다시 흔들어 깨우는 유일한 방법은 새로운 무언가를 시도하는 것이다.

성과 향상을 위한 크로스트레이닝

댄 나이츠(Dan Knights)는 1만 2000피트 상공의 비행기에서 뛰어내릴 때 무사히 지상에 착륙하는 것 이상의 목표를 갖고 있었다.[36]

나이츠는 '스피드큐버(speedcuber)'다. 이는 엄청나게 짧은 시간에 큐브를 맞추는 능력을 소유한 루빅스 큐브광들에게 붙는 칭호다. 하지만 그는 평범한 스피드큐버가 아니라 세계 챔피언이었다. 2003년 그는 루빅스 큐브를 무려 20초 만에 맞추는 놀라운 기록을 세우며 기네스북에 올랐다. 어떻게 이런 실력을 쌓았을까? 그는 강도 높은 연습 방법을 사용했다. 빠르게 달리는 자동차 바깥으로 몸을 내민 상태에서, 또는 눈가리개를 한 채로 큐브를 맞췄고, 그런 조건들마저 도전 의식 자극에 충분하지 않다고 느껴지자 스카이다이빙을 하면서 자유 낙하하는 상태로 큐브를 맞췄다. 큐브를 다 맞추고 나서야 낙하산을 펼쳤다.

당신은 이런 의문이 들지 모른다. 이런 행동들이 과연 도움이 될까?

나이츠의 극단적인 연습 방식을 전문가들은 '고난 적응 훈련(pressure acclimatization training)'이라고 부른다.[37] 이는 평소보다 훨씬 더 큰 불안감을 주는 극단적 조건에서 연습하는 것을 말한다. 압박감이 높고 쉽지 않은 상황에서 연습하면 두려움을 다스리고, 집중력을 흐트러뜨리는 요인을 극복하고, 불리한 상황에서도 필요한 일을 해내는 값진 경험을 할 수 있다.

압박감을 증가시키는 것은 우리가 어떤 일에 익숙해진 뒤에도 연습을 통해 계속 학습하고 한 단계 더 발전하는 길이다. 그리고 대다수 사람에게 공중에서 연습하려고 비행기에서 뛰어내리는 것은 지나치다 싶겠지만, 거기에 담긴 중심 원칙만은 기억해둘 만하다. 즉 난이도를 높이는 것이 효과적 연습에 꼭 필요하다는 원칙 말이다.

당신은 나이츠처럼 굳이 목숨을 걸 필요는 없다. 연습을 쉽지 않게 만들어 도전 의식을 북돋울 방법은 많다. 첫 번째 방법은 새로운 요소를 가미하는 것이다. 전문성을 키우고자 할 때 피해야 할 가장 중요한 실수는 계속해서 똑같이 연습하는 것이다. 예측 가능성은 지루함을 낳고, 지루함은 집중력과 기억력, 학습 능력을 저하시키는 적이다.

　반면 새로운 요소는 집중력을 절로 발휘시킨다.[38] 우리 두뇌는 주변 환경의 새로운 특징에 끌리도록 설계돼 있다. 그것은 우리가 조상들에게 물려받은 본능이다. 과거 우리의 조상들에게는 환경의 변화를 재빨리 알아채는 것이 생사를 좌우하는 중요한 문제였다. 당신은 새로운 것에 끌리는 본능을 활용할 수 있다. 평소의 연습 루틴에 종종 변화를 주는 것이다. 예컨대 집중적으로 연습하는 기술의 종류를 바꾸거나, 연습 장소를 바꾸거나, 함께 연습하는 사람들의 구성을 바꿀 수 있다.

　심지어 연습하는 순서를 뒤섞거나 여러 종류의 연습을 섞는 것도 새로운 느낌을 받고 빠른 학습에 도움이 된다. 우리는 흔히 무언가에 숙달하려면, 똑같은 동작을 반복 연습하면서 틀린 곳을 조금씩 수정해 결국 완벽하게 해내는 과정이 필요하다고 생각한다. 그러나 연구에 따르면 끝없는 단순 반복 대신에 여러 활동을 번갈아 할 때 학습 효과가 훨씬 더 커진다.

　사흘간의 연습 뒤 농구 선수들의 성과를 비교한 한 실험이 그러한 점을 잘 보여줬다.[39] 이 실험에서 첫 번째 그룹은 사흘 내내 골대에서 3.5미터 떨어진 곳에서 공을 던지는 슛만 연습했다. 두 번째 그룹은

3.5미터, 2.5미터, 4.5미터, 이렇게 다양한 거리에서 슛을 던지는 연습을 했다. 사흘 뒤 연구 팀은 두 그룹을 체육관으로 불러 어느 쪽이 경기 중에 3.5미터 슛을 더 성공시키는지 관찰했다. 그 결과 다양한 슛을 연습한 그룹이 약 40퍼센트 성과가 높았다.

얼핏 보기에는 이 결과를 설명하기 힘들어 보인다. 그들은 어째서 더 높은 성과를 냈을까? 여러 종류의 연습을 번갈아 하면, 아무 생각 없이 똑같은 행동만 반복하는 대신 그때마다 최적의 동작을 생각해야 하기 때문이다. 그리고 자기 행동의 미묘한 차이를 알아채게 되어 더 효과적인 학습이 이루어진다.

가장 효과적인 연습법에서는 장시간의 단순 반복을 택하지 않는다. 설령 연마하려는 기술에 쏟는 시간이 줄어든다고 해도 말이다. 대신 새로운 요소를 가미하고 다양한 활동을 섞는 것이 효과적인 학습을 자극하고 더 큰 성과를 가져올 수 있다.

도전 의식을 북돋우고 실력을 키우는 두 번째 방법은 어려움을 높이는 것이다.

빌 브래들리(Bill Bradley)가 뉴욕 닉스의 NBA 2회 우승에 큰 기여를 하고 3선 상원의원으로 재직하기 오래전의 일이다.[40] 미주리주에 사는 호리호리한 고등학생이었던 그는 농구 실력을 키우려고 안간힘을 쓰고 있었다. 하지만 그에게는 중대한 약점 두 가지가 있었다. 느린 스피드와 서툰 드리블이었다.

평범한 농구 꿈나무 청소년이라면 일주일에 두세 번 운동장을 뛰고 코트에 들어가기 전에 드리블을 10분쯤 더 연습하기로 결심했을지도 모른다. 하지만 브래들리는 아니었다. 그는 그런 방식으로는 안 된다는 것을 본능적으로 느꼈다. 그가 택한 해법은? 우선 4.5킬로그램짜리 추를 양쪽 신발 안에 넣었다. 그리고 농구 코트 여기저기에 의자를 세워놓고, 안경 아랫부분에 종이를 붙여서 드리블할 때 공이 보이지 않게 했다. 그는 날마다 무거운 다리를 움직여 의자들 사이로 방향을 틀어 달리면서, 바닥을 내려다보지 않고 시선은 가상의 수비수들에게 맞춘 채 드리블을 연습했다.

요즘 농구 스타들의 묘기에 가까운 연습에 비하면 브래들리의 장애물 코스는 애들 장난처럼 보인다. 스테픈 커리(Stephen Curry)는 날아오는 테니스공을 잡으면서 드리블을 하고, 코트 끝의 라커 룸 입구에서 골대를 향해 슛을 날리고, 시야의 조명이 어지럽게 깜박이는 특수 안경을 써서 코트가 잘 보이지 않는 상태로 연습을 한다.[41]

마이클 펠프스의 연습법은 단순히 새로운 도전을 찾는 것이 아니라, 거의 일어나지 않을 최악의 시나리오에도 대비한 도전을 전략적으로 선택하는 것의 힘을 잘 보여준다. 2008년 베이징 올림픽 때 펠프스는 접영 200미터 경기가 시작된 후 고글에 물이 차기 시작했다.[42] 그는 잠시 놀랐지만 계속 물살을 가르며 질주했고 가까스로 턴하는 타이밍에 벽을 분간해 머리를 부딪히는 것을 피했다. 두 구간이 남은 상태에서는 물이 가득 차서 시야가 완전히 가려졌다.

놀랍게도 펠프스는 바로 그런 상황에 대비가 돼 있었다. 평소 코치가 눈을 가리고 연습하게 훈련시킨 것이다. 그 과정에서 그는 유용한 방법을 터득했다. 시야가 가려졌을 때는 스트로크 횟수를 세서 자신의 위치를 가늠하는 것이다. 펠프스는 베이징 올림픽 접영 200미터에서 스트로크 횟수를 세면서 완주했을 뿐만 아니라 오히려 더 빨라져 세계신기록까지 수립했다.

도전 의식을 북돋우고 실력 향상을 촉진하는 세 번째 방법은 가장 의외의 방식이다. 즉 자기 분야와 완전히 다른 분야의 연습을 택하는 것이다.

대학 미식축구 최고의 선수에게 주어지는 하이스먼 트로피를 받은 허셜 워커(Herschel Walker)가 1986년 댈러스 카우보이스에 입단했을 때, 팬들은 그가 경기장에서 곡예 같은 점프와 재빠른 스핀 무브로 수비수들을 뿌리치는 모습을 보여주길 기대했다.[43] 하지만 팬들은 전혀 예상치 못한 다른 곳에서도 워커의 그런 몸놀림을 목격했다. 그가 오프시즌 때 포트워스 발레단(Fort Worth Ballet)과 무대에 올라 공연한 것이다. 춤을 연습하는 미식축구 선수는 워커 이외에도 많다. 또 그는 전문 발레단과 함께 무대에서 공연한 최초의 NFL 선수도 아니었다. 미식축구 선수들은 발레에 고도의 민첩성과 균형 감각, 집중력이 필요하다는 사실을 알고 있다. 이것들은 미식축구 선수의 기량을 높이는 데 굉장히 유용하다.

미식축구 선수가 발레를 하는 것은 자기 분야와 다른 종목을 훈련하는 크로스트레이닝(cross training)의 한 예다.[44] 크로스트레이닝에는 많은 장점이 있다. 체력 유지에 도움이 되고, 자기 분야에 적용 가능한 새로운 기법을 알게 되며, 평소에 상대적으로 적게 사용하는 근육을 강화할 수 있다. 또한 시즌이 끝난 뒤에 다른 종목을 훈련하면서, 지루함이나 번아웃에 빠질 위험을 줄일 수 있다.

물론 모든 미식축구 선수가 오프시즌에 경기 유니폼 대신 발레복을 입는 것은 아니다. 어떤 이들은 균형 감각과 스피드, 체력을 키우기 위해 복싱을 한다. 어떤 이들은 주짓수나 가라테를 하면서 빠른 몸동작을 익히고 손목 사용 기술과 집중력을 키운다. 비디오게임인 〈매든 NFL〉을 하면서 몸을 직접 쓰지 않고 패턴 파악 기술을 연마하는 선수도 많다.

자신에게 효과적인 활동을 택하기만 한다면 크로스트레이닝은 어떤 분야에서도 활용 가능하다. 소설가 무라카미 하루키는 달리기와 수영을 한다.[45] 이들 활동이 긴 작품을 집필할 때 필요한 인내심과 지구력을 길러주기 때문이다. 존 스튜어트(Jon Stewart)는 시사풍자 토크쇼 〈데일리쇼〉 진행자로 활동할 때 일부러 시간을 내서 십자말풀이를 하곤 했다.[46] 어휘력과 입담을 키우고 연상 작용을 강화해주기 때문이다. 이것은 적재적소에서 유머를 활용하는 능력에 꼭 필요한 자질이다.

최근 10년 동안 즉흥 연극 수업을 듣는 기업 리더들이 크게 늘어났다.[47] 짤막한 코미디 공연에 갑자기 관심이 생겨서가 아니다. 훌륭한 리더가 되는 데 필요한 경청과 상황 집중력을 키우는 데 회의실보다 무대가 더 효과적이라는 점을 깨달았기 때문이다.

이미 할 일이 넘치는 스케줄 표에 크로스트레이닝까지 추가한다고 생각하면 부담스러울 수 있다. 그러므로 그것을 하루 일과에 어떻게든 끼워 넣어야 하는 책무로 생각하는 대신, 취미 활동을 선택할 때 염두에 두는 편이 낫다. 일에서 향상시키고 싶거나 보완하고 싶은 기술이 있다면, 그 기술을 필요로 하되 자신이 즐겁게 할 수 있는 활동이 무엇인지 생각해보라.

예컨대 사람들 앞에 나가 말하는 것을 힘들어하는 세일즈맨이라면 노래방에 자주 가서 그런 두려움을 극복할 수 있다. 사물이나 환경에 대한 세밀한 관찰력을 키우고 싶은 작가라면 그림 그리기를 취미로 삼는 것도 좋다. 섬세한 운동신경을 발달시키고 싶은 의사가 취미로 비디오게임을 하는 것도 도움이 될 수 있다.

결국 크로스트레이닝의 가치는 새로운 요소와 도전을 경험하고 한층 성장할 기회가 된다는 점에 있다. 그런 기회는 학습과 실력 향상에 꼭 필요하지만, 한 분야의 기술에 매진하다 보면 만나기 어려운 것이기도 하다. 그러나 자기 분야에서 정상에 오른 이들의 연습 방식을 잘 들여다보면 비슷한 점이 눈에 띈다. 바로 어려운 것에 끊임없이 도전하고 과거와 미래와 현재를 모두 활용해 연습한다는 점이다. 그들은 힘든 과정 없이는 발전할 수 없다는 사실을 잘 알며, 그들에게는 고수의 경지에 오르는 것이 목적이 아니기 때문이다. 그들에게는 발전을 위해 끊임없이 정진하는 과정 자체가 곧 삶이다.

7장

전문가에게서
값진 조언을 얻는 법

· · • · ·

2001년 늦가을 할리우드에서 가장 인기가 높은 티켓은 화려한 영화 시사회 입장권도, 한정된 인사만 참여하는 유명 시상식의 입장권도 아니었다. 그것은 〈타임〉지가 20세기 최고의 배우로 선정한 말론 브란도가 주최하는 열흘간의 연기 워크숍 티켓이었다.[1] 이 워크숍에 참석한 인물들의 명단은 화려했다. 레오나르도 디카프리오, 숀 펜, 우피 골드버그, 로빈 윌리엄스 등 많은 유명 스타가 자리를 채웠다. 시작 시간이 되자 유명 인사를 태운 고급 리무진이 행사장으로 속속 들어왔다.

이들은 영화계의 전설에게 연기를 배우려고 이곳에 왔다. 당대의 가장 성공한 배우 중 한 명이자 영화 〈대부(The Godfather)〉와 동의어인 남자이며 메소드 연기의 선구자인 말론 브란도가 자신의 연기 비법을 소개한다는 자리였다. 배우 에드워드 제임스 올모스(Edward James Olmos)는 워크숍이 시작되기 직전 방 안에 기대감과 흥분이 가득했다면서 훗날 이렇게 회상했다. "브란도는 한 번도 사람들에게 연기를 가르친 적이 없었다. 그 행사는 그가 배우들에게 전해주는 유산이 될 것으로 기대됐다."

브란도는 이 행사를 위해 촬영 팀도 고용했다. 워크숍 촬영 영상을 편집해 영화 학교와 연기 수업 프로그램들에 판매할 계획이었다. 영상물 작업을 총괄할 감독도 섭외한 상태였다. 시작 시간이 되자 브란도가 신호를 보냈다. 카메라가 돌기 시작했다. 그리고 그 자리에 참석한 이들 모두가 잊지 못하게 될 장면이 펼쳐졌다.

〈할리우드 리포터〉에 보도된 당시 장면은 다음과 같았다.

문이 활짝 열리자 금색 가발에 파란색 마스카라를 바르고 검은 드레스를 입은 78세의 브란도가 등장했다. 오렌지색 스카프를 두르고 드레스 안쪽에 패드를 넣어 가슴을 크게 부풀린 모습이었다. 그는 장미를 든 손을 흔들면서 한껏 우아한 포즈로 행사장 안을 걸어 다닌 뒤, 임시 무대 위의 왕좌처럼 생긴 의자에 136킬로그램의 거구를 풀썩 앉히더니 과장된 포즈로 입술에 립스틱을 바르기 시작했다.

"화가 나! 화가 나서 미치겠다고!" 그는 청중석을 보며 나이 든 영국 부인 같은 억양으로 외쳤다. 그렇게 시작한 즉흥 독백이 10분 뒤에 끝나자, 브란도는 뒤로 돌아서 치맛자락을 올리더니 관객에게 엉덩이를 드러내 보였다.

이것은 시작일 뿐이었다. 워크숍 기간에 브란도는 관객들에게 사모아 레슬링 선수들과 난쟁이 공연단이 즉흥 연기를 하는 것을 보여줬고, 거리에서 데려온 노숙자에게 연기의 기초를 가르쳤으며, 워크숍에 참석한 학생들에게 청중이 보는 앞에서 옷을 벗으라고 했다.

학생들이 무대에 올라 다양한 즉흥 연기를 하면 브란도가 비평을 하는 시간도 있었다. 브란도는 인정사정없이 피드백을 날렸다. 그는 연기가 마음에 들지 않으면 다 끝나기도 전에 무대로 성큼성큼 올라가 고함을 질렀다. "이건 가짜야! 진정한 연기가 아니라고!"

처음에 청중 대다수는 이 모든 것에 브란도의 철저한 숙고와 계획이 깔려 있을 것이라고, 그가 흥분하는 데에 나름의 체계적인 이유가 있을 것이라고 생각했다. 에드워드 제임스 올모스는 브란도의 파격적인 첫 등장 모습에 대해 이렇게 설명했다. "그는 연기의 기본을 강조하고 있었다. 자신의 엉덩이까지 보여주면서 실패할 준비가 돼 있어야 한다고, 그럴 각오가 없다면 연기를 그만두는 편이 옳다고 말이다."

어쩌면 그랬을지도 모른다. 하지만 그럼에도 학생들은 점점 실망감을 느꼈다. 사흘째가 되자 몇몇 학생은 이건 워크숍이 아니라 '서커스' 같다면서 집으로 돌아갔다. 날짜가 지날수록 참석자 수는 계속 줄어들었다. 심지어 촬영을 총괄하는 감독도 그만두었다.

브란도의 이 실패한 연기 워크숍의 구성 프로그램들은 독특하기 그

지없지만, 이것이 주는 메시지는 브란도의 사례에만 나타나는 특이한 것이 아니다. 그 메시지란 전문가가 훌륭한 선생님이 되는 경우는 보기 드물다는 것이다.

우리는 최고 위치에 오른 사람은 자기 분야의 지식과 기술에 통달했으므로 남들에게 가르치는 능력도 뛰어날 것이라고 가정하는 경향이 있다. 하지만 그렇지 않다. 만일 그 가정이 옳다면, 스포츠계의 최고 감독들은 전부 농구의 매직 존슨(Magic Johnson)이나 아이제이아 토머스(Isiah Thomas) 같은 은퇴한 스타 선수여야 할 것이다.[2] 이 두 왕년의 NBA 스타는 잠시 감독으로 활동했지만 성과는 실망스러웠다. 아이스하키 선수 웨인 그레츠키는 피닉스 카이오츠(Phoenix Coyotes)의 감독으로 활동한 네 시즌 동안 처참한 성적을 기록했고 이후 스포츠계를 떠나 와인 사업에서 큰 성공을 거뒀다.[3] 야구에서 지난 100년간 최다승 감독은 최고 타자인 타이 콥(Ty Cobb)이 아니라 타율이 1할 9푼 9리에 불과한 형편없는 선수였던 토니 라 루사(Tony La Russa)다.[4] 이는 메이저리그 평균보다 50퍼센트포인트 낮은 타율이었다.

스포츠뿐만이 아니다. 대학 교수에게는 두 가지 주요 책무가 있다. 수준 높은 연구 성과를 내는 일과 학생을 가르치는 일이다. 많은 학부모는 뛰어난 연구자(즉 탁월한 연구 성과를 인정받아 유명 대학에 임용된 교수)가 학생을 가르치는 교사로도 뛰어날 것이라고 생각한다. 그러나 그 가정을 뒷받침하는 증거는 없다. 연구 결과에 따르면, 연구 실적을 토대로 강단에 설 사람을 채용하는 것은 의사가 좋아하는 아이스크림 맛에 따라 의사를 고르는 것만큼이나 멍청한 짓이라고 한다.

〈교육연구리뷰(Review of Educational Research)〉에 발표된 한 포괄적 연구에서는 50만 명 이상의 교수가 수행한 연구의 양과 영향력, 그리고 학생들의 평가를 토대로 그들의 성과를 분석했다.[5] 그 결과 교수의 연구 실적과 교수 수행 능력 사이에 상관관계가 전혀 없는 것으로 드러났다.*

가르치는 능력은 전문성에 비례하지 않는다. 무언가를 잘하는 것과 타인에게 가르치는 것은 다른 능력이다.

우리는 날마다 신발 끈을 묶는다. 그럼에도 신발 끈 묶기에 관한 단계별 매뉴얼을 만들어야 한다고 생각하면 선뜻 자신감이 생기지 않는다. 효과적인 매뉴얼을 제작하려면 글쓰기 기술이 있어야 하고, 세련된 어휘를 구사해야 하며, 사람들이 복잡한 운동 기능을 습득하는 원리도 알아야 한다. 날마다 신발 끈을 묶는 행동으로는 그런 것을 배울 수 없다.

하지만 꼭 그런 것을 배우지 못한 것만이 문제가 아니다. 연구 결과에 따르면 전문적 능력을 지녔다는 사실 자체가 가르치는 능력을 방해한다. 우리는 무언가를 더 잘할수록 그 방법을 설명하는 일에 서툴러진다. 도대체 이유가 무엇일까?

---

* 더욱 놀라운 점은 학생들이 종신 교수보다 시간제 강사가 가르치는 수업에서 더 나은 교육 경험을 했다는 사실이다(해당 종신 교수 대부분은 탁월한 연구 성과로 교수에 임용된 이들이었다).

지식의 저주

지미 팰런(Jimmy Fallon)은 난처한 표정을 지었다.[6] 양손으로 얼굴을 가리고 혼잣말을 했다. "아, 이런, 안 돼." 그는 머리를 소파에 파묻고 배 속의 태아처럼 몸을 웅크렸다.

그의 파트너는 영화 〈원더우먼〉의 주인공 갤 가돗(Gal Gadot)이다. 가돗은 당황하지 않고 팰런을 격려했다. "자, 괜찮을 거예요." 그녀는 팰런 옆에 무릎을 꿇고 그의 등을 토닥였다. "우리 잘할 수 있어요. 잘할 거예요. 나를 믿어요."

물론 팰런은 과장된 연기를 하는 중이다. 자기 팀이 제스처 게임에서 질까 봐 심란해 죽겠다고 야단이다. 이것은 〈투나잇쇼〉의 매력 요소들이 한데 담긴 장면이었다. 유치하지만 재미있는 게임과 유명 연예인, 그리고 팰런의 장난기 말이다.

게임이 시작되자 팰런은 자못 진지하게 임한다. 가돗이 첫 번째 제시어를 확인한다. 카운트다운이 시작된다. 그녀는 한 손으로 주먹을 만들어 턱 밑에 갖다 댄다.

"노래!" 팰런이 외친다. 가돗은 "음음" 하며 고개를 끄덕인다. 말을 해서는 안 되고 동작으로만 설명해야 한다. 그녀는 팰런에게 손가락 세 개를 펴 보인다. 팰런이 "세 단어군요"라고 말한다. 이번에도 서로 통했다.

가돗의 다음 동작은 훨씬 더 이해하기 어렵다. 발을 벌리고 선 자세로 양팔을 골반 근처에서 아래쪽을 향해 죽 뻗으면서 무릎을 구부린다.

팰런은 당황한 기색이 역력하다. 옆에 있던 쿠션을 잠시 끌어안았다가 청중석을 보며 눈썹을 추켜올리더니 "아……" 하고 내뱉는다.

가돗은 동작을 다시 반복하지만 팰런은 여전히 감을 못 잡는 표정이다. 그의 시선이 스태프와 청중석과 다른 출연자들을 차례로 훑는다. 그리고 틀릴 걸 알지만 그냥 아무거나 던져본다는 표정으로 자신의 추측을 말한다. "국가의 탄생? 아기가 돌아왔다? 밀어내기?"

그때 시간 초과를 알리는 버저가 울린다. 가돗은 못내 아쉬워하며 말한다. "아이! 내 설명이 그렇게 엉망이었어요? 이 정도면 맞힐 줄 알았는데." 그리고 곧 답을 말해준다. 답은 브루스 스프링스틴(Bruce Springsteen)의 노래 제목 "본 투 런(Born to Run)"이다.

팰런이 말한다. "아아, 본 투 런! 그거였는데! 정말 미치겠군요. 제스처 설명은 훌륭했어요. 내가 잘못한 거예요."

물론 팰런의 태도는 지나치게 겸손한 것이다. 그가 가돗의 몸동작을 보고 정답을 맞히지 못한 것은 어느 한쪽의 게임 능력 탓이 아니다. 이것은 '지식의 저주(curse of knowledge)'와 관련된 현상이다. 한마디로 지식의 저주란 내가 무언가를 알고 있으면 그것을 모르는 상태를 상상하기가 불가능해지는 것을 말한다.

가돗이 맞히기 쉬울 것이라고 생각한 몸동작 힌트가 팰런에게는 어렵게 느껴진 이유를 이해하기 위해, 스탠퍼드대학교에서 진행한 실험을 살펴보자.[7] 이 연구 팀은 〈투나잇쇼〉에 나온 것과 비슷한 간단한 게임을 활용했다. 연구 팀은 학생 80명을 모아놓고 두 명씩 짝지어 팀을 만들었다. 각 팀에서 한 명은 '두드리는 사람', 다른 한 명은 '듣는 사람' 역할을 맡았다. 두드리는 사람은 유명한 노래들("반짝반짝 작은 별", "고요한 밤 거룩한 밤", "록 어라운드 더 클락Rock Around the Clock" 등)이 적힌 목록에서 자신이 잘 아는 세 곡을 고른 후 손으로 책상을 두드려 리듬을 들려주었다. 그러면 듣는 사람이 그것을 보고 노래 제목을 맞혀야 했다.

게임 시작 전, 연구 팀은 두드리는 사람 역할을 맡은 학생들에게 이런 질문을 던졌다. 당신이 리듬을 재현할 노래들 중 파트너가 몇 개를 알아맞힐 것 같습니까? 그들은 50퍼센트라는 낙관적인 대답을 내놓았다. 하지만 결과는 전혀 달랐다. 실험이 끝나고 80쌍의 결과를 살펴보니 정답률은 겨우 2.5퍼센트였다.

갤 가돗과 위 실험에서 두드리는 역할을 한 학생들은 자신이 주는 힌트의 가치를 과대평가했다. 그렇게 과대평가하게 되는 이유는 지식의 저주 때문이다. 즉 답을 알고 있으면 우리가 생각하는 방식이 바뀌기 때문이다. 그리고 답을 모르는 상대방의 관점은 상상하기 어려워진다.

어째서 우리는 뭔가를 아는 상태에서는 모르는 상태를 상상하기 힘든 것일까? 심리학자들은 우리 두뇌가 새로운 정보를 신속하게 집어삼키고 이미 습득한 정보는 버리지 않도록 진화했기 때문이라고 말한다.[8] 나는 뭔가를 알고 상대방은 모를 때 상대방과 같은 관점을 갖기가 어려운 것은, 두뇌가 이미 습득한 유용한 정보를 무시하거나 잊어버리지 않게 설계돼 있는 탓이다. 여기에는 그럴 만한 이유가 있다. 인간은 오랜 세월 진화하는 동안 중요한 정보를 기억하고 필요한 순간에 활용해야 생존할 수 있었다.

지식의 저주는 오랜 옛날 인간의 생존에 꼭 필요했겠지만, 오늘날은 단순히 사소한 게임에서 점수를 따지 못하게 방해하는 것을 뛰어넘어 여러 가지 문제를 초래한다.

우리가 뭔가를 알고 있을 때 그것을 모르는 사람의 사고 프로세스를 짐작하지 못한다는 사실은, 기업 경영자가 마케팅에 형편없는 경우가 많은 이유를 설명해준다. 우선 그들은 너무 가까이에서 자신의 제품을 속속들이 알기 때문에 일반 소비자가 그 제품에서 불편하다고 느낄 만한 부분을 알아채지 못할 수 있다. 그리고 기업 경영자는 경쟁사를 의식하므로 차별화된 특성을 지나치게 중요시하지만 실제로 소비자는 그 특성을 별로 중요하게 느끼지 않는 경우도 많다.

그리고 때로는 지식의 저주 탓에 충분히 능력 있는 사람(특히 새로운 자리에 들어간 경우)이 자기 실력을 과소평가한다. 예를 들어 신입 컨설턴트는 자신이 처음에 생각한 것보다 훨씬 더 많은 것을 안다는 사실을 깨닫고 안심하는 경우가 종종 생긴다. 갑자기 새로운 능력이 생겼기 때문이 아니다. 이런 일이 생기는 까닭은 그가 과거에 함께 일해봤거나 롤 모델로 연구했던 전문가와 자신을 마음속에서 비교하기 때문이다. 하지만 고객에게는 그와 관련된 지식이 없다. 고객은 자기 업계의 상황에 온통 관심이 쏠려 있으므로 그런 지식까지는 섭렵하지 못한다. 그래서 컨설턴트 입장에서는 너무 뻔하고 일반적이라고 느끼는 솔루션이지만 고객은 만족하는 경우가 종종 있다.

최고의 전문가가 최악의 교사가 되는 까닭

그러나 지식의 저주가 초래하는 가장 큰 문제는 우리가 전문가에게 배우는 것을 대단히 어렵게 만든다는 점이다. 경험 많은 전문가가 경험이 없는 비전문가의 입장에서 바라보기 힘들다는 것도 문제지만, 그들이 기술 습득에 걸리는 시간을 과소평가할 수밖에 없다는 사실도 문제다.

시속 193킬로미터의 에이스를 꽂아 넣는 방법을 익히려면 시간을 얼마만큼 투자해야 하느냐고 세계 최정상 테니스 선수 노박 조코비치에게 물어본다면? 그의 입에서 나오는 대답은 실제 필요한 시간보다 한참 적을 가능성이 높다.[9] 왜일까? 당신과 내가 책 읽는 법을 모른다는 것을 상상하기 힘든 것만큼이나 조코비치로서는 시속 193킬로미터의 에이스를 만드는 법을 '모른다'는 것을 상상하기 힘들기 때문이다.

게다가 당신이 조코비치를 데려다가 코치로 삼는다고 해도 확실히 배울 수 있다는 보장이 없다. 조코비치가 서브를 넣을 때 취하는 동작의 대부분은 무의식적으로 이뤄진다. 오랫동안 쌓인 경험이 그의 사고 과정을 압축하고 깊은 생각 없이 자동으로 움직이게 하며, 그는 거기서 절약된 에너지를 다른 더 중요한 요소들에 집중시킨다.

이것은 코트에서는 강점이지만 강의실에서는 치명적 약점이 된다.

교육심리학자 리처드 클라크(Richard Clark)는 이 주제를 수십 년간 연구했다.[10] 클라크는 인지적 과제 분석(cognitive task analysis)이라는 기법을 활용한다. 이 기법에서는 전문가들에게 과제를 수행할 때 이루어지는 모든 행동에 대한 단계별 설명을 듣기 위해 여러 질문을 던지는 광범위한 인터뷰를 한다. 그다음으로 클라크는 전문가가 실제로 그 작업을 수행하는 영상을 보면서, 그들이 인터뷰에서 자기 행동을 얼마나 상세하게 설명했는지 확인한다. 클라크는 프로 테니스 선수, 중환자 병동 간호사, 연방법원 판사 등 다양한 분야의 전문가를 분석했다. 그가 내린 결론은? 전문가들은 성공적인 수행에 필요한 행동 단계의 무려 70퍼센트를 설명하지 않은 것으로 드러났다. 그들은 그 단계들에 대해 거의 생각을 하지 않기 때문이다. 그들의 행동 대부분이 무의식적으로 이뤄지는 것이다.

흥미로운 사실은, 전문가가 평소 자동으로 수행하던 행동을 일부러 의식하면서 집중하기 시작하면 오히려 성과가 떨어지는 경우가 많다는 점이다. 스포츠에서는 이런 현상을 '초킹(choking)'이라고 한다. 심한 압박감에 짓눌린 전문가가 복잡한 일련의 행동을 지나치게 의식하면서 단계별로 점검하면 평소에 하던 자동화된 수행이 방해를 받고, 따라서 제 실력을 발휘하지 못하는 것이다.

조코비치가 초킹 현상을 겪는다고 가정해보자. 윔블던 테니스대회 결승의 5세트 타이브레이크 상황, 수많은 관중이 숨죽이며 지켜보는 가운데 조코비치가 평소처럼 자연스럽게 코트로 걸어 들어가 강력한 에이스를 꽂아 넣는 대신, 갑자기 서브를 넣기 전 공을 튀기는 횟수를 세고, 라켓을 잡은 손의 위치를 재차 점검하고, 스윙 시 어깨 각도를 제대로 하자고 다짐한다고 생각해보라. 두뇌가 이렇게 너무 많은 정보를 처리해야 하면 그 플레이는 망칠 가능성이 높다. 이 때문에 초킹 현상이 운동선수의 실수를 낳는 것이다.

강한 압박감 자체가 선수의 플레이를 망치는 것이 아니다. 지나치게 많은 생각이 망치는 것이다.

2008년 미시간대학교와 세인트앤드루스대학교의 연구 팀은 실력 수준이 다양한 골프 선수들을 대상으로 실험을 했다.[11] 먼저 모든 골프 선수에게 실내 연습장에서 퍼팅을 하게 한 후 성과를 측정했다. 그러자 당연히 숙련된 선수들이 초보자들보다 월등히 뛰어난 결과를 냈다.

그다음, 연구 팀은 선수들에게 자신의 행동을 묘사한 짧은 글을 쓰게 했다. "기억나는 모든 동작을 세세히 적으십시오. 아무리 사소하게 느껴지는 동작이라도 빠짐없이 기술하십시오." 이는 선수들이 자신의 동작을 상기하면서 깊게 생각할 때, 즉 무의식적인 행동을 의식적인 것으로 만들 때 어떤 변화가 생기는지 관찰하기 위한 것이었다. 선수들은 짧은 글쓰기를 마친 후 다시 퍼팅을 했고, 연구 팀은 그 성과를 측정했다.

결과가 어땠을까? 퍼팅 과정을 언어로 설명하는 것은 숙련된 골프 선수의 성과를 크게 떨어트렸다. 이는 어찌 보면 당연한 결과다. 그들은 복잡한 일련의 작업에 이미 고도로 숙달된 상태이며, 그들이 가장 원치 않는 것은 자동화된 프로세스를 분해하는 것이기 때문이다.

그러나 초보자들에게서는 전혀 다른 결과가 목격됐다. 이들은 자신의 동작을 다시 생각하면서 기록한 이후 성과가 나아졌다. 파괴될 자동화된 프로세스가 없는 경우에는 일련의 단계를 생각하면서 실행하는 것이 기술 습득에 도움이 된다.

전문가에게 배우는 것을 어렵게 만드는 마지막 장애물은 이것이다. 그들이 설명하는 방식은 초보자 입장에서 소화하기 힘겨울 수밖에 없다.[12] 그들은 오랜 시간 축적된 경험 덕분에 대단히 복잡한 개념이나 과정이 내면에 압축적으로 체화되어 있다. 또한 그들에게는 입에 밴 표현이지만 평범한 우리에게는 어렵게만 느껴지는 전문 용어를 아무렇지 않게 사용한다. 만일 당신이 정비공이나 의사, 또는 홈디포(Home Depot)의 판매 직원과 대화를 나누다가 난감함을 느껴봤다면, 대화의 방해물은 그들의 전문 지식이었을 가능성이 높다.

요컨대 전문가는 비전문가와 생각하는 방식이 다르다. 그들은 자신도 의식하지 못하는 지름길을 활용하고, 자신이 하는 행동을 깊게 생각하지 않으며, 자신이 아는 것을 모르는 상태를 상상하지 못한다. 성공적인 작업에 필요한 행동을 분석해서 말해달라고 하면, 그들은 70퍼센트를 빼놓고 말한다. 그리고 설명해주는 30퍼센트는? 대다수 사람들이 조금 힘겨워하거나 또는 아예 이해하기 힘든 언어로 설명한다.

그렇다면 우리는 전문가들에게서 어떻게 해야 배울 수 있을까?

전문가의 통찰력을 이끌어내기 위한 질문

지금 당신은 공항 탑승 게이트 앞에 있다. 주변은 출장 가는 비즈니스맨, 겨울 코트를 입은 여행객, 휴대용 가방으로 가득하다. 그때 안내 방송이 흘러나온다. 비행기 출발이 지연된다는 내용이다. 뭔가 기술적인 문제이고, 항공사에서 대체 항공기를 찾는 중이며, 언제 출발하게 될지 알 수 없으므로 추후 안내를 기다려달라고 한다.

당신은 불안해진다. 내일 아침 미팅 때문에 환승지에서 연결 항공편을 꼭 타야 한다. 항공권 검색 사이트에 들어가서 대체 항공편을 찾아보려고 하는데 아까는 없던 새로운 얼굴이 눈에 띈다. 왠지 익숙한 얼굴이다. 처음엔 누구인지 생각이 안 났지만 곧 떠오른다. '그 사람'이다. 팟캐스트 진행자이고 베스트셀러도 여러 권 냈으며 곧 공개될 넷플릭스 다큐멘터리의 주인공이기도 하다. 당신이 속한 업계의 전문가인 그녀는 분야 최정상으로 모두에게 인정받는 인물이다. 그런데 그녀가 여기에, 당신과 같은 게이트에 있는 것이다.

웬일인지 그녀는 항공편 지연에도 크게 당황하지 않는 기색이다. 항공편이 갑자기 지연된 데다 작은 터미널인데 승객이 많아서 주변에 남는 의자도 없다. 심지어 편하게 서 있을 공간도 모자랄 지경이다. 당신은 그녀를 쳐다보지 않으려고 애쓰지만, 그녀가 콘센트를 찾느라 벽을 여기저기 훑어보는 모습을 알아채지 않을 수가 없다. 당신은 아까 마지막으로 남은 콘센트를 발견해 쓰고 있던 중이었다. 그녀가 가까이 오자 당신은 용기를 내본다.

"여기 쓰시겠어요?" 당신이 휴대전화에서 충전 케이블을 빼면서 말한다.

"아, 정말 괜찮으세요?" 그녀가 묻자 당신은 재빨리 고개를 끄덕인다. "정말 친절하신 분이네요. 감사해요. 방금 배터리가 나가서 전화기가 꺼졌거든요."

잠시 후 당신 옆에 앉아 있던 남자가 일어나더니 짐을 챙겨 자리를 뜬다. 그걸 보니 당신도 빨리 대체 항공편을 알아봐야 한다는 사실이 퍼뜩 떠오른다. 당신이 다시 휴대전화로 고개를 숙이려고 할 때 그녀가 당신 옆의 빈 의자로 와서 앉는다.

그때 당신은 이런 생각이 든다. 이분은 지금 전화를 쓸 수 없어. 비행기도 지연됐고. 대화 말고는 딱히 할 수 있는 일이 없잖아. 사람들은 이 전문가와 대화할 기회를 얻는 데 수천 달러도 기꺼이 낼 거야. 나는 지금 평생 잡기 힘든 기회를 운 좋게 만난 거야.

그 순간 당신은 그녀에게 무엇을 물어야 할까? 전문가에게서 값진 통찰력을 끌어내려면 어떤 질문을 하면 좋을까? 그리고 대화를 망칠지도 모르는 지식의 저주를 약화시키려면 어떻게 해야 할까?

전문가와 대화할 때는 세 종류의 질문을 활용하는 것이 좋다. 여정, 프로세스, 발견에 대한 질문이다.

먼저, '여정에 대한 질문'에는 다음 두 가지 목적이 있다. 성공에 이르기까지 전문가가 걸어온 길을 엿보는 것과, 그에게 초보자 시절의 경험을 상기시키는 것이다. 아마추어에서 프로가 되기까지의 과정을 들어보면, 당신도 그 과정을 재현할 방법에 대한 감을 잡는 데 큰 도움이 된다(물론 당신의 분야가 과거에 비해 엄청나게 변화하지는 않았다고 가정할 경우). 그가 자신의 아마추어 시절을 돌이켜보면 초보자에게 더 공감하기 쉽고, 따라서 유용한 조언을 해주게 된다. 질문의 예는 아래와 같다.

- 당신은 기술을 익히기 위해 무엇을 읽었습니까/보았습니까/연구했습니까?
- 경력 초반에 어떤 실수를 했습니까?
- 지금 돌아보니 결국 별로 중요하지 않다고 느껴지는 것, 즉 과거에 시간을 더 적게 쏟았더라면 하는 생각이 드는 것은 무엇입니까?
- 어떤 지표들을 꾸준히 점검해야 한다고 느꼈습니까?

'프로세스에 대한 질문'은 실행의 핵심에 가닿기 위한 것이다. 전문가가 결과물을 완성하는 구체적인 단계와 접근법을 알아내는 것이 목적이다. 여기서 나오는 대답은 역설계에 특히 유용하다. 복잡한 결과물이 만들어지는 과정을 드러내기 때문이다.

하지만 이 점을 명심해야 한다. 포괄적인 질문을 하면 별로 유용하지 않은 정보만 얻게 될 가능성이 높다. 앞에서 살펴봤듯 전문가는 많은 것을 깊이 생각하지 않고 자동으로 수행한다. 따라서 일반적인 질문은 피하고 지나치다 싶을 만큼 구체적인 질문을 하라. 구체적인 질문의 예는 아래와 같다.

- 당신의 작업 프로세스가 궁금합니다. 작업의 첫 단계는 무엇입니까? 그다음은요? 또 이후에는 무엇을 합니까?
- 아이디어를 어디서 얻습니까? 전략을 세울 때 무엇이 도움이 됩니까?
- 계획은 어떤 식으로 세웁니까?
- 계획을 짤 때/작업물을 만들 때/마케팅을 할 때 보통 하루를 어떤 식으로 보냅니까?

'발견에 대한 질문'은 전문가가 처음에 예상했던 것, 즉 초보자일 때 가졌던 생각이나 믿음과 현재 알고 있는 것을 비교해보게 이끈다. 이 질문을 던지면 전문가는 예상치 못한 깨달음을 얻게 되고, 그가 당신처럼 초보자였을 때는 몰랐지만 지금은 알게 된 유용한 사실을 들려줄 수 있다. 질문의 예는 아래와 같다.

- 지금 와서 되돌아보면 가장 놀랍게 느껴지는 것이 무엇입니까?
- 이 일을 처음 시작할 때 알았더라면 좋았을 텐데, 하는 것은 무엇입니까?
- 처음엔 몰랐지만 지금 와서 보니 당신의 성공에 가장 중요했던 요인은 무엇입니까?
- 만일 처음으로 돌아간다면 무엇을 다르게 할 것 같습니까?

같은 질문을 던지더라도 전문가마다 전부 다른 대답이 돌아올 것이다. 그래도 상관없다. 우리의 목적은 성공을 보장해주는 단 하나의 답안지를 찾는 것이 아니기 때문이다. 어차피 그런 것은 존재하지 않는다. 전문가가 그 자리에 오르는 데 가장 중요했다고 생각하는 요인들을 발견하는 데 의미가 있다.

포커스 그룹 진행자에게 배워라

적절한 질문을 결정하는 것은 출발점에 불과하다. 그보다 더 중요한 것은 전문가의 마음을 열 수 있는 방식과 태도로 질문하는 것, 그리고 뒤이은 당신의 반응으로 더 유용한 정보를 끌어내는 것이다. 먼저 전문가의 마음을 여는 일부터 살펴보자.

짧은 시간 내에 사람들에게서 중요한 정보를 끌어내는 기술에 탁월한 대표적 인물은 포커스 그룹 인터뷰의 진행자다.[13] 이들이 사용하는 많은 기법은 당신이 전문가와 대화할 때도 쉽게 활용할 수 있다.

포커스 그룹 진행자가 중요한 정보를 끌어내기 위해 쓰는 기법 중 가장 중요한 것은 호기심 가득한 태도다. 포커스 그룹 진행자는 자신의 지식수준에 대해 사람들이 어떤 인상을 받을지 신경 쓰지 않는다. 진행자는 기초적인 질문을 자주 던지며, 포커스 그룹 참가자나 토론 내용에 대해 섣부른 가정을 하지 않는다. 그래야만 참가자들이 편안한 분위기에서 자유롭게 의견을 낼 수 있기 때문이다.

"당신이 방 안에서 가장 똑똑한 사람이라면 잘못된 방에 있는 것이다"라는 말을 들어봤을 것이다. 그 방에서는 당신에게 도움이 되는 정보를 아무에게서도 얻을 수 없다. 포커스 그룹 진행자는 절대 방 안에서 가장 똑똑한 사람이 되려고 하지 않는다. 똑똑하다는 인상을 주는 것은 사람의 마음을 열려고 할 때 가장 피해야 할 일이기 때문이다. 포커스 그룹 진행자는 자신을 내세우지 않고 기꺼이 부족한 존재를 자처함으로써 더 많은 의견과 정보를 끌어낼 수 있다.

또한 포커스 그룹 진행자는 질문을 전략적으로 선별해 던진다. 그리고 가장 중요한 질문을 무조건 먼저 던지지 않는다. 대신 상대방이 답하기 쉬운 질문, 편안하게 느끼는 질문을 먼저 던진다. 설문 조사에서 대개 처음에 성별(심리적으로 편하고 비침입적인 항목)을 묻는 것부터 시작하고 소득(복잡하고 매우 개인적인 항목)을 제일 마지막에 묻는 것도 그 때문이다. 사람들은 민감하지 않은 질문에 답한 이후에 민감한 질문에 더 기꺼이 대답하는 경향이 있다.

하지만 포커스 그룹 진행자에게서 더 주목할 점은 뛰어난 경청 능력이다. 참가자에게서 얻어내는 정보와 의견의 질은 질문 자체보다, 고개를 끄덕이며 조용히 들으면서 참가자가 충분히 말하도록 기다리는 진행자의 능력에 더 크게 좌우된다. 정성 들여 듣는 태도는 당신이 상대방의 기여를 중요하게 여긴다는 표시이고, 그러면 상대방은 더 많은 이야기를 꺼내놓기 시작한다.

포커스 그룹 진행자는 종종 참가자가 자신의 말을 더 자세히 부연하거나 더 명확하게 설명하도록 유도할 때 사용할 표현을 준비해 온다. 그런 표현을 미리 적어놓으면, 상대방의 기분을 해치지 않으면서 중간에 끼어들어 뭔가를 요청하기가 더 쉽다.

우리는 이처럼 포커스 그룹 진행자의 기법에서 얻은 힌트를 전문가와의 대화에 적용할 수 있다. '더 자세한 설명을 요청'할 때는 "흥미로운 의견이네요. 왜 그런 생각을 하시게 됐습니까?"라고 말할 수 있다. 또는 단도직입적으로 "좀 더 자세히 말씀해주십시오"라고 한다. 전문가들이 업계 용어를 쓰거나 추상적으로 말하는 경향이 있음을 감안할 때, '명확한 설명 요청하기'도 유용하다. 예컨대 "방금 말씀하신 내용을 다른 방식으로 표현해주시겠어요?"라고 하거나, 인터뷰 전문 기자 케이트 머피(Kate Murphy)가 추천하는 것처럼 "잠시만요. 후진해주세요. 제가 이해를 못 해서요"라고 말한다.[14]

하지만 이 점은 기억해둘 필요가 있다. 상대방이 전문가라면, 아무리 효과적인 표현을 동원해 더 자세하거나 정확한 설명을 요청해도 별 소득이 없을 수도 있다. 단지 그들이 당신보다 더 많은 지식을 갖고 있기 때문만은 아니다. 그 지식이 그들 내면에 압축돼 있어서 외부의 타인에게 전달하기가 어렵기 때문이기도 하다. 따라서 우리는 단지 질문하고 귀를 기울이는 것 이상을 해야 한다. 때로는 전문가의 이야기를 초보자도 쉽게 이해할 수 있는 내용으로 바꿀 필요가 있다.

전문가의 설명을 이해하기 쉽게 바꾸는 방법 하나는 '예시'를 요청하는 것이다. 전문가는 초보자에게 어려운 추상적이고 복잡한 개념을 사용하는 경향이 있다. 그렇다면 추상화의 반대는 구체화다. 여러 연구에 따르면 무언가를 학습할 때 (추상적 이론이 아니라) 예시에서부터 시작하면 이해 속도가 빨라지고 실수가 줄어든다고 한다.[15] 예시는 구체적이기 때문에 이해하기 쉽고, 또한 학습자가 자신의 관점과 설명을 자연스럽게 덧붙일 기회도 만들어주므로 해당 주제를 한층 깊이 이해하는 데 도움이 된다.

전문가의 설명을 이해하기 쉽게 변환하는 또 다른 방법은 '비유'를 요청하는 것이다. 비유는 낯선 대상을 익숙한 방식으로 설명하는 도구다.[16] 친구가 당신에게 승객과 조종사와 항공기를 연결해주는 온라인 항공 장터를 만들 계획이라고 말했다고 치자. 당신은 곧장 이해가 안 돼서 이런저런 질문을 던질 것이다. 하지만 그때 친구가 "한마디로 하늘의 우버라고 생각하면 돼"라고 덧붙인다면, 단박에 이해가 될 것이다. 복잡하거나 모호한 개념이 당신이 이미 갖고 있는 지식과 연결되면 명확하게 이해될 수 있다.

적절한 비유는 전문가의 설명을 이해할 때 중요한 역할을 한다. 하지만 그들이 언제든 꼭 맞는 비유를 할 것이라고 기대하지는 말라. 전문가는 평소에 자기 분야의 이론을 이해하기 위해 일상적인 개념이나 표현을 사용할 필요가 없다. 하지만 초보자는 낯선 것이 익숙한 개념과 연결되면 쉽게 이해할 수 있다. 그러므로 당신을 위해 간단한 비유를 해달라고 요청하라. 또는 당신이 직접 비유를 생각해내서, 그것이 적절한지 전문가에게 확인을 받아라. 설령 당신이 제안한 것이 꼭 들어맞는 비유가 아닐지라도, 그것이 적절한 비유가 아닌 이유에 대한 설명을 전문가에게 듣는 것만으로도 이해도를 높인다.

예시와 비유로도 충분하지 않다면 '직접 보여주기'를 요청하는 것도 좋다. "직접 보여주실 수 있습니까?"라고 말하는 것이다. 예시와 마찬가지로 직접 보여주기는 추상적인 것에 구체성을 부여하고, 우리가 해당 개념을 자신의 관점으로 설명해볼 기회를 만들어준다. 직접 보여주는 방식이 현실적으로 힘들거나 불편한 경우도 있지만 그렇다고 아예 포기할 필요는 없다. 전문가는 관련 내용을 보여줄 수 있는 자료(예컨대 녹화 영상, 기록물, 화면 캡처 자료 등)를 갖고 있거나 쉽게 확보할 수 있는 경우가 많다.

또 다른 기법은 심리치료사가 내담자에게 그의 말이 경청되고 있다는 사실을 알리기 위해 종종 쓰는 방법인 '반복하기'다.[17] 이는 상대방의 말을 다른 표현으로 바꿔 들려주면서 당신이 올바르게 이해했는지 확인하는 것이다. "제가 제대로 이해했는지 확인하고 싶습니다"라고 한 뒤 복잡한 내용을 표현을 바꿔 다시 말해보는 것은 두 가지 효과를 낸다. 첫째, 해당 내용을 더 깊이 생각해보게 된다. 둘째, 이해가 미흡한 지점이 드러나게 된다. 만일 반복하기 기법이 불편하다면 중요한 핵심 개념의 경우에만 사용하라. 이 기법은 전문가의 더 쉽고 명확한 설명을 이끌어내는 데 효과적이다.

그리고 대화가 마무리 단계에 접어들면 다음 두 가지 질문을 하라.

이것은 취재기자가 흔히 활용하는 질문이기도 하다. "혹시 중요한데 제가 빠트린 질문이 있습니까?"와 "만나서 더 얘기를 나눠볼 다른 분을 추천해줄 수 있습니까?"다. 후자의 질문은 전문가 한 명과의 대화에서 여러 명과의 대화로 넘어가는 디딤돌이 될 수 있다. 당신이 만난 전문가가 기꺼이 다른 인물들을 소개해준다면 말이다. 이 경우 단순히 고수들과 인맥을 만들 수 있다는 점만 좋은 것이 아니다. 그 분야의 전문성에 관해 더 완성된 그림에 접근할 수 있다는 점도 중요하다.

앞에서 살펴봤듯 대부분의 전문가는 작업 수행 과정을 말로 설명해 달라고 하면 상당 부분을 빠트린다. 전체 과정의 무려 70퍼센트가 설명에서 생략된다. 그러나 연구 결과에 따르면 이런 전문가의 '기억상실증'을 보완할 해결책이 있다.[18] 여러 명을 만나는 것이다. 당신이 만나는 전문가의 수가 한 명에서 세 명으로 늘어나면, 누락된 설명의 비율이 대략 10퍼센트로 줄어드는 셈이다.

요컨대 대개의 경우 전문가 한 명에게서 당신이 필요한 모든 것을 배울 수는 없다. 창의성의 경우와 마찬가지로 고수의 기술도 여러 다양한 요인의 결합으로 완성된다. 당신이 많은 전문가를 관찰하고 연구할수록 고수의 경지에 이르는 더 정확한 지도를 얻을 수 있다.

피드백이 오히려 성과를 망치는 경우

　역사상 가장 위대한 작가는 누구일까? 이 질문에 흔히 나오는 대답은 '윌리엄 셰익스피어'다. 작가와 비평가들은 셰익스피어 작품의 세련된 플롯과 재치 있는 말장난, 시대를 초월한 영향력에 찬사를 보낸다.

　그렇다면 아마존의 독자들은 어떻게 생각할까? 아래는《윌리엄 셰익스피어 전집》을 구매한 어느 독자가 최근에 남긴 리뷰다.

　　이 책은 대체 어느 나라 말로 쓰인 걸까? 이 전집이 수백 년간 아무도 사용하지 않은 언어로 쓰였다는 사실을 출판사에서 독자들한테 미리 알려주면 좋을 것 같다. 차라리 외계어로 쓰는 편이 낫겠다. 괜히 돈만 낭비했다.[19]

　러시아 소설가 레프 톨스토이의 사정도 별반 낫지 않다. 아래는 도서 리뷰 사이트 굿리즈닷컴(Goodreads.com)에 올라온《전쟁과 평화》리뷰로, 34개의 추천을 받았다.

　　이 책은 오만한 쓰레기다. 어떻게 이런 책이 출판될 수 있는지 이해가 안 간다. 게다가 오랫동안 '고전'으로 인정받기까지 했다니…… 이 책을 선택하지 말았어야 했다. 생각할수록 화가 난다. 만약에 톨스토이가 살아 있다면 그가 죽기를 바랄 것 같다.[20]

혹시 이 책들이 너무 옛날 작가의 고전이라서 현대 독자들에게 공감을 얻지 못한 것 같은가? 그렇지는 않다. 조너선 프랜즌("과대평가된 작가[21]"), 가브리엘 가르시아 마르케스("백 년 동안의 지루함[22]"), 토니 모리슨("사랑받는 작가라니, 말도 안 됨![23]") 등 최근 작가들의 책에 달린 리뷰를 잠깐만 훑어봐도 알 수 있을 것이다.

오늘날은 피드백이 넘쳐나는 세상이다. 창작하는 직업에 종사하는 이들이 자신의 작품에 대한 대중의 반응을 요즘처럼 세세하게 얻을 수 있는 때는 없었다. 클리프 쿠앙(Cliff Kuang)과 로버트 파브리칸트(Robert Fabricant)는 컴퓨팅과 디자인의 진화를 분석한《사용자 친화적인 디자인(User Friendly)》에서, 인터넷이 우리 삶에 미친 주요 영향을 멀리 있는 사람들을 연결해준다는 점이라고 생각하기 쉽지만, 사실 그보다 더 큰 영향력이 발견되는 지점은 인터넷으로 인해 피드백이 비즈니스 거래의, 더 넓게는 인간관계의 중심 특성이 되었다는 사실이라고 주장한다.[24] 이제 우리는 아주 간단한 거래 후에도 판매자나 제품을, 또는 서비스 제공자를 평가하거나 리뷰를 남기도록 요청받는다. 또 인터넷은 우리가 친구들의 포스팅에 '좋아요'를 누르도록, 리뷰 내용이 별로인 제품은 구매하지 않도록 훈련시켰다.

지난 10년간 폭발적으로 증가한 피드백에는 분명히 여러 장점이 있다. 피드백 덕분에 소비자는 더 많은 정보를 갖고 구매 결정을 내릴 수 있고, 피드백의 힘 때문에 수준 이하의 제품과 비윤리적 판매자는 퇴출된다. 또 기업은 피드백을 토대로 고객 요구에 맞춰 더 나은 제품을 만든다. 창의적 직종에 있는 이들은 청중의 피드백을 참고해 결과물의 수준을 높일 수 있다. 그러나 많은 고전문학의 독자 리뷰가 보여주듯이 모든 피드백이 타당하거나 지혜롭거나 유익한 것은 아니다.

이번 장의 전반에서는 전문가에게서 배우려고 할 때 부딪히는 뜻밖의 장애물과 그 장애물을 극복하는 전략을 살펴봤다. 지금부터는 비전문가와 일반 대중에게 유용한 피드백을 얻는 전략을 살펴볼 것이다. 이 전략을 알면 우리의 비전과 능력의 격차를 한층 좁히는 데 도움이 된다.

우리가 접하는 상당수의 피드백이 별 가치가 없는 이유가 무엇일까? 유용한 피드백을 받기는 쉽지 않다. 심지어 의견을 제시하는 상대방이 진심으로 당신을 돕고 싶어 하는 경우라도 말이다.

오프라인의 일상생활에서는 친구나 동료, 가족이 좋은 관계를 유지하고 싶은 마음 때문에 우리에게 솔직한 조언을 해주지 못하는 경우가 많다. 반면 온라인에서는 도발적이고 자극적인 리뷰가 흔할 뿐만 아니라 그런 리뷰일수록 주목받을 확률이 높다. 온라인 세상의 리뷰 작성자들은 도움을 주는 것이 아니라 똑똑하게 보이는 것에 집중하며, 똑똑하게 보이는 가장 쉬운 방법은 비판적이 되는 것이다. 게다가 그들은 자신이 비판하는 상대방의 반응을 직접 보지 않아도 된다. 그러니 선동적이고 악의적이며 살벌한 리뷰가 그토록 넘쳐나는 것이다. 상식 있는 사람이라면 절대 면전에서는 건네지 못할 피드백이 온라인에서는 아무렇지 않게 표현된다.

하지만 피드백과 관련된 더 큰 문제는 따로 있다. 정확하고 객관적이며 진심 어린 피드백의 경우도 종종 해당되는 문제다. 〈심리학회보(Psychological Bulletin)〉에 실린 한 포괄적 연구에서는 피드백에 관한 연구 600건 이상을 분석한 후, 피드백이 성과를 향상시키기도 하지만 성과 향상에 반드시 도움이 된다는 보장은 없다는 결론을 내렸다.[25] 실제로 상당히 많은 경우에(3분의 1 이상) 피드백이 오히려 성과를 떨어트렸다.

한 단계 더 발전하려면 타인의 피드백이 필요하다. 그러나 우리가 받는 피드백은 알맹이 없이 그저 듣기 좋은 말이거나 공격만을 위한 혹평일 때도 많고 우리의 성과를 망칠 가능성까지 품고 있다.

그렇다면 우리가 사람들에게서 효과적인 피드백을 끌어낼 방법은 없을까?

창작자가 명심해야 할 피드백의 방식

쿠엔틴 타란티노가 첫 영화 〈저수지의 개들〉을 만들기 전의 일이다.[26] 고등학교 중퇴자인 그는 이런저런 아르바이트를 하면서 친구 집에 얹혀살았다. 엄청난 영화광인 그는 언젠가 할리우드에서 꼭 성공하리라 다짐하면서 밤마다 영화 각본을 썼다. 영화판에서의 성공을 꿈꾸던 그는 몇 년 후 단역으로 몇몇 작품에 출연했다. 특히 시트콤 〈골든걸스(The Golden Girls)〉에서 엘비스 프레슬리를 흉내 내는 가수 역할을 맡기도 했다.

하지만 타란티노는 배우로 한계를 느꼈다. 아무래도 자신이 성공할 길은 영화 각본이라는 생각이 들었다. 그래서 기를 쓰고 각본 작업에 매달렸다. 그에겐 너무나도 절실했다. 스물세 살인데 언제까지고 이 일 저 일 옮겨 다니며 행운의 기회가 찾아오기만 기도할 수는 없었다.

그러니 그가 쓴 〈트루 로맨스〉 각본을 한 영화 제작자가 검토해보겠다고 했을 때, 그는 뛸 듯이 기뻤다. 누가 아는가? 드디어 찾아온 일생일대의 기회일지도. 아니면 최소한 이 일에 재능이 있는지라도 확인할 수 있을 터였다. 타란티노가 받은 답장은 아래와 같았다.

이런 쓰레기 같은 글을 보내다니. 제정신이 아닌 게 틀림없군요. 이 글에 대한 내 생각을 알고 싶소? 이 빌어먹을 쓰레기는 도로 가져가시오. 엿이나 드쇼.

이제 당신은 이걸 생각해보라. 이 피드백의 문제점은 무엇일까?

물론 이것은 타란티노가 기대한 반응이 결코 아니었다. 그리고 너무 가혹한 평가다. 하지만 피드백은 피드백이다. 영화 제작자가 하고 싶은 말은 이거다. 마음에 안 든다, 더 할 말 없으면, 다른 데 가서 알아보라.

그런데 분명 그것은 우리가 피드백을 요청할 때 보통 예상하는 내용과는 거리가 있다.

코미디언 제리 사인필드는 위의 피드백에 뭐가 빠져 있는지 정확히 말해줄 수 있는 사람이다.[27] 이 피드백의 문제점은 예상치 못한 내용이라거나 모욕적이라는 사실과는 관계가 없다. 여기에는 유용한 피드백의 핵심 특징이 결여돼 있다. 바로 구체성이다.

사인필드는 2018년 〈뉴욕타임스 매거진〉 인터뷰에서 말했다. "나는 책 쓰는 사람들에 대해 생각해본다. 그들은 몇 년간 온 에너지를 쏟아부어 책을 집필한다. 그러면 누군가 다가와 '그 책 참 좋던데요' 하고는 가버린다. 저자는 자신이 뭘 잘했고 뭐가 부족했는지 전혀 알 수 없다. 이 얼마나 끔찍한 일인가. 나라면 지옥 같을 것이다. 내가 생각하는 지옥이란 바로 그런 상황이다."[28]

사인필드 같은 코미디언들은 라이브 공연을 할 때 아주 구체적이고 명확한 피드백을 받는다. 어떤 유머가 관객에게 통하고 어떤 유머가 안 먹히는지 정확히 알 수 있다. 사인필드는 그런 관객 피드백을 꼼꼼히 검토하고 분석한다. 음식 샘플을 맛보는 셰프나 경기 영상을 분석하는 미식축구 감독처럼 말이다. 심지어 그는 만일 누군가 그의 유머를 전부 음소거한 상태로 공연 녹화 영상을 틀어주더라도 관객의 웃음소리만 듣고 자신이 했던 말을 상기할 수 있다고 말한다. "웃음의 톤과 특징, 웃음소리의 길이 등으로 많은 것을 알 수 있다."[29]

피드백이 구체적이라는 것은 복잡한 완성물을 구성하는 특정한 요소에 대해 언급한다는 뜻이다. 작품의 전체 그림을 잠시 접어두고 특정 부분을 따로 떼어 생각하는 것이다. 다시 말해, 타란티노의 각본이 '쓰레기'라고 말하는 대신 '주인공 캐릭터가 공감을 끌어내기 힘들다'고 설명하는 것이다. 그렇게 정확히 가리켜야 피드백의 가치가 있다.

글로 된 작품을 소리 내 읽는 것도 청중의 반응을 통한 피드백을 얻는 한 방법이다. 이것은 작가 데이비드 세다리스(David Sedaris)가 글을 정식으로 출판하기 전에 활용하는 방식이다.[30] 그는 강연하러 여러 곳을 돌아다니는 중에 미완성 원고를 갖고 다니면서 사람들에게 읽어주고 반응을 메모해둔다. 이 방법은 특히 강한 감정 반응을 유발하고 싶은 작품의 경우에 유용하다.

구체적인 피드백을 받는 또 다른 방법은 구체적으로 묻는 것이다. "어떻게 생각하세요?" 또는 "피드백을 주시겠어요?"라고 물으면 긍정적인지 부정적인지 분간이 안 되는 모호한 대답이 돌아오기 십상이다. 그 대신 당신의 작업이 성공하는 데 중요한 지점을 콕 집어 그것에 대해 물어보라. 예컨대 중요한 기획서를 작성하는 중이라면 동료에게 그냥 "피드백을 달라"고 하지 말고, 첫 단락이 읽는 이의 호기심을 끌어당기는지, 또는 프로젝트 스케줄이 의욕적으로 느껴지는지 물어보라.* 구체적인 피드백을 받을수록 청중의 반응을 활용할 길이 더 명확히 보인다.

유용한 피드백의 두 번째 특징은 평가가 아니라 개선에 초점이 맞춰진다는 것이다. 효과적인 피드백은 우리가 잘했는지 못했는지 알려주

---

* 4장에서 우리는 주요 지표를 만들어 스스로 성과를 점검하는 전략을 살펴봤다. 당신이 그 지표들을 만들어둔 상태라면 그것을 활용해 구체적인 피드백을 얻을 수도 있다. 해당 지표 항목들에 대해 묻는 개방형 질문을 만들어 피드백을 얻고 싶은 상대에게 던지면 된다.

는 데서 그치지 않고 더 나아질 기회를 준다.

피드백을 구할 때 사람들이 흔히 저지르는 실수는 칭찬을 끌어내려는 질문을 던지는 것이다. "괜찮은가요?"는 자신을 안심시켜줄 말과 인정을 갈구하는 질문이다. 내가 만든 결과물을 남들이 칭찬해주면 안심은 될지 모르겠지만 실력을 한 단계 발전시키는 데는 도움이 안 된다. 특히 우리가 상대로 하여금 칭찬을 해야 한다는 압박감을 느끼게 만들었다면 더욱 그렇다.

우리는 인정받고 싶은 욕구와 발전하고 싶은 욕구를 동시에 충족시키기 힘들며 그 둘의 긴장 관계를 인지하는 것이 중요하다. 인정받으려는 욕구가 강한 사람에게는 비판적인 의견을 건네기가 힘들 수 있다. 따라서 피드백을 구할 때는 칭찬을 유도하는 질문을 던지지 말고 상대가 당신이 개선할 점을 말해주도록 유도하라.

아이러니하게도 효과적인 피드백을 구하는 접근법 중 하나는 피드백을 요청하지 않는 것이다. 대신 조언을 청하라는 얘기다.

2019년 하버드 경영대학원의 심리학자들이 타인에게 유용한 의견을 얻는 효과적인 방법을 알아보는 일련의 연구를 했다.[31] 그 결과 '피드백'을 요청할 때보다 '조언'을 요청할 때 유용한 평가를 얻고 개선을 위한 아이디어를 얻었음이 드러났다. 일부 경우에는 50퍼센트 이상 더 많은 아이디어를 제안받았다.

왜 이런 차이가 날까? 연구 팀의 설명에 따르면, 피드백을 요청받은 사람은 과제 수행자의 현재 활동과 과거 성과를 비교하지만, 조언을 요청받은 사람은 과제 수행자의 미래와 관련된 가능성에 초점을 맞춘다. 미래에 초점을 맞추면 앞으로 개선할 점이 무엇일지 생각하게 되고, 따라서 더 유용하고 건설적인 비판을 할 수 있는 것이다.

또한 질 높은 피드백을 얻으려면 자신의 약점을 정면으로 다루는 질문이 좋다. 코미디언 겸 각본가 마이크 버비글리아(Mike Birbiglia)는 자기가 쓴 대본을 동료들에게 보여주고 "어디 부분이 지루했나요?"라고 묻는다.[32] 이 질문은 "마음에 안 드는 게 뭔가요?"보다 동료들이 대답하기 더 쉽다. 버비글리아 입장에서는 수정이 필요한 요소들을 정확히 파악할 수 있다.

여기서 기억할 점 하나. 버비글리아의 질문은 상대방이 버비글리아가 아니라 대본에 집중하게 만든다. 동료들로서는 버비글리아를 비판하는 것보다 종이에 적힌 대본을 비판하는 것이 더 쉽고 마음도 편하다. 같은 맥락으로, "프레젠테이션에서 내가 개선할 한 가지 요소를 꼽는다면 무엇일까요?"보다는 "이 프레젠테이션 원고를 더 설득력 있게 보완할 한 가지 요소를 꼽는다면 무엇일까요?"라고 묻는 편이 낫다. 전자의 질문은 당신이 뭔가 잘못하고 있다는 느낌을 풍기며, 상대방 입장에서는 이를 인정하길 꺼릴 수도 있다. 대다수 사람들은 관계가 불편해지는 것 대신 거짓말하는 쪽을 택한다.

유용한 피드백의 나머지 두 특징은 피드백을 구할 대상 및 타이밍과 관련된다.

먼저, 당신이 피드백을 구하는 대상은 엄선된 그룹이어야 한다. 흔히 피드백을 얻고 싶을 때 편한 청중, 즉 힘들이지 않고 쉽게 만날 수 있는 사람을 택하는 경우가 많다. 그러나 그것은 실수다. 당신이 만드는 작업물의 타깃 청중을 대표할 수 있는 이들에게서 얻는 피드백이라야 의미가 있다.

얼핏 뻔한 얘기 같지만, 이것은 의외로 많은 이들이 빈번하게 실수하는 지점이다. 작가 지망생은 종종 몇 년씩 투자해 소설이나 각본을 완성한다. 그리고 피드백을 얻기 위해 그 결과물을 누구에게 보여줄까? 친구와 가족이다. 그들이 가장 편향된 시각을 가진 청중이라는 사실을 까맣게 잊고서 말이다. 일터에서도 우리는 비슷한 실수를 범한다. 사람들은 새로운 사업 아이디어에 대한 피드백을 동료나 배우자에게서 구하곤 한다. 기존 고객에게 피드백을 구할 경우 훨씬 유용한 의견을 들을 수 있는데도 말이다.

요즘 정치인들은 트위터를 통해 시사 이슈에 대한 유권자들의 반응을 실시간으로 얻는다. 얼핏 보기에는 긍정적인 현상 같다. 그러나 실제로 이는 정치 양극화가 심해지는 데 일조했다. 트위터 사용자들, 특히 자신의 견해를 공개적으로 표현할 시간과 의향을 가진 사람들은 평균적인 유권자들을 대표하지 않는다.[33] 이처럼 대표성이 결여된 청중의 피드백에 맞춰 자신의 정치 견해를 조정하는 정치인은 일반 국민을 대변하지 못하게 된다.

피드백의 '양'이 많다고 해서 '질'이 높아지는 것은 아니다. 우리는 양은 많고 질은 낮은 피드백을 피해야 한다. 그런 피드백을 얻기가 편하다고 해도 경계해야 한다. 엉뚱한 청중에게서 피드백을 얻는다면 아예 피드백을 받지 않는 것만 못하다.

마지막으로 타이밍의 문제를 살펴보자. 스포츠에서는 바로바로 피드백을 받는다. NBA 농구 선수 르브론 제임스(LeBron James)는 점프슛을 하면 득점인지 아닌지 즉시 알 수 있다. 슛을 쏘는 순간 공이 날아가면서 그리는 궤적을 보면 자신이 다음번에는 동작을 어떻게 조정해야 할지 알 수 있다. 새로운 시도와 피드백이 끊임없이 반복된다는 점은 스포츠를 흥미롭게 만드는 주요 요인이다.

하지만 지식 노동은 얘기가 다르다. 제안서를 쓰거나 웹사이트를 제작할 때 끊임없이 피드백을 받는 것은 비현실적일뿐더러 집중력도 방해한다(한 줄을 타이핑할 때마다 피드백을 받는다고 상상해보라). 여러 최근 연구는 정신적 에너지를 쏟는 복잡한 작업에서는 빈번한 피드백이 그저 도움이 안 되는 것이 아니라 성과를 크게 떨어트리고 학습을 방해한다는 사실을 보여준다. 어려운 정신적 활동을 할 때는 주의 집중이 필요하기 때문이다. 끊임없는 피드백은 집중력을 깨트린다.[34]

빈번한 피드백은 특히 창의성이 필요한 작업에 해가 된다. 창의적 아이디어에는 일정한 형태를 갖춰 성숙하고 발효되면서 진화하는 시간이 필요하다. 그런데 작업물이 어느 정도 형태를 갖추기도 전에 계속 평가를 받는다면 아이디어를 여러 각도에서 시도하면서 모험을 해보기가 어려워진다. 한마디로 피드백은 중요하지만 무조건 받는다고 좋은 것이 아니다. 너무 많은 피드백은 정신을 산란하게 하고 불안감을 준다. 하지만 정신적 노동자에게 피드백이 특히 유용한 두 지점이 있다. 초반과 후반 단계다.

초반에 얻는 피드백은 마케팅 분야의 '콘셉트 테스트(concept testing)'와 유사하다.[35] 초반 피드백은 특정 아이디어가 성공할 가능성이 있는지, 방향을 제대로 잡았는지 판단하게 해준다. 요거트 회사 초바니(Chobani)는 요거트에 초콜릿과 견과류를 뿌려 먹는 제품을 출시하기 전에 먼저 이 아이디어를 일단의 소비자에게 시험해보고 반응을 살폈다.[36] 소비자 반응은 꽤 긍정적이었다. 특히 집 밖에서 아침을 해결하는 사람들이 좋아했다. 초바니는 이러한 조사 결과를 토대로 이동하면서 손쉽게 먹을 수 있도록 하나의 용기 안에 요거트와 토핑을 나눠 담아 포장한 플립(Flip) 요거트를 개발했다.

후반에 얻는 피드백의 목적은 그와 다르다. 이것은 결과물을 미세 조정하기 위한 것이다. 결과물의 완성이 가까워진 시점에는 우리가 해당 프로젝트에 깊이 빠져 있는 상태라 객관적으로 보기 힘들기 때문에 외부인의 시각이 유용하다.

세계적인 소설가 살만 루슈디(Salman Rushdie)는 집필 중간에 피드백을 받지 않는 것이 중요하다고 생각한다.[37] "요즘 젊은 작가들은 모여서 서로의 글을 읽고 토론하는 워크숍 프로세스를 거쳐 작품을 쓰는 훈련을 너무 많이 하는 것 같다. ⋯⋯ 그것은 뭔가 배우는 시기에는 바람직하다. 그러나 내가 보기엔 실제로 작품을 쓸 때는 좋은 방법이 아니다."[38]

그러나 루슈디는 후반 단계에는 믿을 만한 독자에게 피드백을 적극적으로 구한다. "나는 원고 작업 후반에 사람들의 의견에 귀를 기울인다. …… 그 피드백을 바탕으로 글을 보완한다. 특히 독자 두세 명이 똑같은 문제점을 언급하면 그 의견을 적극 반영한다."[39]

창작 과정의 대부분 동안 독자 피드백을 얻지 않는 루슈디의 접근법은 일반적인 통념과 반대된다. 우리는 피드백이 발전을 위해 꼭 필요하며 피드백을 많이 받을수록 더 빨리 발전한다고 알고 있으니까 말이다. 하지만 그렇지 않다. 많은 피드백이 무조건 좋은 것은 아니다. 앞에서도 살펴봤듯, 대부분의 피드백은 별 가치가 없으며 때로는 해롭기까지 하다.

지금까지 보았듯이 발전을 위한 피드백은 몇 가지 기준을 충족해야 한다. 구체적이어야 하고, 개선에 초점을 맞춰야 하며, 타깃 청중을 대변하는 이들에게 얻어야 하고, 적절한 시점에 얻어야 한다. 피드백의 양보다 질이 중요하다는 사실, 그리고 적절한 때 적절한 질문을 적절한 상대에게 던져야 한다는 사실만 잊지 않는다면, 이 네 조건을 충족시키기는 어렵지 않다.

부정적 피드백을 쓸모 있게 만드는 3가지 전략

아직 다루지 않은 주제가 하나 남았다. 이것은 '방 안의 코끼리' 같은 문제다. 이것은 우리 모두가 갖고 있지만 아무도 선뜻 인정하려 들지 않는 치명적 약점이다. 또한 이것은 우리가 친구와 가족에게 피드백을 구하는 이유이기도 하고, 인사고과를 혐오하는 원인이기도 하며, 때로 프로젝트를 '완벽하게' 해내려고 (몇 년은 아닐지라도) 몇 주 동안 혼자 붙들고 있다가 마지못해 타인의 조언을 구하는 이유이기도 하다.

우리는 부정적 피드백을 극도로 두려워한다.

이것은 이상한 현상이 아니다. 최선을 다한 결과물이 부족하다는 얘기를 들으면 당연히 괴롭고 불안해진다. 부분적으로 이는 실패를 경험할 때 두뇌에서 일어나는 현상과도 관련돼 있다.

부정적 평가를 받으면 우리 몸에서 스트레스 호르몬인 코르티솔이 분비되는데, 높은 코르티솔 수치는 불안감을 높이고 집중력을 떨어트리며 타인의 말을 주의 깊게 듣는 것을 방해한다.[40] 우리 두뇌는 위협을 느끼면 방어 태세가 되면서 투쟁-도피 반응이 활성화된다. 부정적 평가 앞에서의 '투쟁'은 방어적 태도로 맞서는 것으로, '도피'는 대화를 끝내버리는 것으로 나타난다. 둘 중 어느 쪽도 자아 성찰이나 발전에 도움이 안 된다.

게다가 실수나 실패 앞에서 자신에게 하는 내면의 말들이 우리의 정서를 더욱 악화시킨다. 부정적 피드백은 우리에게 단지 특정 작업의 성과가 미흡했다는 의미로만 다가오지 않는다. 우리의 재능과 능력에, 잠재력에 문제가 있다는 의미로 다가온다는 뜻이다.

그렇기 때문에 대부분의 경우 부정적 피드백에서 뭔가 배우는 일은 쉽지 않다. 그럼에도 그것은 대단히 중요하다. 탁월한 성과를 내는 이들은 바로 부정적 피드백을 활용할 줄 안다. 실패를 통해 성장하고, 실망스러운 결과에도 자신감을 잃지 않으며, 그 경험에서 얻은 통찰력으로 한 단계 더 도약하는 것이다.

그렇게 할 수 있는 비결이 무엇일까? 우리는 비판을 피하고 싶은 본능을 어떻게 극복할 수 있을까? 부정적 피드백을 통해 성장하는 방법과 관련해 전문가들의 연구는 무엇을 말해줄까?

이런 시나리오를 가정해보자. 당신은 회사 전 직원 대상의 중요한 프레젠테이션을 준비하는 중이다. 불안하고 걱정도 되지만 그런 만큼 준비에 많은 시간을 들인다. 그리고 프레젠테이션을 일주일 앞둔 시점에 믿을 만한 동료 세 명을 회의실로 불러, 당신의 프레젠테이션을 한번 봐달라고 부탁한다. 당신의 기대와 달리 동료들의 반응이 별로 좋지 않다. 당신은 속으로 크게 낙담하지만 그들의 의견을 노트에 기록하면서 평정심을 유지하려고 애쓴다. 이때 동료들의 비판이 대체로 옳다고 가정해보자. 당신이 방어적인 태도로 돌변하거나 기분이 상하거나 위축되지 않으면서 그 피드백을 활용하려면 어떻게 해야 할까?

첫 번째 전략은 '부정적 피드백을 마음속에서 곧장 수정 조치로 연결하는 것'이다. 즉 피드백을 반영해 수정할 수 있는 점을 확인하는 것이다. 비판을 받는 즉시 그것을 내가 취할 수 있는 조치로 바꿔서 생각하면, 비난받는다는 기분보다는 기회를 발견했다는 기분을 느낄 수 있다.

예컨대 당신이 마이크 버비글리아처럼 개선할 점에 초점을 맞춰 "어디 부분이 지루했나요?"라고 물었다고 치자. 프레젠테이션 첫머리와 끝부분은 훌륭하지만 중간 부분이 늘어져서 따분하다는 대답이 돌아온다. 물론 그런 피드백을 듣는 순간엔 속이 쓰릴 것이다. 하지만 곧장 해결책 탐색에 들어가 그 점을 고칠 방법(예화를 추가하거나, 청중에게 질문을 던지거나, 슬라이드를 세 장쯤 빼는 등)을 생각해내면, 속 쓰림은 사라지고 피드백 덕분에 더 나은 프레젠테이션을 할 수 있다는 사실이 고마워질 것이다.

신경학 분야에도 이와 관련된 연구 결과가 있다. 대개의 경우 우리가 실수를 하면 고통, 슬픔, 두려움 등의 감정 경험에 관여하는 앞뇌섬엽(anterior insula)이라는 두뇌 영역이 활성화된다. 반면 뭔가를 잘 해냈다고 느낄 때는 복측선조체(ventral striatum)의 보상 시스템이 활성화된다. 복측선조체는 중요한 신규 고객과 계약을 성사시키거나 승진하는 것, 멋진 데이트를 하는 것을 생각할 때도 반응하는 영역이다.

그런데 2015년 서던캘리포니아대학교 연구 팀이 흥미로운 발견을 했다.[41] 모든 실수가 고통과 연관된 앞뇌섬엽을 활성화시키는 것은 아니라는 점이었다. 실수를 했을 때 복측선조체가 활성화되는 경우도 있었다. 무엇이 그 차이를 만들어낼까? 실수가 새로운 학습과 결합되면 우리 뇌는 그것을 보상 경험으로 인식한다. 실수를 통해 배우고 나면 앞으로 같은 실수를 피하고 잘해낼 기회가 더 잘 보인다.

부정적 피드백을 마음속에서 곧장 수정 조치로 연결하는 것은 우리에게 또 다른 차원의 보상도 안겨준다. 실패를 일시적인 것으로 느끼게 한다는 것이다. 지금 당장 프레젠테이션이 기대에 못 미친다고 해서 계속 그 상태로 남아야 하는 것은 아니다. 미흡한 점을 보완하면 결과는 더 좋아진다.

두 번째 전략은 한 걸음 물러나 시간을 갖고 자신과 작업물 사이에서 '심리적 거리 두기'를 하는 것이다.[42] 한 가지 일에 몰두하면 자연스럽게 시야가 좁아진다. 시야가 좁아지면 방어적이 되고 보완이 필요하다는 의견에 저항하기 쉽다. 그러나 당장 눈앞의 작업을 뛰어넘어 시간을 두고 전체적인 목표를 떠올리면 멀리 보게 되고 비판에 너그러워진다.

이 점을 기억하라. 피드백에 빨리 반응하는 것과 똑똑하게 반응하는 것은 다르다. 연구 결과에 따르면 부정적 피드백이 초래한 내면의 실망감을 천천히 들여다보는 시간은 의외로 이로울 수 있다.[43] 얼핏 생각하기에 실망스러운 경험을 속으로 곱씹는 것은 최고의 성과를 내는 데 무익할 것 같지만, 바로 그런 적나라한 자기 성찰의 순간에 우리는 자신에 대해 중요한 것을 깨닫고 성공을 향한 동기를 강화하게 된다.

장기적 관점으로 바라보면 아직 개선할 시간이 있음을, 오늘의 실수가 나의 능력을 규정하지는 않는다는 사실을 깨달을 수 있다. 멀리 바라보면 지금 당장 내 능력을 입증해 보여야 한다는 조급한 압박감을 덜 수 있으며, 장기적 성장을 위해 당장의 심리적 불편함을 감수하기 쉬워진다.

세 번째 전략은 '고군분투의 경험에 대한 관점 바꾸기'다. 서양에서는 고군분투를 부정적 경험으로 인식하는 경향이 있다.[44] 고생스럽게 애쓴다는 것은 뭔가 제대로 해내지 못하고 있음을 암시하고, 우리의 능력과 지성과 자존감이 위협받는 상황이 떠오른다. 그러나 동양 문화권에서는 다르게 본다. 그들에게 고군분투는 무능력을 암시하는 말이 아니다. 오히려 뭔가 배우고 있다는 신호에 해당한다. 아무리 똑똑하거나 재능이 있어도 누구에게나 고군분투의 시간이 필요하다. 그 과정에서 지적인 성장이 이뤄지기 때문이다.

고군분투를 발전을 위한 자연스럽고 바람직한 과정으로 보는 태도에는 많은 이점이 있다. 그런 태도를 가진 사람은 역경을 만나도 인내심을 갖고 버티고, 새로운 도전을 반기며, 무엇보다 타인의 피드백에 열린 마음을 갖는다.

고군분투를 긍정적으로 보는 것은 동양 사람들뿐만이 아니다. 코미디언도 이런 관점을 가진 경우가 많다. 그들은 망친 공연과 냉랭한 관객 분위기를 견뎌내는 것을 성공으로 가기 위한 일종의 통과의례로 여긴다.

존 올리버(John Oliver)를 비롯한 많은 코미디언은 관객을 웃기지 못한 수많은 경험 덕분에 결국 성공할 수 있었다고 생각한다. 존 올리버는 토크쇼 〈레이트 나이트 위드 지미 팰런(Late Night with Jimmy Fallon)〉에서 유명 코미디언들의 실패담을 들려주는 코너에 나와 이렇게 말했다. "공연을 망친 적이 하도 많아서 어떤 게 최악이었는지 기억도 안 난다. 창피함을 꾹 참아야 했던 적이 너무 많아서 이제는 그 모든 경험이 머릿속에서 희미해졌다."[45]

에이미 슈머(Amy Schumer)는 몇 주 동안 매일 밤 참담한 무대를 견딘 경험 덕분에 아마추어에서 프로 코미디언으로 거듭날 수 있었다고 말한다. "다섯 명이서 함께 순회공연을 했는데 나는 밤마다 공연을 망치고 버스 안에서 울었다. 그러다가도 다음 날이 되면 또 무대에 도전했다. 어떤 날은 하룻밤에 공연을 두 번씩 했다. …… 순회공연이 끝나갈 즈음이 되니 무뎌졌다. 하도 절망하다 보니 어느 순간부터는 무감각해졌다. 그렇게 굳은살이 박이고 나서는 공연을 즐기며 더 집중할 수 있었다."[46]

아지즈 안사리는 고군분투의 시간을 그저 긍정적으로 여기는 것에서 한 걸음 더 나아간다. 공연에서 뜨거운 관객 반응을 얻은 날이면 그는 이상하게도 표정이 어두워진다. 테리 그로스(Terry Gross)가 진행하는 NPR 토크쇼 〈프레시 에어〉에서 그가 한 말을 들어보면 그 이유를 알 수 있다. "관객의 열광적인 반응을 얻으면 나 자신에게 화가 난다. 이런 생각이 드는 탓이다. 아, 내가 충분히 모험을 하지 않고 있구나. 공연을 망쳤다면 그건 내가 뭔가 어려운 걸 시도했다는 의미다. 사람들이 배꼽을 잡게 하는 데 항상 성공한다면, 나는 그저 그 순간에 무난한 공연을 보여주는 것에만 신경 쓰는 것이다. 하지만 뭔가를 시도했다가 망친다면 스스로 채찍질을 하고 있다는 의미다."[47]

부정적 피드백과 고생을 두 팔 벌려 환영하는 안사리의 태도는 얼핏 기이하게 느껴진다. 그러나 이처럼 비판에 목말라하는 집단은 또 있다. 바로 전문가들이다.

컬럼비아대학교와 시카고대학교에서 진행된 연구는 아마추어는 부정적 피드백보다 긍정적 피드백을 더 좋아하지만 전문가는 그렇지 않다는 사실을 보여준다.[48] 많은 성공 경험이 있는 사람은 부정적 피드백에 더 큰 관심을 가진다. 거기에 발전에 필요한 중요한 단서들이 있음을 알기 때문이다. 긍정적 피드백을 받으면 당장 으쓱한 기분이야 들지만 한 단계 더 도약하는 데는 도움이 안 된다. 기껏해야 지금까지 한 방식을 반복하게 만들 뿐이다.

우리는 비판과 부정적 피드백의 가치를 완전히 다른 시각으로 바라봐야 한다. 안사리의 시각을 빌려와 말하자면, 부정적 피드백을 받았고 해서 당신에게 재능이 없는 것이 아니다. 대담한 도전을 한 후 능력의 한계를 깨닫게 되는 것일 뿐이다. 그리고 부정적 의견을 듣는 그 순간에는 당연히 기분이 안 좋겠지만, 경험이 웬만큼 쌓이고 나면 부정적 피드백을 긍정적 신호로 받아들일 수 있다. 당신이 계속해서 노력하고 배우고 성장하고 있다는 것을 알려주는 신호 말이다.

작가 척 클로스터먼은 오랜 세월에 걸쳐 음악과 스포츠, 대중문화 분야에서 최고에 오른 이들을 인터뷰했다. 그는 그들을 보며 피드백과 성공의 관계에 대해 깨달은 점을 이렇게 말한다. "비판받는 것이 싫다면 탁월해지는 대신 그럭저럭 괜찮은 수준에 만족해야 한다."[49]

우리 모두 이 말을 가슴에 새겨야 한다. 적당히 성공하는 것이 목표라면 긍정적 피드백으로 충분하다. 그러나 최고가 되고 싶다면, 주변의 기대치를 뛰어넘고 자신의 분야에 흔적을 남기는 사람이 되고 싶다면,

부정적 피드백은 그저 감내해야 하는 무엇이 아니다. 그것은 당신이 제대로 된 길을 걷고 있음을 말해주는 신호다.

결론

탁월함에
이르는 길

• • ● • •

빈센트 반 고흐가 어렸을 때는 주변의 누구도 그가 훗날 위대한 화가가 될 것이라고 예상하지 못했다.[1] 그럴 만도 했다. 오늘날 역사학자들조차도 그가 내면에 엄청난 재능을 품고 있었다는 사실은 고사하고 미술에 관심이 있었음을 보여주는 어린 시절 일화를 찾아내지 못하니까 말이다. 어린 빈센트는 독특한 대상에 집착하는 침울한 소년이었다.

형제자매들이 구슬과 인형을 갖고 놀 때 고흐는 말없이 집을 빠져나가 바깥을 한참 돌아다니곤 했다. 그리고 몇 시간 뒤 들꽃과 딱정벌레, 버려진 새 둥지를 들고 집에 돌아왔다. 그는 이것들을 다락방으로 가지고 올라가 분류해서 정리하고 거기에 계속 새로운 수집물을 추가했다.

아들의 엉뚱한 행동에 불안감을 느낀 부모는 그를 기숙학교에 보냈다. 기숙학교를 졸업하고 진학한 중학교에서 고흐는 운 좋게도 훌륭한 미술 선생님을 만났다. 온화하고 친절한 이 미술 선생님은 많은 학생에게 긍정적인 영향을 주었다. 하지만 고흐에게는 별 영향을 미치지 못했다.

다음 해에 고흐는 학교를 자퇴했다. 그의 나이 열다섯 살이었다. 한동안 빈둥거리며 지내다가 이후 서점 직원, 교사, 전도사 등 여러 직업을 전전했다. 그리고 스물일곱 살이 되어서야 본격적으로 그림을 그리기 시작하면서 화가의 길에 들어섰다.

오늘날 고흐는 역사상 가장 큰 영향력을 지닌 화가 중 한 명으로 꼽힌다. 그가 이뤄낸 성취는 물론 인상적이지만 설명하기 매우 쉽지 않은 것이기도 하다.*

이 점을 생각해보라. 고흐는 그림에 뛰어난 재능을 타고나지도 않았고 화가가 되겠다고 선언했을 때 특별히 전도유망한 젊은이도 아니었다. 그는 평생 미술 교육을 거의 받지 않았으며 화가로 산 기간은 고작 10년에 불과했다. 이런 그가 어떻게 그토록 위대한 화가가 됐을까?

현재 우리는 고흐가 화가로서 살았던 삶에 대해 꽤 많은 정보를 갖고

---

* 정신질환이 고흐의 작품에 영향을 미친 것은 분명하지만(그는 측두엽 간질을 앓은 것으로 추정된다) 전문가들은 그가 정신질환 때문이 아니라 정신질환에도 '불구하고' 훌륭한 작품을 남긴 것이라고 말한다. 여러 신경학 연구에서 측두엽 간질이 창의성을 촉진하는가 하는 문제를 분석했지만 그렇다는 증거를 발견하지 못했다.[2]

있다. 이는 그가 37년의 생애 동안 가족과 친구에게 솔직한 편지를 수없이 쓴 덕분이다. 그가 자살로 생을 마감한 이후 동생 테오의 아내는 그의 편지들을 정리해 출간했다. 통틀어 800통이 넘는 이 편지들은 고흐가 화가로서 성장한 과정과 고군분투한 시간, 그의 내면에서 끓어올랐던 온갖 감정을 생생하게 들여다볼 수 있는 창이 되어준다.

고흐가 위대한 화가가 될 수 있었던 비결은 무엇일까? 교육을 받지 않고 어떻게 그림 실력을 키웠을까? 별 볼 일 없는 아마추어였던 그가 어떻게 10년이라는 짧은 기간에 위대한 거장이 될 수 있었을까? 그것은 바로 지금까지 이 책에서 살펴본 전략들의 다수를 활용했기 때문이다.

고흐가 화가가 되기로 결심하고 가장 먼저 한 일은 자신이 해부하고 분석해서 재현할 수 있는 모델을 찾는 것이었다. 그는 장 프랑수아 밀레와 쥘 브르통의 그림을 모사하면서 인물 그리는 법을 익혔고, 샤를 도비니와 테오도르 루소의 작품을 모사하면서 풍경을 묘사하는 법을 익혔다. 그는 꼼꼼한 모사 작업을 수없이 하면서 다양한 기법을 터득해 나갔다. 뛰어난 화가들이 감정을 전달하기 위해 색채를 활용하는 방식, 움직이는 대상을 표현할 때 붓 터치의 길이가 하는 역할, 그림자와 수면에 비친 상이 그림에 미묘한 뉘앙스와 깊이를 더하는 방식 등을 날카롭게 관찰한 것이다.

고흐는 특정 장르나 화풍에만 관심을 제한하지 않고 다양한 화가의 작품을 공부의 대상으로 삼았다. 당대의 주요 흐름이던 신인상주의

(Neo-Impressionism) 작품은 물론이거니와 바르비종파 거장들의 작품도 분석했고, 유럽 시장에 소개된 지 얼마 안 된 동양 작가의 그림에도 매료되었다.

이렇게 여러 작가들을 경험하면서 서로 다른 형식의 미묘한 차이를 볼 줄 아는 눈이 생겼고 다양한 예술적 아이디어를 접할 수 있었으며, 이 모두는 그만의 화풍에 밑거름이 되었다. 그는 감탄을 자아내는 작품을 발견하면 복제화를 구해 소장하고 치밀하게 분석했다. 특히 단순하면서도 매혹적인 일본 미술 작품은 그에게 신선한 충격을 안겨주었다. 항상 경제적으로 빈궁했음에도 불구하고, 세상을 떠날 무렵 그는 1000점이 넘는 일본 판화를 소장하고 있었다.

또한 고흐는 자신의 분야 바깥에서도 영감을 얻었다. 조지 엘리엇, 에밀 졸라, 샬럿 브론테의 책을 탐독했으며 특히 찰스 디킨스를 흠모했다. 그는 동생 테오에게 보낸 편지에 "내 삶의 목표는 디킨스가 묘사한 일상의 것들을 창작하는 것이야"라고 쓰기도 했다.[3]

이처럼 다방면에서 받은 영향을 밑거름으로 삼은 고흐는 서로 다른 장르의 독특한 요소들을 결합해 독창적인 작품을 그려낼 수 있었다. 자신만의 그림 세계를 완성해가는 과정에서 그는 밀레를 통해 고단한 농부의 일상을 묘사하는 법을 배웠고, 클로드 모네와 카미유 피사로 같은 인상주의 화가들에게서 밝고 선명한 색채와 물감을 소량씩 찍어 짧은 붓질로 그리는 기법을 차용했으며, 일본 미술에서는 뚜렷한 윤곽선과 그림자를 생략하는 기법을 받아들였다.

오늘날 우리가 고흐만의 독특한 화풍으로 알고 있는 강렬한 스타일은 처음부터 존재한 것이 아니다. 그것은 서서히 완성됐다. 오랜 시간에 걸친 점진적 변화가 만들어낸 결과물이라는 얘기다. 그의 스타일은 새로운 영향 요소를 접하고, 새롭게 깨달은 것을 그림에 적용하고, 계속해서 작은 시도를 하면서 점차 모습을 갖춰갔다.

고흐는 말 그대로 '모든 것'을 시도했다. 그는 목탄에서 연필, 펜, 붓에 이르기까지 여러 도구를 활용했다. 작품 스타일도 사실주의에서 표현주의, 신인상주의까지 다양하게 시도했다. 또한 그는 여러 기법을 시도했는데, 처음에는 물감을 얇게 칠하는 수채화를 그리다가 시간이 갈수록 물감을 두껍게 칠해 캔버스에 쌓아올린다는 느낌을 주는 방식을 애용했다. 이 후자가 고흐 특유의 임파스토(impasto) 기법이다. 그리고 무엇보다 눈에 띄는 점은 색채 사용의 점진적 변화다. 초기에는 주로 어둡고 상호보완적인 색깔을 썼지만 나중에는 멀리서도 눈에 확 띨 만큼 밝고 대비적인 색깔을 사용하면서 그림이 한층 강렬해졌다.

고흐가 늘 안전한 테두리 안에만 머물면서 새로운 시도와 도전을 피했다면 변화하지도 성장하지도 못했을 것이다. 대신 그는 치열하게 노력해 10년이라는 짧은 기간에 무려 2000점이 넘는 그림과 드로잉, 스케치를 그렸다. 그리고 그저 많이 그리기만 한 것이 아니다. 그는 스스로 미흡하다고 느끼는 부분에 더 에너지를 쏟으면서 자기 능력의 한계를 시험했다. 그에게는 똑같은 그림을 몇 번이고 다시 그리는 것이 일상이었다. 그는 동료 화가 안톤 반라파르트(Anthon van Rappard)에게 보낸 편지에서 이렇게 말했다. "아직 잘 안 되지만 해내는 방법을 깨닫기 위해 계속 그리고 있다네."

우리가 이 모든 것을 알 수 있는 것은 그가 한 걸음 뒤로 물러나 자신이 얼마만큼 발전했는지를 끊임없이 되돌아보고 그것을 글로 적었기 때문이다. 이 지점에서 우리는 성찰적 연습이 발휘하는 힘을 알 수 있다.

고흐가 후대인들에게 사랑받는 위대한 거장이 된 것은 타고난 재능 때문도, 숙련된 전문가에게 교육을 받았기 때문도 아니다. 그는 독학을 통해 스스로 깨우쳤다. 동경하는 작품을 수집해 핵심 특징을 분석한 후 캔버스에 재현하려고 애썼다. 하지만 그는 단순히 모방하는 데서 그치지 않고 진화했다. 명작에서 찾아낸 공식을 자신만의 방식으로 변주했다. 이를 위해 여러 요소를 조합하고, 다른 도구와 스타일과 기법을 시도하고, 수없이 모험을 감수했다. 비록 화가로 활동한 시간은 짧았지만, 그 기간 내내 그는 자신의 능력을 한계까지 밀어붙이며 치열하게 연습했고, 한 단계 더 성장할 수 있는 기회에 집중했으며, 깊은 자기 성찰을 통해 평범한 경험을 값진 통찰력을 얻는 계기로 변화시켰다.

고흐는 혼자서 고군분투하는 와중에 이런 전략들을 우연히 깨닫고 실행했다. 개인적 특성과 환경적 상황과 행운이 뒤섞여 그를 그런 전략들로 이끌었다는 얘기다. 하지만 다행히도 당신은 그럴 필요가 없다.

반드시 기억해야 할 10가지

본문에서 우리는 다양한 분야에서 탁월한 성과를 내는 이들을 만나봤다. 그들의 방법이 효과를 내는 이유를 자세히 들여다보고, 창의성, 동기부여, 기술 습득, 성과, 전문성 등과 관련된 주요 연구들이 그들이 사용하는 기법의 타당성을 뒷받침하는 것도 살펴봤다.

당신이 하는 일에서 그들의 전략을 활용하려면 어떻게 해야 할까? 반드시 기억해야 할 10가지 핵심 포인트는 아래와 같다.

1. 수집가가 돼라. 탁월한 성취에 이르는 첫 단계는 타인의 탁월한 성취를 알아보는 것이다. 강렬한 인상을 주는 사례를 만나면 그것을 당신만의 방식으로 수집하라. 다시 들여다보고, 치밀하게 연구하고, 수집 목록의 다른 사례와 비교해보라. 흔히 수집이라고 하면 미술품, 와인, 우표처럼 물리적인 물건만 떠올리는 경향이 있다. 그것은 너무 좁은 정의다. 카피라이터는 카피를 수집하고, 디자이너는 로고를 수집하고, 컨설턴트는 프레젠테이션 슬라이드를 수집한다. 박물관에서처럼 당신의 수집물을 수시로 둘러보면서 영감을 얻고, 뛰어난 사례를 연구하고, 대담하게 사고해야 함을 기억하라.

2. 차이를 발견하라. 당신이 닮고 싶은 대상에서 뭔가 배우려면 그것이 독창적이고 탁월한 이유를 정확히 알아차려야 한다. 마음을 움

직이는 대상을 만나면 반드시 이 질문을 던져라. "이것은 어떤 점에서 다른가?" 뛰어난 것과 평범한 것을 비교해 분석함으로써, 그것을 뛰어나게 만드는 핵심 요소와 다른 분야에서 활용 가능한 요소를 찾아낼 수 있다.

3. 설계도를 뽑아내라. 당신이 동경하는 결과물은 대개의 경우 설계도에서 나온 것이다. 요리사에게는 레시피가 있고, 작가는 작품의 개요를 짜며, 웹디자이너는 사이트맵을 토대로 작업한다. 완성된 결과물을 재현하려고 성급히 시도하기 전에 먼저 수준 높은 개요나 설계도를 그려라. 역방향으로 작업해 설계도를 뽑아내면 복잡한 결과물이 쉽게 이해되는 패턴을 찾을 수 있다.

4. 모방하지 말고 한 단계 더 나아가라. 타인이 큰 성공을 거둔 공식을 그대로 베끼는 것은 독창성 없는 작품을 탄생시키고 퇴보하는 지름길이다. 그리고 모방한다고 해서 똑같은 결과를 얻게 되는 것도 아니다. 해당 공식의 실현에 필요한 능력을 당신이 아직 갖추지 못했을 가능성이 높기 때문이기도 하고, 시간이 흐르면 청중의 기대치가 변하기 때문이기도 하다. 새로운 요소를 추가하거나, 인접 분야의 공식을 가져와 활용하거나, 당신이 익히기 힘든 요소 대신 잘할 수 있는 요소를 집어넣으면서 당신 스스로 길을 그려나가라.

5. 비전과 능력의 격차를 받아들여라. 거장이 만든 결과물을 경험하는 것에는 대가가 따른다. 이루고 싶은 성과의 기준이 높아진다는 것이다. 처음에는 당신이 그 기준에 못 미칠 가능성이 높다. 그러

면 자연히 낙담하게 되고 그만두고 싶은 생각도 든다. 하지만 기억하라. 훌륭한 취향과 명확한 비전을 갖고 있다는 것은 잠재력을 보여주는 강력한 신호다. 자신이 만든 결과물이 아직 훌륭하지 않음을 인정하는 것, 그리고 끈기와 지구력을 갖고 계속 수정하는 것은 프로가 아마추어와 다른 점이다.

6. 당신만의 점수판을 만들어라. 성공에 중요한 핵심 항목을 측정하면 수준 높은 성과를 내기가 훨씬 쉬워진다. 중요한 항목을 수치화해 점검하면 발전이 빨라지고 헛된 수고가 줄어들며 현명한 결정을 내리는 데도 도움이 된다. 장기적으로 볼 때 올바른 측정 지표는 책임감을 심어주고 피드백 역할을 하며 성공을 좌우하는 중요한 패턴을 드러내준다. 단 특정한 한 가지 지표에 과도하게 집착하지는 말라. 그리고 시간의 흐름에 따라 지표를 업데이트하라.

7. 리스크를 최소화하라. 리스크 감수는 발전하기 위해 꼭 필요하지만 선뜻 택하기 힘든 것이기도 하다. 그것을 해볼 만한 일로 만드는 유용한 접근법은 실패할 경우 큰 대가가 따르지 않는 기회를 찾아내는 것이다. 기업은 그런 접근법을 자주 활용한다. 개인 역시 실패에 따른 대가를 줄이면서 아이디어를 시험해볼 수 있다. 예컨대 작은 시도를 여러 번 하고, 가명으로 작품을 출간하고, 실제 결과물을 구현하기 전에 아이디어를 먼저 판매하고, 포트폴리오를 다각화하라. 리스크를 감수할 용기를 짜내느라 시간과 에너지를 낭비하지 말라. 실패의 대가가 무시하고 넘길 수 있을 정도라면 리

스크도 감수할 만해진다.

8. 편안함을 경계하라. 보통 우리의 감정은 겪어볼 가치가 있는 경험과 피해야 하는 경험을 본능적으로 알려주는 길잡이 역할을 한다. 하지만 기술을 연마하는 과정에서 겪는 감정과 관련해서는 얘기가 다르다. 즐겁고 편하기만 하다면 성장할 수 없다. 우리는 버거운 도전을 만나고 고군분투하고 때로 실패를 맛보면서 가장 잘 배울 수 있다. 일터에서든 개인 생활에서든 최고의 성과를 내는 이들은 편안한 만족감을 성공의 신호로 여기지 않고, 오히려 자신의 발전이 정체됐다는 신호로 여긴다.

9. 미래와 과거를 이용하라. 반복적 실행과 피드백은 성과 향상에 도움이 된다. 특히 약점이나 미흡한 부분을 목표로 삼을 때 큰 효과를 낸다. 하지만 당신이 하는 연습이 그것뿐이라면 잠재력의 극히 일부만 사용하는 것이다. 거기에 두 종류의 연습을 추가하라. 과거의 경험이나 성과를 분석해 중요한 교훈을 뽑아내는 성찰적 연습, 미래의 성과를 상상하는 마음속 시뮬레이션이 그것이다. 이 둘은 인지적 측면과 정서적 측면 모두에서 대단한 효과를 발휘하며 미래를 예측하는 능력을 키워준다.

10. 똑똑하게 질문하라. 흔히 생각하는 것과 달리 전문가는 좋은 교사인 경우가 드물다. 지식이란 양날의 검과 같다. 무언가에 대해 잘 아는 사람은 그것을 모르는 상태를 상상하기 힘들다. 전문가와 나누는 대화에서 최대한 많은 것을 얻어내려면 적절한 질문을 활용

하고 더 자세하거나 명확한 설명을 적극적으로 요청하라. 그가 자신의 여정과 프로세스와 발견을 들려주도록 유도할 수 있는 질문을 던져라. 전문가만 도움이 되는 것은 아니다. 비전문가도 당신의 성장에 필요한 도움을 줄 수 있다. 중요한 것은 올바른 청중을 끌어들이고, 피드백 대신 조언을 요청하고, 당신의 성장에 도움이 되는 전략적 질문을 던지는 일이다.

이것들을 실천한다면 우리 누구나 실력을 키우고 성과를 향상시켜 자기 분야에 의미 깊은 기여를 할 수 있다. 어떤 분야에서든 탁월한 성과를 내는 것은 단순히 천부적 재능을 타고났는지, 성공한 전문가에게 지도를 받았는지 여부에 좌우되지 않는다.

자기 분야의 최정상에 오른 이들이 그 자리에 설 수 있었던 것은 새로운 아이디어와 관점과 해법을 끊임없이 갈구했기 때문이다. 그들은 가만히 서 있어서는 산의 정상에 오를 수 없다는 것을 안다. 최고가 되고 싶은 분야를 찾아내고 무기가 될 기술을 연마하고 자기 능력의 한계치를 넘어서는 시도를 해야만 그곳에 오를 수 있다. 그 어느 때보다 오늘날은 이런 자세가 많은 것을 좌우한다.

오늘날은 흥미로운 아이디어가 넘쳐나는 시대다. 창의적 재료가 요즘만큼 풍부한 시대는 없었다. 방송, 음악, 출판의 세계에도 콘텐츠가 넘쳐난다. 온라인 매거진, 블로그, 팟캐스트가 과거 세대에는 상상도 못했을 온갖 다양한 아이디어와 관점을 제공한다. 검색 엔진과 디지털 저널, 전자 도서관 덕분에 인터넷만 접속하면 최신 이론을 접할 수 있고 숨겨진 보석 같은 개념도 찾아낼 수 있다.

이 모든 것이 당신이 한 발짝만 움직이면 닿을 수 있는 곳에 있다. 책을 끝까지 읽은 지금, 당신은 그것들을 발견하고 연구해 새로운 방향으로 진화시키는 방법을 아는 상태다. 이제 당신의 잠재력을 과감히 발휘해보길 바란다.

감사의 말

책을 쓰기 시작한 지 얼마 안 됐을 때, 그러니까 출간 계약이 성사됐다는 흥분감이 채 가시지 않았을 때였다. 알고 지내는 유명한 작가가 하는 말을 듣고 나는 살짝 겁을 먹었다. 그는 아내와 이런 합의를 했다고 말했다. "다음번에 또 내가 책을 쓰겠다고 하면 아내가 내 얼굴에 강편치를 날리기로 했어요." 책을 완성하며 겪는 괴로움보다 차라리 주먹으로 맞는 아픔이 더 낫다는 말이었다.

내가 이 책을 쓴 과정은 전혀 괴롭지 않았다. 곁에서 도와준 든든한 동료와 친구, 가족들 덕분이었다.

원고를 검토하고 미흡한 점을 보완하는 데 소중한 조언을 해준 제임스 프라이어(James Fryer) 박사, 도리 클라크, 미치 조엘(Mitch Joel), 존 유지니(Jon Iuzzini), 세스 고딘(Seth Godin), 데이비드 엡스타인(David

Epstein), 대니 이니(Danny Iny), 수전 피어스 톰슨(Susan Pierce Thompson) 박사, 찰스 베누아(Charles Benoit), 데이비드 탕(David Tang), 제임스 마스킬레(James Masciele) 박사, 존 잇킨(Jon Itkin)에게 감사드린다.

자료 조사 과정에 귀한 도움을 준 마리나 타소풀로스-찬(Marina Tasopoulos-Chan) 박사, 저스틴 로스(Justine Roth), 크리스티 컨(Christy Kern), 마이런 주커먼(Miron Zuckerman) 박사, 베서니 코츠(Bethany Coates)에게 감사드린다.

기꺼이 시간을 내 인터뷰에 응해준 댄 그로드너(Dan Grodner) 박사, 그레그 얼웨이, 제인 만춘 웡, 얼리사 네이선, 조시 야노버에게 감사의 말을 전한다.

탁월한 팀 메이트 역할을 해준 캐시 하지바이리츠(Kathy Hadzibajric), 카일 영(Kyle Young), 케이트 윌콕스(Kate Wilcox), 미란다 윌콕스(Miranda Wilcox), 로이 매켄지(Roy McKenzie), 매슈 매케비니(Matthew McKeveny), 이선 벤스(Ethan Bence), 팸 새비지(Pam Savage)에게 감사드린다.

내 글을 많은 훌륭한 조직에 소개하는 데 도움을 준 톰 닐슨(Tom Neillsen), 레스 튜어크(Les Tuerk), 애덤 커센바움(Adam Kirschenbaum), 크리스틴 타이크만(Christine Teichmann), 마지 헤네시(Marge Hennesey)에게 감사드린다.

루신다 핼펀(Lucinda Halpern)을 만나지 못했다면 이 책은 출간되지 못했을 것이다. 루신다는 가능성 높은 아이디어를 포착하는 날카로운 레이더를 가진 뛰어난 저작권 에이전트다. 그녀는 내가 수많은 가능성을 탐색하게 도와주었고 밝은 눈으로 보석을 찾아냈으며 그것을 설득력 있게 제안할 계획을 세웠다. 루신다와 일할 기회를 눈앞에서 목격한 사람이라면 그 기회를 절대 놓쳐서는 안 된다. 그녀는 기가 찰 만큼 일을 잘한다. 고마워요, 루신다.

루신다 덕분에 훌륭한 편집자 스테파니 프라이리치(Stephanie Freirich)도 알게 됐다. 스테파니는 최고의 성과를 내는 법을 모조리 담겠다는 과한 욕심을 부리던 이 책의 출간 계약을 기꺼이 진행해주었고, 책의 초점을 좁히자는 지혜로운 제안을 해주었다. 스테파니, 세상 모든 작가는 당신처럼 전략에 밝고 통찰력 넘치며 열정적인 편집자와 일하는 행운을 만나야 해요.

스테파니가 몸담고 있는 사이먼 앤드 슈스터(Simon & Schuster)의 관계자들은 하나같이 뛰어난 능력자였다. 세세한 부분까지 신경 써준 에밀리 사이먼슨(Emily Simonson), 멋진 표지 디자인을 완성해준 제이슨 호이어(Jason Heuer)와 재키 서우(Jackie Seow), 꼼꼼한 교정교열을 해준 린 앤더슨(Lynn Anderson), 그리고 프로덕션 편집자 네이트 크네벨(Nate Knaebel)과 리사 힐리(Lisa Healy)에게 감사드린다.

마지막으로 가족에게. 언제나 변함없이 응원해주시는 부모님께 감사드린다("아직도 안 끝났니?" "시간이 별로 없는 것 같은데"라는 말을 들을 때마다 의욕이 불끈 솟았다). 매디(Maddy)와 헨리(Henry)에게는 완벽한 매디와 헨리가 돼주어서 고맙다고 말하고 싶다. 늘 사랑과 인내를 보여주며 내게 영감을 전해주는 애나(Anna)에게 고마움을 전한다.

주

서론: 가진 자의 전략을 내 것으로 만드는 가장 유용한 기술

1 이 일화의 상세한 부분들은 다음 책을 참고했다. Walter Isaacson, *The Innovators: How a Group of Hackers, Geniuses, and Geeks Created the Digital Revolution* (New York: Simon & Schuster Paperbacks, 2015), and Walter Isaacson, *Steve Jobs* (New York: Simon & Schuster Paperbacks, 2015). 추가 참고 자료는 다음과 같다. *Jobs vs. Gates: The Hippie and the Nerd*, directed by Nicolas Glimois and Karim Kamrani, Pulsations, 2017; Malcolm Gladwell, "Creation Myth," *New Yorker*, May 9, 2011, https://www.newyorker.com/magazine/2011/05/16/creation-myth; Emmie Martin, "Read Bill Gates' Answer to a Reddit Question About Whether He Copied Steve Jobs," Business Insider, March 13, 2017, https://www.businessinsider.in/read-bill-gates-answer-to-a-reddit-question-about-whether-he-copied-steve-jobs/articleshow/57622335.cms; Stewart Alsop II, "WUI: The War over User Interface," *P.C. Letter*, January 18, 1988; Tandy Trower, "The Secret Origin of Windows," Technologizer, March 9, 2010, https://www.technologizer.com/2010/03/08/the-secret-origin-of-windows/; Andy Hertzfeld, *Revolution in the Valley* (Sebastopol, CA: O'Reilly Books, 2004); Adam Fisher, *Valley of Genius: The Uncensored History of Silicon Valley* (New York: Hachette Book Group, 2018).

2 Isaacson, *The Innovators*; Isaacson, *Steve Jobs*; Gladwell, "Creation Myth"; Jim Memmott, "The Game-Changing Invention That Rochester Didn't Want," *Democrat and Chronicle*, October 14, 2019; Douglas K. Smith and Robert C. Alexander, *Fumbling the Future: How Xerox Invented, Then Ignored, the First Personal Computer* (San Jose: toExcel, 1999); Michael A. Hiltzik, *Dealers of Lightning: Xerox PARC and the Dawn of the Computer Age* (New York: HarperCollins, 2000); "A Legacy of Inventing the Future," PARC History, PARC, accessed October 8, 2020, https://www.parc.com/about-parc/parc-history/.

3 Rod Canlon, *Open: How Compaq Ended IBM's PC Domination and Helped Invent Modern Computing* (Dallas: BenBella Books, 2013).

4 Isaacson, *The Innovators*; Isaacson, *Steve Jobs*; Hiltzik, *Dealers of Lightning*; Thierry Bardini, *Bootstrapping: Douglas Engelbart, Coevolution, and the Origins of Personal Computing* (Stanford: Stanford University Press, 2000).

5   Ellis Hamburger, "Google Docs Began as a Hacked Together Experiment, Says Creator," The Verge, July 3, 2013, https://www.theverge.com/2013/7/3/4484000/sam-schillace-interview-google-docs-creator-box.

6   Michael Dell and Catherine Fredman, *Direct from Dell: Strategies That Revolutionized an Industry* (New York: Harper Business, 2006); Clayton M. Christensen, *The Innovator's Dilemma: When New Technologies Cause Great Firms to Fail* (Boston: Harvard Business Review Press, 2016).

7   Christensen, *The Innovator's Dilemma*.

8   Christensen, *The Innovator's Dilemma*; John Cook, "Jeff Bezos' Mom: 'I Knew Early On That He Was Wired a Little Bit Differently," Geek Wire, May 8, 2011, https://www.geekwire.com/2011/jeff-bezos-mom-i-knew-early-wired-bit-differently/.

9   Gary R. Ignatin, "Let the Hackers Hack: Allowing the Reverse Engineering of Copyrighted Computer Programs to Achieve Compatibility," *University of Pennsylvania Law Review* 140, no. 5 (May 1992): 1999–2050, https://doi.org/10.2307/3312440; Jonathan Band, "The Global API Copyright Conflict," *Harvard Journal of Law and Technology* 31, Special Issue (Spring 2018): 616–37.

10 Zen Soo, "Jane Wong Uncovers Hidden App Features That Tech Giants Like Facebook Want to Keep Secret," *South China Morning Post*, November 26, 2018, https://www.scmp.com/tech/apps-social/article/2174875/jane-wong-explains-why-she-uncovers-hidden-app-features-tech-giants; Salvador Rodriguez, "Facebook Employees Turn to Rogue Hacker from Hong Kong to Learn What Other Teams are Building," CNBC, October 20, 2019, https://www.cnbc.com/2019/10/20/facebook-employees-turn-to-hong-kong-hacker-jane-manchun-wong-for-info.html; Alli Shultes, "Jane Manchun Wong: The Woman Scooping Silicon Valley," BBC, April 27, 2019, https://www.bbc.com/news/technology-47630849; Aaron Holmes, "This Rogue Hacker Digs up Unreleased Features on Instagram, Facebook, and Spotify—and She Often Finds Out About Them Before Other Employees at Those Companies Do," Business Insider, February 10, 2020, https://www.businessinsider.in/tech/news/this-rogue-hacker-digs-up-unreleased-features-on-instagram-facebook-and-spotify-and-she-often-finds-out-about-them-before-other-employees-at-those-companies-do/articleshow/74068630.cms; Kaya Yurieff, "This 24-Year-Old Finds Unreleased Features in Your Favorite Apps," CNN Business, March 22, 2019, https://www.cnn.com/2019/03/22/tech/jane-wong-app-features/index.html.

11 Robert H. Frank and Philip J. Cook, *The Winner-Take-All Society: Why the Few at the Top Get So Much More than the Rest of Us* (New York: Penguin, 1995).

12 Michael J. Coren, "Two Out of Three Developers Are Self-Taught, and Other Trends from a Survey of 56,033 Coders," Quartz, March 30, 2016, https://qz.com/649409/two-out-of-three-developers-are-self-taught-and-other-trends-from-a-survey-of-56033-developers/.

13 Isaacson, *Steve Jobs*, 173.

14 Isaacson, S*teve Jobs*, 467.

15 Charles Arthur, "Bill Gates on the iPad—and His Envy of the iPhone", *The Guardian*, February 12, 2010, https://www.theguardian.com/technology/2010/feb/12/ipad-bill-gates-microsoft-opinion-iphone.

1장. 최고들은 무엇이 남다른가

1 Judd Apatow, *Sick in the Head: Conversations About Life and Comedy* (New York: Random House, 2015); "Judd Apatow, The Man Behind Comedy, Returns to the Stage Himself," *The Leonard Lopate Show*, podcast, WNYC, July 12, 2017, https://www.wnyc.org/story/judd-apatow-comes-down-big-sick/.

2 Apatow, *Sick in the Head*, xiii.

3 Sara Plourde, "Workshop 18: Joe Hill," *10-Minute Writer's Workshop*, podcast, NHPR, May 18, 2017, https://www.nhpr.org/post/10-minute-writers-workshop-joe-hill#stream/0.

4 Nathaniel Rich and Christopher Lehmann-Haupt, "Stephen King, The Art of Fiction No. 189," *The Paris Review*, Fall 2006, https://www.theparisreview.org/interviews/5653/the-art-of-fiction-no-189-stephen-king.

5 Angela Duckworth, *Grit: The Power of Passion and Perseverance* (New York: Scribner, 2016); Anders Ericsson and Robert Pool, *Peak: Secrets from the New Science of Expertise* (Boston: Houghton Mifflin Harcourt, 2016); Brett and Kate McKay, "Want to Become a Better Writer? Copy the Work of Others!," The Art of Manliness, March 27, 2014, https://www.artofmanliness.com/articles/want-to-become-a-better-writer-copy-the-work-of-others/.

6 Cornelia Homburg, *The Copy Turns Origina*l (Amsterdam: John Benjamins Publishing Company, 1996); Bruce Johnston, "Van Gogh's £25m Sunflowers Is 'a Copy by Gauguin,'" *The Telegraph*, September 26, 2001, https://www.telegraph.co.uk/news/worldnews/europe/italy/1357627/Van-Goghs-25m-Sunflowers-is-a-copy-by-Gauguin.html;Martin Bailey, "The Artist Whom Van Gogh Most Admired—and Whose Work fetched Record Prices," *The Art Newspaper*, October 4, 2019, https://www.theartnewspaper.com/blog/the-artist-whom-van-gogh-most-admired-and-whose-work-fetched-record-prices.

7 Malcolm Gladwell, "Malcolm Gladwell Teaches Writing," MasterClass, https://www.masterclass.com/classes/malcolm-gladwell-teaches-writing.

8 Chuck Klosterman, *X: A Highly Specific, Defiantly Incomplete History of the Early 21st Century* (New York: Blue Rider Press, 2017), 000.

9 Aristotle, *Poetics*, translated by Malcolm Heath (New York: Penguin Classics, 1997).

10 Adrienne Lafrance, "The Six Main Arcs in Storytelling, as Identified by an A.I.," *The Atlantic*, July 12, 2016, https://www.theatlantic.com/technology/archive/2016/07/the-six-main-arcs-in-storytelling-identified-by-a-computer/490733/; Josh Jones, "Kurt Vonnegut Diagrams the

Shape of All Stories in a Master's Thesis Rejected by U. Chicago," Open Culture, February 18, 2014, http://www.openculture.com/2014/02/kurt-vonnegut-masters-thesis-rejected-by-u-chicago.html; Ana Swanson, "Kurt Vonnegut Graphed the World's Most Popular Stories," *Washington Post*, February 9, 2015, https://www.washingtonpost.com/news/wonk/wp/2015/02/09/kurt-vonnegut-graphed-the-worlds-most-popular-stories/; "Part of Vonnegut's Legacy, *Cat's Cradle*, Also Earned Him Master's," *University of Chicago Chronicle* 26, no. 16 (May 2007), http://chronicle.uchicago.edu/070510/vonnegut.shtml; Kurt Vonnegut, *Palm Sunday: An Autobiographical Collage* (New York: Dial Press Trade, 2011).

11 '영웅의 여정'은 조셉 캠벨(Joseph Campbell)이 사용한 표현이며, 그의 책《천의 얼굴을 가진 영웅》은 보니것이 여섯 가지 이야기 구조의 이론을 제시하고 몇 년 후에 출간됐다. 보니것은 영웅의 여정과 유사한 이야기 구조를 '곤경에 빠진 인물'이라고 명명했다. 다음을 참고하라. Joseph Campbell, *The Hero with a Thousand Faces* (Novato, CA: New World Library, 2008); Joseph Campbell, *The Power of Myth*, edited by Betty Sue Flowers (New York: First Anchor Books, 1991).

12 이 그래프는 데릭 시버스(Derek Sivers)의 블로그를 참고했다. "Kurt Vonnegut Explains Drama," Derek Sivers, September 1, 2009. https://sive.rs/drama.

13 Marco Del Vecchio et al., "Improving Productivity in Hollywood with Data Science: Using Emotional Arcs of Movies to Drive Product and Service Innovation in Entertainment Industries," *Journal of the Operational Research Society*, March 2, 2020, https://doi.org/10.1080/016056 82.2019.1705194; Andrew J. Reagan et al., "The Emotional Arcs of Stories Are Dominated by Six Basic Shapes," *EPJ Data Science* 5, article 31 (November 2016), https://doi.org/10.1140/epjds/s13688-016-0093-1.

14 Tyler Hayes, "How Do You Reverse Engineer a Song?," Fast Company, October 24, 2013, https://www.fastcompany.com/3020632/how-do-you-reverse-engineer-a-song.

15 Tom Miles, "Breaking Down a Photo: An Introduction to Reverse Engineering," New York Institute of Photography, January 6, 2014, https://www.nyip.edu/photo-articles/photography-tutorials/reverse-engineering-a-photo.

16 "Who Is this Todd Wilbur Guy?," Todd Wilbur's Top Secret Recipes, https://topsecretrecipes.com/About-Top-Secret-Recipes.html; Todd Wilbur, *Top Secret Recipes Step-by-Step: Secret Formulas with Photos for Duplicating Your Favorite Famous Foods at Home* (New York: Plume, 2015).

17 Karen Page, *Kitchen Creativity: Unlocking Culinary Genius—with Wisdom, Inspiration, and Ideas from the World's Most Creative Chefs* (New York: Little, Brown and Company, 2017).

18 Ibid., 198.

19 "Culinary Forensics," The Center for Genomic Gastronomy, December 8, 2012, https://genomicgastronomy.com/blog/culinary-forensics-draft/; Joyce Slaton, "6 Steps to Reverse-Engineer Any Restaurant Dish," *Chowhound*, October 19, 2011, https://www.chow

hound.com/food-news/93995/how-to-reverse-engineer-any-restaurant-dish/#:~:text=%20
6%20Steps%20to%20Reverse-Engineer%20Any%20 Restaurant%20Dish,in%20
question%2C%20Wilbur%20may%20cut%20 it. . .%20More%20; Sarah Spigelman,
"Reverse Engineer Your Favorite Food with an App," Mashable, July 28, 2017, https://
mashable.com/2017/07/28/pic-2-recipe-app/; Rachel Whittaker, "How to Reverse Engineer
Any Store-Bought Box, Can, or Package," Modern Alternative Kitchen, August 9, 2013,
https://www.modernalternativekitchen.com/2013/08/how-to-reverse-engineer-any-store-
bought-food/; Answer Fella, "How to Reverse-Engineer Food," *Esquire*, September 17, 2009,
https://www.esquire.com/news-politics/q-and-a/a6332/ingredient-technology-1009/.

20 Page, *Kitchen Creativity*; Andrew Dornenburg, *The Flavor Bible: The Essential Guide to
Culinary Creativity, Based on the Wisdom of America's Most Imaginative Chefs* (New York:
Little, Brown and Company, 2008); James Briscione, *The Flavor Matrix: The Art and Science
of Pairing Common Ingredients to Create Extraordinary Dishes* (New York: Houghton Mifflin
Harcourt, 2018).

21 David Chang, "The Secret Code to Unleashing the World's Most Amazing Flavors," *Wired*,
July 19, 2016, https://www.wired.com/2016/07/chef-david-chang-on-deliciousness/. See also
David Chang, *Eat a Peach: A Memoir* (New York: Random House, 2020).

22 Chang, "The Secret Code to Unleashing the World's Most Amazing Flavors."

23 Jordan D. Troisi, "Threatened Belonging and Preference for Comfort Food Among the
Securely Attached," *Appetite* 90, no. 1 (July 2005): 58–64, https://doi.org/10.1016/
j.appet.2015.02.029; Charles Spence, "Comfort Food: A Review," *International Journal
of Gastronomy and Food Science* 9 (October 2017): 105–09, https://doi.org/10.1016/
j.ijgfs.2017.07.001; Cari Romm, "Why Comfort Food Comforts," *The Atlantic*, April
3, 2015, https://www.theatlantic.com/health/archive/2015/04/why-comfort-food-
comforts/389613/.

24 Robert A. Baron, "Opportunity Recognition as Pattern Recognition: How Entrepreneurs
'Connect the Dots' to Identify New Business Opportunities," *Academy of Management
Perspectives* 20, no. 1 (February 2006): 104–19, https://doi.org/10.5465/amp.2006.19873412;
Jeffrey H. Dyer, Hal B. Gregersen, and Clayton Christensen, "Entrepreneur Behaviors,
Opportunity Recognition, and the Origins of Innovative Ventures," *Strategic Entrepreneurship
Journal* 2, no. 4 (December 2008): 317–38, https://doi.org/10.1002/sej.59.

25 Guy Raz, "Chipotle: Steve Ells," *How I Built This with Guy Raz*, podcast, NPR, October 30,
2017, https://www.npr.org/2017/12/14/560458221/chipotle-steve-ells#:~:text=Live%20
Sessions-,Chipotle%3A%20Steve%20Ells%20%3A%20How%20I%20Built%20This%20
with%20Guy%20 Raz,open%20his%20own%20gourmet%20restaurant.

26 Oliver Gassmann, *The Business Model Navigator: 55 Models That Will Revolutionize Your
Business* (Edinburgh: Pearson Education Limited, 2014).

27 Guy Raz, "Live Episode! Starbucks: Howard Schultz," *How I Built This with Guy Raz*, podcast, September 28, 2017, https://www.npr.org/2017/09/28/551874532/live-episode-starbucks-howard-schultz.

28 Walter J. Boyne, "Carbon Copy Bomber," *Air Force Magazine*, June 2009, 52–56, https://www.airforcemag.com/article/0609bomber/; Tim Bradford, "Industrial Espionage Is More Effective than R&D," *Harvard Business Review*, November 1, 2016, https://hbr.org/2016/11/industrial-espionage-is-more-effective-than-rd.

29 "Iran 'Foiled Plot to Assassinate Army Chief Behind Out-of-Country Operations,'" bne IntelliNews, October 3, 2019, https://www.intellinews.com/iran-foiled-plot-to-assassinate-army-chief-behind-out-of-country-operations-169067/?source=egypt-and-mena; David Axe, "Iran Unveils Copycat Arsenal," *Wired*, January 4, 2013, https://www.wired.com/2013/01/irans-copycat-arsenal/.

30 Katherine Eban, *Bottle of Lies: The Inside Story of the Generic Drug Boom* (New York: HarperCollins, 2019); Erik Mogalian and Paul Myrdal, "What's the Difference Between Brand-Name and Generic Prescription Drugs?," *Scientific American*, December 13, 2004, https://www.scientificamerican.com/article/whats-the-difference-betw-2004-12-13/.

31 Jan W. Gooch, *Analysis and Deformulation of Polymeric Materials: Paints, Plastics, Adhesives, and Inks* (New York: Plenum Press, 1997); J. M. Oliveira Junior et al., "Deformulation of a Solid Pharmaceutical Form Using Computed Tomography and X-ray Fluorescence," *Journal of Physics: Conference Series* 630, no. 1 (2015): 15–24, https://doi.org/10.1088/1742-6596/630/1/012002; "Product Deformulation Service," Scientific Applications, Avomeen Analytical Services, https://www.avomeen.com/scientific-applications/product-deformulation-service/.

32 "Kiichiro Toyoda," Inductees & Honorees, Automotive Hall of Fame, 2018, https://www.automotivehalloffame.org/honoree/kiichiro-toyoda/; Jon Gertner, "From 0 to 60 to World Domination," *New York Times*, February 18, 2007, https://www.nytimes.com/2007/02/18/magazine/18Toyota.t.html; "Kiichiro Toyoda, Founder of the Toyota Motor Corporation, Dies," History, March 24, 2020, https://www.history.com/this-day-in-history/toyota-founder-dies.

33 Michael J. Cole, "Benchmarking: A Process for Learning or Simply Raising the Bar?," *Evaluation Journal of Australasia* 9, no. 2 (January 2009): 7–15, https://doi.org/10.1177/1035719X0900900203; Dean Elmuti and Yunus Kathawala, "An Overview of Benchmarking Process: A Tool for Continuous Improvement and Competitive Advantage," *Benchmarking for Quality Management and Technology* 4, no. 2 (1997): 229–43, https://doi.org/10.1108/14635779710195087.

34 Alexander Stoklosa, "This Independent Firm Helps Automakers Reverse Engineer Competing Cars," *Car and Driver*, December 4, 2018, https://www.caranddriver.com/features/

a25393820/a2mac1-reverse-engi neer-competing-cars/; Lawrence J. Speer, "French Farm Is a Global Benchmarking Hotspot," Automotive News Europe, August 18, 2008, https://europe. autonews.com/article/20080818/ANE03/993621490/french-farm-is-a-global-benchmarking-hotspot; David Tracy, "The Fascinating Company That Tears Cars Apart to Find Out Exactly How They're Built," Jalopnik, October 3, 2016, https://jalopnik.com/the-fascinating-company-that-tears-cars-apart-to-find-o-1787205420; Carl Hoffman, "The Teardown Artists," Wired, February 1, 2006, https://www.wired.com/2006/02/teardown/.

35 Nick Carley, "Rising Old Used Car Prices Help Push Poor Americans over the Edge," Reuters, October 11, 2019, https://www.reuters.com/article/us-autos-usa-used-analysis/rising-old-used-car-prices-help-push-poor-americans-over-the-edge-idUSKBN1WQ1AP.

36 Adam Grant, Originals: How Non-Conformists Move the World (New York: Penguin Books, 2017); Jon Birger, "Second-Mover Advantage," Fortune, March 13, 2006, https://money.cnn. com/magazines/fortune/fortune_archive/2006/03/20/8371782/index.htm; Theo Anderson, "The Second-Mover Advantage," KelloggInsight, November 4, 2013, https://insight.kellogg. northwestern.edu/article/the_second_mover_advantage; Marvin B. Lieberman and David B. Montgomery, "First-Mover (Dis)Advantages: Retrospective and Link with the Resource-Based View," Strategic Management Journal 19, no. 12 (December 1998): 1111–25, https:// doi.org/10.1002/(SICI)1097-0266(1998120)19:12<1111::AID-SM-J21>3.0.CO;2-W; Constantinos C. Markides and Paul A. Geroski,"Fast Second," Harvard Business Review, February 6, 2008, https://hbr.org/2008/02/fast-second.

37 Takeshi Okada and Kentaro Ishibashi, "Imitation, Inspiration, and Creation: Cognitive Process of Creative Drawing by Copying Others' Artworks," Cognitive Science 41, no. 7 (September 2017): 1804–37, https://doi.org/10.1111/cogs.12442.

38 Jessica J. Ellis and Eyal M. Reingold, "The Einstellung Effect in Anagram Problem Solving: Evidence from Eye Movement," Frontiers in Psychology 5, article 679 (July 2014), https://doi. org/10.3389/fpsyg.2014.00679; Abraham S. Luchins and Edith H. Luchins, "Einstellung Effects," Science 238, no. 4827 (1987): 598, https://doi.org/10.1126/science.238.4827.598-b; Karl Duncker, "On Problem-Solving," Psychological Monographs 58, no. 5 (1945): i–113, https://doi.org/10.1037/h0093599 [originally published in German in 1935]. See also David Epstein, Why Generalists Triumph in a Specialized World (New York: Riverhead Books, 2019).

2장. 숨겨진 패턴을 읽어내는 법

1 Lane Moore, "I Met My Husband on Tinder," Cosmopolitan, February 16, 2016, https://www. cosmopolitan.com/sex-love/news/a53 737/i-met-my-husband-on-tinder/; personal interview with Alyssa Nathan and Josh Yanover, November 13, 2019.

2 Cédric Courtois and Elisabeth Timmermans, "Cracking the Tinder Code," Journal of Computer-Mediated Communication 23, no. 1 (January 2018): 1–16, https://doi.org/10.1093/

jcmc/zmx001; Kaitlyn Tiffany, "The Tinder Algorithm, Explained," Vox, February 6, 2019, https://www.vox.com/2019/2/7/18210998/tinder-algorithm-swiping-tips-dating-app-science; Dale Markowitz, "The Future of Online Dating Is Unsexy and Brutally Effective," Gizmodo, October 25, 2017, https://gizmodo.com/the-future-of-online-dating-is-unsexy-and-brutally-effe-1819781116.

3   Michael J. Rosenfeld, Reuben J. Thomas, and Sonia Hausen, "Disintermediating Your Friends: How Online Dating in the United States Displaces Other Ways of Meeting," *Proceedings of the National Academy of Sciences of the United States of America* 116, no. 36 (August 2019): 17753–58, https://doi.org/10.1073/pnas.1908630116.

4   Mark P. Mattson, "Superior Pattern Processing Is the Essence of the Evolved Human Brain," *Frontiers in Neuroscience* 8, no. 9 (August 2014): 265, https://doi.org/10.3389/fnins.2014.00265; David J. Lick., Adam L. Alter, and Jonathan B. Freeman, "Superior Pattern Detectors Efficiently Learn, Activate, Apply, and Update Social Stereotypes," *Journal of Experimental Psychology: General* 147, no. 2 (July 2017): 209–27, https://doi.org/10.1037/xge0000349.

5   B. D. Ripley, *Pattern Recognition and Neural Networks* (Cambridge, UK: Cambridge University Press, 2009); Robert P. W. Duin and Elz̓bieta Pȩkalska, "The Science of Pattern Recognition. Achievements and Perspectives," *Studies in Computational Intelligence* 68 (May 2007): 221–59, https://doi.org/10.1007/978-3-540-71984-7_10; Ariel Rosenfeld and Harry Wechsler, "Pattern Recognition: Historical Perspective and Future Directions," *International Journal of Imaging Systems and Technology* 11, no. 2 (July 2000): 101–16, https://doi.org/10.1002/1098-1098(2000)11:2%3C101::AID-IMA1%3E3.0.CO;2-J; Ally Marotti, "Algo-rithms Behind Tinder, Hinge, and Other Dating Apps Control Your Love Life. Here's How to Navigate Them," *Chicago Tribune*, December 6, 2018, https://www.chicagotribune.com/business/ct-biz-app-dating-algorithms-20181202-story.html; Andrew W. Trask, *Deep Learning* (Shelter Island, NY: Manning Publications, 2019).

6   Kartik Hosanagar, *A Human's Guide to Machine Intelligence: How Algorithms Are Shaping Our Lives and How We Can Stay in Control* (New York: Viking, 2019); Cade Metz, "How A.I. is Creating Building Blocks to Reshape Music and Art," *New York Times*, August 14, 2017, https://www.nytimes.com/2017/08/14/arts/design/google-how-ai-creates-new-music-and-new-artists-project-magenta.html; Laura Pappano, "Learning to Think like a Computer," *New York Times*, April 4, 2017, https://www.nytimes.com/2017/04/04/education/edlife/teaching-students-computer-code.html.

7   IBM and Institute of Culinary Education, *Cognitive Cooking with Chef Watson: Recipes for Innovation from IBM & the Institute of Culinary Education* (Naperville, IL: Sourcebooks, 2015); Laura Sydell, "I've Got the Ingredients. What Should I Cook? Ask IBM's Watson," NPR, October 27, 2014, https://www.npr.org/sections/alltechconsidered/2014/10/27/35

9302540/ive-got-the-ingredients-what-should-i-cook-ask-ibms-watson; Alexandra Kleeman, "Cooking with Chef Watson, I.B.M.'s Artificial Intelligence App," *New Yorker*, November 21, 2016, https://www.newyorker.com/maga zine/2016/11/28/cooking-with-chef-watson-ibms-artificial-intelligence-app; Sophie Curtis, "Cognitive Cooking: How Is A.I. Changing Foodtech?," Re-Work, April 19, 2016, https://blog.re-work.co/foodtech-ibm-chef-watson-florian-pinel-food-artificial-intelligence/.

8 Brian Dillon, "Curios and Curiouser: The Weird and Wonderful Stuff That Artists Collect," *The Guardian*, February 6, 2015, https://www.theguardian.com/artanddesign/2015/feb/06/curios-and-curiouser-weird-wonderful-stuff-artists-collect.

9 Marc Spitz, *Bowie: A Biography* (New York: Crown Publishing, 2009).

10 Caroline Barta, "Why on Earth Did Julia Child Collect 5,000 Cookbooks?," Thinking in Public, June 13, 2018, https://thinkinginpublic.org/story/why-on-earth-did-julia-child-collect-5000-cook books/.

11 Lyn Hirschberg, "Quentin Tarantino, Pre-'Pulp Fiction,'" *Vanity Fair*, July 5, 1994, https://www.vanityfair.com/news/1994/07/tarantino199407.

12 NPR Staff, "New Conservation Effort Aims to Protect Papa's Papers," *Weekend Edition Sunday*, NPR, December 27, 2015, https://www.npr.org/2015/12/27/460822063/new-conservation-effort-aims-to-protect-papas-papers.

13 John Seabrook, "William Maxwell, The Art of Fiction no. 71," *Paris Review*, Fall 1982, https://www.theparisreview.org/interviews/3138/the-art-of-fiction-no-71-william-maxwell.

14 Sara Plourde, "Workshop 8: Tom Perrotta," January 29, 2016, *10-Minute Writer's Workshop*, podcast, https://www.nhpr.org/post/10-minute-writers-workshop-tom-perrotta#stream/0.

15 Peter A. Frensch and Dennis Rünger, "Implicit Learning," *Current Directions in Psychological Science* 12, no. 1 (February 2003): 13–18, https://doi.org/10.1111/1467-8721.01213.

16 특히 창의성과 관련된 분야에서 뛰어난 결과물을 내려면 꼭 필요한데도 충분히 이뤄지지 않는 연습에 관한 더 자세한 논의는 다음을 참고하라. Scott Barry Kaufman, "Creativity Is Much More than 10,000 Hours of Deliberate Practice," *Scientific American*, April 17, 2016, https://blogs.scientificamerican.com/beautiful-minds/creativity-is-much-more-than-10-000-hours-of-deliberate-practice/.

17 Clayton M. Christensen, *The Innovator's Dilemma: When New Technologies Cause Great Firms to Fail* (Boston: Harvard Business Review Press, 2016); Jeff Dyer, Hal Gregersen, and Clayton M. Christensen, *The Innovator's DNA: Mastering the Five Skills of Disruptive Innovators* (Boston: Harvard Business Review Press, 2019).

18 Carlo DeVito, *Wellington: The Maras, the Giants, and the City of New York* (Chicago: Triumph Books, 2006); Kristopher Knox, "6 Ways Teams Have Hacked the NFL over the Years," Bleacher Report, November 2, 2016, https://bleacherreport.com/articles/2673516-6-ways-teams-have-hacked-the-nfl-over-the-years.

19 David Starkey, *Academic Writing Now: A Brief Guide for Busy Students* (Calgary, AB: Broadview Press, 2017). See also Aaron Hamburger, "Outlining in Reverse," *New York Times*, January 21, 2013, https://opinionator.blogs.nytimes.com/2013/01/21/outlining-in-reverse/; Curtis Sittenfeld, "Finally Write That Story," *New York Times*, July 18, 2020, https://www.nytimes.com/2020/07/18/at-home/coronavirus-fiction-writing.html.

20 Dorie Clark, "Why I Created This Course," Rapid Content Creation MasterClass, https://learn.dorieclark.com/courses/content.

21 관련 연구는 다음을 참고하라. V. F. Reyna and C. J. Brainerd, "Fuzzy-Trace Theory: An Interim Synthesis," *Learning and Individual Differences* 7, no. 1 (1995): 1–75, https://doi.org/10.1016/1041-6080 (95)90031-4.

22 Rosebud Anwuri, "Billboard Hot 100 Analytics," Towards Data Science, June 15, 2018, https://towardsdatascience.com/billboard-hot-100-analytics-using-data-to-understand-the-shift-in-popular-music-in-the-last-60-ac3919d39b49; Sarah McBride, "Applying Academic Formulae to Scripts Could Weed Out Hollywood Duds," NPR, August 17, 2010, https://www.npr.org/sections/money/2010/08/17/129261284/applying-academic-formulae-to-scripts-could-weed-out-hollywood-duds; Jodie Archer and Matthew L. Jockers, *The Bestseller Code: Anatomy of the Blockbuster Novel* (New York: St. Martin's Griffin, 2017); Michael Tauberg, "Anatomy of a Hit Song (2000–2018)," Medium, May 18, 2018, https://medium.com/@michaeltauberg/women-are-dominating-popular-music-43c5ed83534b; Dorien Herremans, David Martens, and Kenneth Sörensen, "Dance Hit Song Prediction," *Journal of New Music Research* 43, no. 3 (January 2014): 291–302, https://doi.org/10.1080/0929821 5.2014.881888; John Seabrook, *The Song Machine: Inside the Hit Factory* (New York: W. W. Norton, 2015).

23 Sir Ken Robinson, "Do Schools Kill Creativity?," February 2006, TED, https://www.ted.com/talks/sir_ken_robinson_do_schools_kill_creativity?language=en.

24 Apple, home page, https://www.apple.com/; Samsung, home page, https://www.samsung.com/.

3장. 익숙함을 넘어설 '신의 한 수'

1 글래드웰이 쓰는 뛰어난 글의 특징을 자세히 논한 자료는 다음을 참고하라. Adam Grant, "What Makes Malcolm Gladwell Fascinating," *Psychology Today*, October 8, 2013, https://www.psychologytoday.com/us/blog/give-and-take/201310/what-makes-malcolm-gladwell-fascinating.

2 "Being Malcolm Gladwell," Freakonomics Radio, May 1, 2016, https://freakonomics.com/podcast/malcolm-gladwell.

3 Karen Valby, "The 'Twilight' Effect," *Entertainment Weekly*, November 16, 2012, https://ew.com/article/2012/11/16/twilight-effect/; "'Twilight' Author: It Started with a Dream," *The*

Oprah Winfrey Show, CNN, November 18, 2009, https://edition.cnn.com/2009/LIVING/worklife/11/18/o.twilight.newmoon.meyer/.

4   Dylan Jones, *David Bowie: The Oral History* (New York: Three Rivers Press, 2018); Chris Welch, *David Bowie: Changes: A Life in Pictures 1947–2016* (London: Carlton Books, 2016).

5   Peter Thiel, *Zero to One: Notes on Startups, or How to Build the Future* (New York: Crown Business, 2014), 1.

6   Jennifer Mueller, *Creative Change: Why We Resist It . . . How We Can Embrace It* (New York: Mariner Books, 2018).

7   Steven Hyden, *This Isn't Happening: Radiohead's "Kid A" and the Beginning of the 21st Century* (New York: Hachette Books, 2020); Simon Reynolds, "Classic Reviews: Radiohead, 'Kid A,'" *Spin*, October 2, 2015, https://www.spin.com/2015/10/radiohead-kid-a-review-spin-magazine-simon-reynolds-2000/; "The Friday Interview: Thom Yorke," *The Guardian*, September 22, 2000, https://www.theguardian.com/friday_review/story/0,,371289,00.html; "'I Don't Want to Be in a Rock Band Anymore,'" Citizen Insane, December 2000, http://citizeninsane.eu/media/uk/select/04/pt_2000-12_select.htm; Radiohead, "Kid A," released October 3, 2000, https://www.metacritic.com/music/kid-a/radiohead; Rob Sheffield, "How Radiohead Shocked the World: A 15th-Anniversary Salute to 'Kid A,'" *Rolling Stone*, October 2, 2015, https://www.rollingstone.com/music/music-news/how-radio head-shocked-the-world-a-15th-anniversary-salute-to-kid-a-49200/; Scott Plagenhoef, "Thom Yorke," Pitchfork, August 16, 2006, https://pitchfork.com/features/interview/6402-thom-yorke/; David Cavanaugh, "I Can See the Monsters," Citizen Insane, October 2000, https://citizeninsane.eu/media/uk/q/04/pt_2000-10_q.htm.

8   David Fricke, "People of the Year: Thom Yorke of Radiohead," *Rolling Stone*, December 14, 2000, https://www.rollingstone.com/music/music-news/people-of-the-year-thom-yorke-of-radiohead-194004/.

9   Matthew Schwartz, "Kozmo Delivers No More," *Computer World*, April 12, 2001, https://www.computerworld.com/article/2592097/kozmo-delivers-no-more.html; Jayson Blair, "Behind Kozmo's Demise: Thin Profit Margins," *New York Times*, April 13, 2001, https://www.nytimes.com/2001/04/13/nyregion/behind-kozmo-s-demise-thin-profit-margins.html.

10   Kristin Downey Grimsley, "The Takeoff of Takeout Taxi," *Washington Post*, November 21, 1994, https://www.washingtonpost.com/archive/business/1994/11/21/the-takeoff-of-takeout-taxi/879b8c2a-3b90-4d3b-8807-d263b72035c6/.

11   Peter Bright, "Lessons Learned from Microsoft's Pioneering—and Standalone—Smartwatches," Ars Technica, September 11, 2014, https://arstechnica.com/gadgets/2014/09/lessons-learned-from-micro softs-pioneering-and-standalone-smartwatches/.

12   Kevin J. Boudreau et al., "The Novelty Paradox & Bias for Normal Science: Evidence from Randomized Medical Grant Proposal Evaluations," Harvard Business School, January 10,

2013, https://hbswk.hbs.edu/item/the-novelty-paradox-bias-for-normal-science-evidence-from-randomized-medical-grant-proposal-evaluations.

13 Mad Men, season 2, episode 4, "Three Sundays," directed by Tim Hunter, written by Matthew Weiner et al., AMC, August 17, 2008.

14 Derek Thompson, "The Four-Letter Code to Selling Just About Anything," *The Atlantic*, January/February 2019, https://www.the atlantic.com/magazine/archive/2017/01/what-makes-things-cool/508772/; Kevin J. Boudreau et al., "The Novelty Paradox & Bias for Normal Science: Evidence from Randomized Medical Grant Proposal Evaluations." 라카니의 연구에 대해 더 자세히 알고 싶다면 다음을 참고하라. Derek Thompson, *Hit Makers: The Science of Popularity in an Age of Distraction* (New York: Penguin Press, 2017).

15 Ian Nathan, *Quentin Tarantino: The Iconic Filmmaker and His Work* (London: White Lion Publishing, 2019); Alex Papaioannou, "Deconstructing Directors: Quentin Tarantino and Remaining Idiosyncratic," Popaxiom, February 21, 2019, https://pop axiom.com/deconstructing-directors-quentin-tarantino-and-remaining-idio syncratic/.

16 David Bianculli, "An Archival Interview with Ray Manzarek, Keyboardist for the Doors," *Fresh Air*, NPR, July 28, 2017, https://www.npr.org/2017/07/28/539989187/an-archival-interview-with-ray-manzarek-keyboardist-for-the-doors.

17 George Beahm, I, *Steve: Steve Jobs in His Own Words* (Evanston, IL: Agate Publishing, 2011).

18 John Battelle, "The Birth of Google," *Wired*, August 1, 2005, https://www.wired.com/2005/08/battelle/.

19 John Man, *The Gutenberg Revolution: How Printing Changed the Course of History* (London: Transworld Publishers, 2010); Tom Wheeler, *From Gutenberg to Google: The History of Our Future* (Washington, DC: Brookings Institution, 2019).

20 Matt Ridley, "When Ideas Have Sex," TEDGlobal 2010, July 18, 2010, https://www.youtube.com/watch?v=OLH h9E5ilZ4.

21 Edward McClelland, *Young Mr. Obama: Chicago and the Making of a Black President*(New York: Bloomsbury Press, 2010); Roy Peter Clark, "Why It Worked: A Rhetorical Analysis of Obama's Speech on Race," Poynter, October 20, 2017, https://www.poynter.org/reporting-editing/2017/why-it-worked-a-rhetorical-analysis-of-obamas-speech-on-race-2/; Linton Weeks, "The Art of Language, Obama Style," NPR, February 11, 2009, https://www.npr.org/templates/story/story.php?storyId=100525275; Juraj Horváth, "Critical Discourse Analysis of Obama's Political Discourse," http://www1.cs.columbia.edu/~sbenus/Teaching/APTD/Horvath_CDO_Obama.pdf; "How Obama Learned His Pulpit Style," NBC Chicago, October 3, 2012, https://www.nbcchicago.com/news/local/how-obama-learned-his-pulpit-style/1940950/.

22 McClelland, *Young Mr. Obama*, 155.

23 Walter Isaacson, *Steve Jobs* (New York: Simon & Schuster Paperbacks, 2015).

24 Erik Blakemore, "Remember These Free AOL CDs? They're Collectibles Now," *Smithsonian Magazine*, October 13, 2015, https://www.smithsonianmag.com/smart-news/aol-cd-rom-collecting-thing-180956902/.

25 Stan Lee, "Stan Lee Talks About How He Almost Quit on His Dream," Film Courage, April 5, 2012, https://www.youtube.com/watch?v=w swJDyxOnyk; Reed Tucker, *Slugfest: Inside the Epic, 50-Year Battle Between Marvel and DC* (New York: Da Capo Press, 2017).

26 Ibid.

27 Spencer Harrison, Arne Carlsen, and Miha Škerlavaj, "Marvel's Blockbuster Machine: How the Studio Balances Continuity and Renewal," *Harvard Business Review*, July–August 2019, https://hbr.org/2019/07/marvels-blockbuster-machine.

28 Clayton M. Christensen, *The Innovator's Dilemma: When New Technologies Cause Great Firms to Fail* (Boston: Harvard Business Review Press, 2016); Jeff Dyer, Hal Gregersen, and Clayton M. Christensen, The Innovator's DNA: *Mastering the Five Skills of Disruptive Innovators* (Boston: Harvard Business Review Press, 2019); Jeffrey H. Dyer, Hal B. Gregersen, and Clayton Christensen, "Entrepreneur Behaviors, Opportunity Recognition, and the Origins of Innovative Ventures," *Strategic Entrepreneurship Journal* 2, no. 4 (December 2008): 317–38, https://doi.org/10.1002/sej.59.

29 Gráinne M. Fitzgerald, Tanya L. Chartrand, and Cavan J. Fitzsimons, "Automatic Effects of Brand Exposures on Motivated Behavior: How Apple Makes You 'Think Different,'" *Journal of Consumer Research* 35, no. 1 (June 2008): 21–35, https://doi.org/10.1086/527269.

30 Ron Friedman and Andrew J. Elliot, "Exploring the Influence of Sports Drink Exposure on Physical Endurance," *Psychology of Sport and Exercise* 9, no. 6 (November 2008): 749–59, https://doi.org/10.1016/j.psychsport.2007.12.001.

31 S. Adam Brasel and James Gips, "Red Bull 'Gives You Wings' for Better or Worse: A Double-Edged Impact of Brand Exposure on Consumer Performance," *Journal of Consumer Psychology* 21, no. 1 (January 2011): 57–64, https://doi.org/10.1016/j.jcps.2010.09.008.

32 Paul Zollo, *More Songwriters on Songwriting* (Philadelphia: Da Capo Press, 2016).

33 Chris Payne, "Billboard Cover Sneak Peek: 5 Ways Eddie Van Halen Breaks the Rock-Star Rules," *Billboard*, June 18, 2015, https://www.billboard.com/articles/columns/rock/6605222/eddie-van-halen-billboard-cover-sneak-peek.

34 Joel Keller, "Bill Maher: I Won't Watch John Oliver," Salon, September 12, 2014, https://www.salon.com/2014/09/12/bill_maher_i_refuse_to_watch_john_oliver/.

35 Judd Apatow, *Sick in the Head: Conversations About Life and Comedy* (New York: Random House, 2015).

36 Ibid.

37 Chris Fenn, "Rereading: Authors Reveal Their Literary Addictions," The Guardian, April 7, 2012, https://www.theguardian.com/books/2012/apr/08/authors-reread-other-authors-novels.

38 Kiri Masters, "Amazon's Toy Catalog Just Dropped— and It Shows Just How Much the Company Knows About Us," *Forbes*, November 5, 2019, https://www.forbes.com/sites/kirimasters/2019/11/05/amazons-toy-catalog-just-dropped-and-shows-just-how-much-they-know-about-us/#2b30f6e9628f; Neil Patel, "4 Old-School Marketing Tactics Making a Comeback in 2018," Neilpatel, March 16, 2018, https://neilpatel.com/blog/old-school-marketing-tactics/.

39 Alan Clayson, *Only the Lonely: Roy Orbison's Life and Legacy* (New York: St. Martin's Press, 1989); Ellis Amburn, *Dark Star: The Roy Orbison Story* (City: Carol Publishing Group, 1990); Alex Orbison et al., *The Authorized Roy Orbison* (New York: Hachette Books, 2017); John Covach, *Sounding Out Pop: Analytical Essays in Popular Music* (Ann Arbor: University of Michigan Press, 2010); "About Joe Melson," Joe Melson, http://joemelson.com/bio/; Michael Fremer, "Recording Elvis and Roy with Legendary Studio Wiz Bill Porter—Part 2," Analog Planet, December 31, 2005, https://www.analogplanet.com/content/recording-elvis-and-roy-legendary-studio-wiz-bill-porter-part-ii-0.

40 Richard W. Lewis, *Absolut Book: The Absolut Vodka Advertising Story* (Boston: Journey Editions, 1996); Natasha Frost, "How America Fell in Love with Vodka," Atlas Obscura, January 25, 2018, https://www.atlasobscura.com/articles/how-america-fell-in-love-with-vodka-smirnoff; David Giantasio, "How Bending Art and Commerce Drive Absolut Vodka's Legendary Campaigns," *AdWeek*, September 28, 2015, https://www.adweek.com/brand-marketing/how-blending-art-and-commerce-drove-absolut-vodka-s-legendary-campaigns-167143/; "Secrets of Successful Ad Campaigns: Lessons from Absolut, Nike and NASCAR," Knowledge@Wharton, September 25, 2002, https://knowledge.wharton.upenn.edu/article/secrets-of-successful-ad-campaigns-lessons-from-absolut-nike-and-nascar/; Expert commentator, "Absolut Vodka and Their Marketing Campaign Have Stood the Test of Time," Smart Insights, August 17, 2018, https://www.smart insights.com/online-brand-strategy/international-marketing/campaign-of-the-week-the-longest-running-print-ad-marketing-campaign-in-history/.

41 Richard Sandomir, "Michel Roux, Whose Vodka Success Was Absolut, Is Dead at 78," *New York Times*, May 10, 2019, https://www.ny times.com/2019/05/10/obituaries/michel-roux-dead.html; George Lazarus, "Absolut Jumping Ship to Seagram," *Chicago Tribune*, October 13, 1993, https://www.chicagotribune.com/news/ct-xpm-1993-10-13-9310130040-story.html.

42 Lazarus, "Absolut Jumping Ship to Seagram."

43 "Why Would More than 500 Artists Sample the Same Song?," *TED Radio Hour*, NPR, June 27, 2014, https://www.npr.org/2014/06/27/322721353/why-would-more-than-500-artists-sample-the-same-song.

44 Ibid.

45 Karen Page, *Kitchen Creativity: Unlocking Culinary Genius—with Wisdom, Inspiration, and*

Ideas from the World's Most Creative Chefs (New York: Little, Brown and Company, 2017).

46 Page, *Kitchen Creativity*, 413.

47 Stephen J. Dubner, "Being Malcolm Gladwell," Freakonomics Radio, May 1, 2016, https://freakonomics.com/podcast/malcolm-gladwell/; "Episode 204: Malcolm Gladwell," *Longform*, podcast, August 3, 2016, https://longform.libsyn.com/episode-204-malcolm-gladwell.

48 "Episode 204: Malcolm Gladwell."

49 Malcolm Gladwell, *David and Goliath: Underdogs, Misfits, and the Art of Battling Giants* (New York: Little, Brown and Company, 2013).

제2부 나만의 설계도를 완성하는 4가지 기술

1 George Washington Walling, *Recollections of a New York Chief of Police* (New York: Claxon Books, 2017), 236.

2 Walling, *Recollections of a New York Chief of Police*; J. North Conway, *King of Heists: The Sensational Bank Robbery of 1878 That Shocked America* (Guilford, CT: Lyons Press, 2009); Geoff Manaugh, *A Burglar's Guide to the City* (New York: Farrar, Straus and Giroux, 2016); Herbert Asbury, *The Gangs of New York: an Informal History of the Underworld* (New York, NY: Vintage Books, 2008); Allan Pinkerton, *Professional Thieves and the Detective: Containing Numerous Detective Sketches Collected From Private Records* (New York: G. W. Dillingham Co., Publishers, 1880); Carl Sifakis, *The Encyclopedia of American Crime* (New York: Smithmark, 1992).

3 글래스의 2009년 인터뷰는 vimeo.com/85040589에서 볼 수 있다. 또한 다음을 참고하라. "Episode 159: Ira Glass," *Longform*, podcast, September 23, 2015, https://longform.libsyn.com/episode-159-ira-glass; David Gianatasio, "How a 2009 Interview with Ira Glass Still Inspires Young Creatives Today," *AdWeek*, January 6, 2015, https://www.adweek.com/creativity/how-2009-interview-ira-glass-still-inspires-struggling-young-creatives-to day-162177/.

4 Ann Patchett, *This Is the Story of a Happy Marriage* (New York: HarperCollins, 2013), 24-25.

5 Ibid., 25.

6 Ibid., 25.

7 Judit Diószegi, Erand Llanaj, and Róza Ádány, "Genetic Background of Taste Preferences, and Its Nutritional Implications: A Systematic Review," *Frontiers in Genetics* 10, article 1272 (December 19, 2019), https://doi.org/10.3389/fgene.2019.01272; Nadia K. Byrnes and John E. Hayes, "Personality Factors Predict Spicy Food Liking and Intake," *Food Quality and Preference* 28, no. 1 (April 2013): 213–21, https://doi.org/10.1016/j.foodqual.2012.09.008; Marvin Zuckerman and D. Michael Kuhlman, "Personality and Risk-Taking: Common Biosocial Factors," *Journal of Personality* 68, no. 6 (December 2000): 999–1029, https://doi.org/10.1111/1467-6494.00124; Kevin B. Smith et al., "Linking Genetics and Political

Attitudes: Reconceptualizing Political Ideology," *Political Psychology* 32, no. 3 (June 2011): 369–97, https://doi.org/10.1111/j.1467-9221.2010.00821.x; A.A.E. Vinkhuyzen et al., "Common SNPs Explain Some of the Variation in the Personality Dimensions of Neuroticism and Extraversion," *Translational Psychiatry* 2, no. 4 (April 2012): e102, https://doi. org/10.1038/tp.2012.27; L. Bevilacqua and D. Goldman, "Genes and Addictions," *Clinical Pharmacological Therapy* 85, no. 4 (April 2009): 359–61, https://doi.org/10.1038/clpt.2009.6.

8   Pierre Bourdieu, *Distinction: A Special Critique on the Judgment of Taste* (London: Routledge, 1984). See also Don Slater, *Consumer Culture and Modernity* (Cambridge, UK: Polity Press, 1997); Robert B. Ekelund, Jr., and Robert F. Hébert, *A History of Economic Theory and Method*, x ed. (New York: McGraw-Hill, 1990).

9   "Why Do Scandinavians Have Such Impeccable Taste in Interior Design?," The School of Life, May 11, 2017, https://www.the schooloflife.com/thebookoflife/why-do-scandinavians-have-such-impeccable-taste-in-interior-design/; Nancy Mitchell, "What Does It Mean to Have 'Bad Taste'? Here's One Fascinating Theory," Apartment Therapy, August 4, 2015, https://www.apartmenttherapy.com/good-taste-and-bad-taste-and-why-it-matters-221839; Melissa Block, "The Psychology of Taste, and Choice," *All Things Considered*, NPR, November 9, 2006, https://www.npr.org/tem plates/story/story.php?storyId=6463387; "On Good and Bad Taste," The School of Life, February 24, 2015, https://www.theschooloflife.com/the bookoflife/good-and-bad-taste/; Jacoba Urist, "Is Good Taste Teachable?," *New York Times*, October 4, 2017, https://www.nytimes.com/2017/10/04/style/design-good-taste.html. See also Alain de Botton, *Status Anxiety* (New York: Vintage Books, 2005).

10 Sara Plourde, "Workshop 47: Jonathan Safran Foer," *10-Minute Writer's Workshop*, podcast, NHPR, June 28, 2017, https://www.nhpr.org/post/10-minute-writers-workshop-jonathan-safran-foer#stream/0.

11 Theodore Sturgeon, "ON HAND: A Book," *Venture Science Fiction*, March 1958, 66.

4장. 점수판 원칙: 스스로를 측정하라

1   Horst Schulze, *Excellence Wins: A No-Nonsense Guide to Becoming the Best in a World of Compromise* (Grand Rapids, MI: Zondervan, 2019); "Gold Standards," The Ritz-Carlton, https://www.ritzcarlton.com/en/about/gold-standards; Carmine Gallo, "Stop 'Listening' and Start Anticipating Your Customers' Needs," *Forbes*, May 28, 2014, https://www.forbes. com/sites/carminegallo/2014/05/28/stop-listening-and-start-anticipating-your-customers-needs/#7c9a70886b4f; Graham Robertson, "Ritz Carlton: Meeting the 'Unexpressed' Needs of Guests," LinkedIn, July 26, 2014, https://www.linkedin.com/pulse/20140726164857-13996180-ritz-carlton-meeting-the-unexpressed-needs-of-guests/; Jennifer Robinson, "How The Ritz-Carlton Manages the Mystique," Gallup, December 11, 2008, https://news.gallup. com/businessjournal/112906/how-ritzcarlton-manages-mystique.aspx; Micah Solomon,

"5 Wow Customer Service Stories from 5-Star Hotels: Examples Any Business Can Learn From," *Forbes*, July 29, 2017, https://www.forbes.com/sites/micahsolomon/2017/07/29/5-wow-customer-service-stories-from-5-star-hotels-examples-any-business-can-learn-from/#2337ab2033e6.

2   Walter Isaacson, *Steve Jobs* (New York: Simon & Schuster Paperbacks, 2015).

3   Kaiser Permanente, "Keeping a Food Diary Doubles Diet Weight Loss, Study Suggests," Science Daily, July 8, 2008, https://www.sciencedaily.com/releases/2008/07/080708080738. htm. 식단 기록하기의 효과에 대한 더 자세한 내용은 다음을 참고하라. Raymond C. Baker and Daniel S. Kirschenbaum, "Self-Monitoring May Be Necessary for Successful Weight Control," *Behavior Therapy* 24, no. 3 (Summer 1993): 377–94, https://doi.org/10.1016/S0005-7894(05)80212-6; Raymond C. Baker and Daniel S. Kirschenbaum, "Weight Control During the Holidays: Highly Consistent Self-Monitoring as a Potentially Useful Coping Mechanism," *Health Psychology* 17, no. 4 (July 1998): 367–70, https://doi.org/10.1037/0278-6133.17.4.367; K. N. Boutelle and D. S. Kirschenbaum, "Further Support for Consistent Self-Monitoring as a Vital Component of Successful Weight Control," *Obesity Research* 6, no. 3 (May 1998): 219–24, https://doi.org/10.1002/j.1550-8528.1998.tb00 340.x; Meghan L. Butryn et al., "Consistent Self-Monitoring of Weight: A Key Component of Successful Weight Loss Maintenance," *Obesity* 15, no. 12 (December 2007): 3091–96, https://doi.org/10.1038/oby.2007.368; MicheleL. Patel et al., "Comparing Self-Monitoring Strategies for Weight Loss in a Smartphone App: Randomized Controlled Trial," *JMIR mHealth and uHealth*, 7, no. 2 (February 28, 2019): e12209, https://doi.org/10.2196/12209; Michele L. Patel, Taylor L. Brooks, and Gary G. Bennett, "Consistent Self-Monitoring in a Commercial App-Based Intervention for Weight Loss: Results from a Randomized Trial," *Journal of Behavioral Medicine* 43, no. 3 (June 2020): 391–401; Barbara Stiglbauer, Silvana Weber, and Bernad Batinic, "Does Your Health Really Benefit from Using a Self-Tracking Device? Evidence from a Longitudinal Randomized Control Trial," *Computers in Human Behavior* 94 (May 2019): 131–39, https://doi.org/10.1016/j.chb.2019.01.018.

4   Ben Horowitz, *The Hard Thing About Hard Things: Building a Business When There Are No Easy Answers* (New York: HarperCollins, 2014), 132.

5   2020년 9월 9일 그레그 얼웨이와 진행한 인터뷰. 그레그는 쉬지 않고 이어지는 마라톤 게임을 16시간 넘게 했다. 현재 세계기록은 24시간이 넘는다.

6   Luxi Shen and Christopher K. Hsee, "Numerical Nudging: Using an Accelerating Score to Enhance Performance," *Psychological Science* 28, no. 8 (August 2017): 1077–86, https://doi.org/10.1177/09/56/79/76/177/00497.

7   Richard M. Ryan and Edward L. Deci, *Self-Determination Theory: Basic Psychological Needs in Motivation, Development, and Wellness* (New York: Guilford Press, 2017).

8   Andreas Nieder, *A Brain for Numbers: The Biology of the Number Instinct* (Cambridge, MA:

MIT Press, 2019).

9 Eric Ries, *The Lean Startup: How Today's Entrepreneurs Use Continuous Innovation to Create Radically Successful Businesses* (New York: Currency, 2014).

10 Peter de Jonge, "How Roger Federer Upgraded His Game," *New York Times*, August 24, 2017, https://www.nytimes.com/interactive/2017/08/24/magazine/usopen-federer-nadal-backhand-wonder-year.html; ATP Staff, "Five Keys to Roger Federer's Wimbledon Domination, Eight Titles," ATP Tour, July 3, 2019, https://www.atptour.com/en/news/federer-wimbledon-infosys-insights-july-2019; "In Federer-Nadal Rivalry, Has the Federer Backhand Become a Weapon?," On the T, March 17, 2017, https://on-the-t.com/2017/03/17/federer-backhand-trends; Associated Press, "Roger Federer Blames Bath Mishap for Injury That Led to Surgery," ESPN, May 24, 2016, https://www.espn.com/tennis/story/_/id/15059810/roger-federer-blames-bath-mishap-injury-led-surgery; Jack de Menezes, "Roger Federer Reveals His Knee Injury Was Caused by Running a Bath for His Twin Daughters," *The Independent*, March 25, 2016, https://www.independent.co.uk/sport/tennis/roger-federer-reveals-his-knee-injury-was-caused-running-bath-his-twin-daughters-a6951971.html; Jeff Sackmann, "Will a Back-to-Normal Federer Backhand Be Good Enough?," Tennis Abstract, July 14, 2019, http://www.tennisabstract.com/blog/2019/07/14/will-a-back-to-normal-federer-backhand-be-good-enough/; "Roger Federer," ATP Stats Profile, Tennis Profiler, https://tennisprofiler.com/federer.

11 ATP Staff, "When Federer Knew His Knee Might Not be the Same", ATP Tour, June 23, 2019, https://www.atptour.com/en/news/federer-reflects-on-2016-knee-injury-my-story-2019.

12 Marshall Goldsmith, *Triggers: Creating Behavior That Lasts—Becoming the Person You Want to Be* (New York: Crown Publishing, 2015). 자기 점검을 위해 골드스미스가 추천하는 일일 질문 목록은 다음에서 볼 수 있다. https://www.marshallgoldsmith.com/marshalls-daily-questions-spreadsheet/.

13 Edwin McDowell, "Darker Side to Franklin Is Reported," *New York Times*, August 18, 1987, https://www.nytimes.com/1987/08/18/arts/darker-side-to-franklin-is-reported.html; Amanda Cargill, "What Did the Founding Fathers Eat and Drink as They Started a Revolution?," *Smithsonian Magazine*, July 3, 2018, https://www.smithsonianmag.com/history/founding-fathers-july-4th-result-both-american-revolution-and-food-revolution-180969538/; Duckworth, *Grit*; Ericsson and Pool, *Peak*; Brett and Kate McKay, "Lessons in Manliness: Benjamin Franklin's Pursuit of the Virtuous Life," The Art of Manliness, February 24, 2008, https://www.artofmanliness.com/articles/lessons-in-manliness-benjamin-franklins-pursuit-of-the-virtuous-life/; David G. Allan, "Ben Franklin's '13 Virtues' Path to Personal Perfection," CNN, March 1, 2018, https://www.cnn.com/2018/03/01/health/13-virtues-wisdom-project/index.html; James Wolcott, "Wired Up! Ready to Go!," *Vanity Fair*, January 8, 2013, https://www.vanityfair.com/culture/2013/02/quantified-self-hive-mind-weight-watchers.

14 *7 Days Out*, season 1, episode 2, "Eleven Madison Park," directed by Michael John Warren, Netflix, December 21, 2018.

15 선행 지표와 후행 지표에 관한 더 자세한 내용은 다음을 참고하라. Philip A. Klein and Geoffrey H. Moore, "The Leading Indicator Approach to Economic Forecasting—Retrospect and Prospect," National Bureau of Economic Research, working paper no. 941, July 1982, https://doi.org/10.3386/w0941; Cal Newport, *Deep Work: Rules for Focused Success in a Distracted World* (New York: Grand Central Publishing, 2016).

16 Amy Lundy, "When Federer Wins the First Point on Serve, It's Usually Game Over," FiveThirtyEight, July 10, 2018, https://fivethirtyeight.com/features/when-federer-wins-the-first-point-on-serve-its-usually-game-over/.

17 Cal Newport, "From Deep Tallies to Deep Schedules: A Recent Change to My Deep Work Habits," Study Hacks Blog, December 7, 2016, https://www.calnewport.com/blog/2016/12/07/from-deep-tallies-to-deep-schedules-a-recent-change-to-my-deep-work-habits/.

18 Rebekah Kearn, "Man Complains of Forgery at Wells Fargo," Courthouse News Service, September 13, 2013, https://www.court housenews.com/man-complains-of-forgery-at-wells-fargo/.

19 Matt Egan, "Workers Tell Wells Fargo Horror Stories," CNN Money, September 9, 2016, https://money.cnn.com/2016/09/09/investing/wells-fargo-phony-accounts-culture/index.html; Michael Corkery, "Wells Fargo Killing Sham Account Suits by Using Arbitration," *New York Times*, December 6, 2016, https://www.nytimes.com/2016/12/06/business/dealbook/wells-fargo-killing-sham-account-suits-by-using-arbitration.html; E. Scott Reckard, "Wells Fargo's Pressure-Cooker Sales Culture Comes at a Cost," *Los Angeles Times*, December 21, 2013, https://www.latimes.com/business/la-fi-wells-fargo-sale-pressure-2013 1222-story.html; Randall Smith, "Copying Wells Fargo, Banks Try Hard Sell," *Wall Street Journal*, February 28, 2011, https://www.wsj.com/articles/SB10001424052748704430304576170702480420980; "Rules AmendmentsEffective in December: Wells Fargo Under Fire for Sales Practices," *American Bankruptcy Institute Journal* 35, no. 10 (October 2016): 8–9; Michael Harris and Bill Tayler, "Don't Let Metrics Undermine Your Business," *Harvard Business Review*, September–October 2019, https://hbr.org/2019/09/dont-let-metrics-undermine-your-business.

20 Reckard, "Wells Fargo's Pressure-Cooker Sales Culture Comes at a Cost."

21 Matt Levine, "Fake Accounts Still Haunt Wells Fargo," Bloomberg, October 23, 2018, https://www.bloomberg.com/opinion/articles/2018-10-23/fake-accounts-still-haunt-wells-fargo.

22 Jerry Z. Mueller, *The Tyranny of Metrics* (Princeton, NJ: Princeton University Press, 2019); Willie Choi, Garu Hecht, and William B. Tayler, "Strategy Selection, Surrogation, and Strategic Performance Measurement Systems," *Journal of Accounting Research* 51, no. 1 (July 2012): 105–33, https://doi.org/10.1111/j.1475-679X.2012.00465.x; Yuji Ijiri, *The*

Foundations of Accounting Measurement: A Mathematical, Economic, and Behavioral Inquiry (Englewood Cliffs, NJ: Prentice Hall, 1967); Will Koehrsen, "Unintended Consequences and Goodhart's Law," Towards Data Science, February 25, 2018, https://towardsdatascience.com/unintended-consequences-and-goodharts-law-68d60a94705c.

23 단기 목표와 장기 목표가 동기 부여에 미치는 긍정적 영향에 대한 더 심층적인 분석은 다음을 참고하라. Bettina Höchli, Adrian Brügger, and Claude Messner, "How Focusing on Superordinate Goals Motivates Broad, Long-Term Goal Pursuit: A Theoretical Perspective," *Frontiers in Psychology* 9 (October 2018), https://doi.org/10.3389/fpsyg.2018.01879; Edwin A. Locke and Gary P. Latham, *New Developments in Goal Setting and Task Performance* (New York: Routledge, 2013).

24 Andrew S. Grove, *High Output Management* (New York: Vintage Books, 2015). See also John Doerr, *Measure What Matters: OKRs—The Simple Idea That Drives 10× Growth* (London: Portfolio Penguin, 2018).

25 "Building a Better Data-First Strategy: Lessons From Top Companies," Knowledge @ Wharton, December 3, 2019, https://knowledge.wharton.upenn.edu/article/building-better-data-first-strategy-lessons-top-companies/. For more on paired metrics, see Grove, *High Output Management.*

5장. 리스크를 똑똑하게 감당하라

1 Karen Page, *Kitchen Creativity: Unlocking Culinary Genius—with Wisdom, Inspiration, and Ideas from the World's Most Creative Chefs* (New York: Little, Brown and Company, 2017).

2 Pam A. Mueller and Daniel M. Oppenheimer, "The Pen Is Mightier than the Keyboard: Advantages of Longhand over Laptop Note Taking," *Psychological Science* 25, no. 6 (June 2014): 1159–68, https://doi.org/10.1177/0956797614524581; Connor Diemand-Yauman, Daniel M. Oppenheimer, and Erikka B. Vaughan, "Fortune Favors the Bold (and the Italicized): Effects of Disfluency on Educational Outcomes," *Cognition* 118, no. 1 (January 2011): 111–15, https://doi.org/0.1016/j.cognition.2010.09.012; Anne Chemin, "Handwriting vs Typing: Is the Pen Still Mightier than the Keyboard?," *The Guardian*, December 16, 2014, https://www.theguardian.com/science/2014/dec/16/cognitive-benefits-handwriting-decline-typing; Anne Quito, "Hard-to-Read Fonts Can Help Boost Your Memory," Quartz, October 10, 2018, https://qz.com/1417818/hard-to-read-fonts-can-help-boost-your-memory/; NPR Staff and James Doubek, "Attention Students: Put Your Laptops Away," *Weekend Edition Sunday*, NPR, April 17, 2016, https://www.npr.org/2016/04/17/474525392/attention-students-put-your-laptops-away.

3 Elizabeth Ligon Bjork and Robert A. Bjork, "Learning: Making Things Hard on Yourself, but in a Good Way: Creating Desirable Difficulties to Enhance Learning," in *Psychology and the Real World*, 2nd ed., edited by Morton Ann Gernsbacher and James R. Pomerantz

(New York: Worth Publishers, 2014), 55–64; Nicholas C. Soderstrom and Robert A. Bjork, "Learning Versus Performance: An Integrative Review," *Perspectives on Psychological Science* 10, no. 2 (March 2015): 176–99, https://doi.org/10.1177/1745691615569000. See also Peter C. Brown, Henry L. Roediger III, and Mark A. McDaniel, *Make It Stick: The Science of Successful Learning* (Cambridge: Belknap Press of Harvard University Press, 2014); Barbara Oakley, *Mindshift: Break Through Obstacles to Learning and Discover Your Hidden Potential* (New York: TarcherPerigee, 2017); Ulrich Boser, *Learn Better: Mastering the Skills for Success in Life, Business, and School, or How to Become an Expert in Just About Anything* (New York: Rodale, 2017); Malcolm Gladwell, *David and Goliath: Underdogs, Misfits, and the Art of Battling Giants* (New York: Little, Brown and Company, 2013).

4   Brad Schoenfeld, *Science and Development of Muscle Hypertrophy* (Champaign, IL: Human Kinetics, 2016); Per Aagaard et al., "Increased Rate of Force Development and Neural Drive of Human Skeletal Muscle Following Resistance Training," *Journal of Applied Physiology* 93, no. 4 (October 2002): 1318–26, https://doi.org/10.1152/japplphysiol.00283.2002; O. R. Seynnes, M. de Boer, and M. V. Narici, "Early Skeletal Muscle Hypertrophy and Architectural Changes in Response to High-Intensity Resistance Training," *Journal of Applied Physiology* 102, no. 1 (January 2007): 368–73, https://doi.org/10.1152/japplphysiol.00789.2006.

5   Eren Orbey, "The International Federation of Gymnastics Needs to Keep Up with Simone Biles," *New Yorker*, October 11, 2019, https://www.newyorker.com/sports/sporting-scene/the-international-federation-of-gymnastics-needs-to-keep-up-with-simone-biles; Nancy Armour, "Gymnastics Championships: Simone Biles Penalized for Having Skills Other Gymnasts Can't Pull Off," *USA Today*, October 4, 2019, https://www.usatoday.com/story/sports/columnist/nancy-armour/2019/10/04/gymnastics-simon-biles-penalized-championships-being-too-good/3866255002/; Dvora Meyers, "Why Simone Biles Is Even Better than Her Scores Tell," *The Guardian*, October 8, 2019, https://www.theguardian.com/sport/2019/oct/08/simone-biles-skills-scoring-world-championships.

6   일터에서 저지르는 실수에 따르는 커다란 대가와 다양한 해법에 대한 더 자세한 내용은 다음을 참고하라. Ron Friedman, *The Best Place to Work: The Art and Science of Creating an Extraordinary Workplace* (New York: Perigee, 2014).

7   General Electric: Vijay Govindarajan and Chris Trimble, *Reverse Innovation: Create Far from Home, Win Everywhere* (Boston: Harvard Business Review Press, 2012); Sarah Triantafillou, "GE Healthcare's MAC 800 Portable ECG Device Helps to Advance Physician Care of Athletes and Visitors at Vancouver 2010 Paralympic Winter Games," GE News, March 12, 2010, https://www.ge.com/news/press-releases/ge-healthcares-mac-800-portable-ecg-device-helps-advance-physician-care-athletes-and; Vijay Govindarajan, "A Reverse-Innovation Playbook," *Harvard Business Review*, April 2012, https://hbr.org/2012/04/a-reverse-innovation-playbook; Vijay Govindarajan and Ravi Ramamurti, *Reverse Innovation in Health*

Care: How to Make Value-Based Delivery Work (Boston: Harvard Business Review Press, 2018; "'Reverse Innovation': GE Makes India a Lab for Global Markets," Knowledge@Wharton, May 20, 2010, https://knowledge.wharton.upenn.edu/article/reverse-innovation-ge-makes-india-a-lab-for-global-markets/; Vinod Mahanta, "How GE Got Out of the GE Way to Create the Nano of ECGs," *Economic Times*, March 11, 2011, https://economictimes.india times.com/how-ge-got-out-of-the-ge-way-to-create-the-nano-of-ecgs/article show/7673404. cms; "GE Healthcare Launches Low-Cost Portable ECGs," Business Standard, November 24, 2009, https://www.business-standard.com/article/companies/ge-healthcare-launches-low-cost-portable-ecg-10911 2400032_1.html; Brian Dolan, "GE's 1st Portable ECG Includes Medical Texting," Mobi Health News, March 13, 2009, https://www.mobihealthnews. com/903/ges-1st-portable-ecg-includes-medical-texting/; Amos Winter et al., "Engineering Reverse Innovations," *Harvard Business Review*, July 1, 2015, https://hbr.org/2015/07/ engineering-reverse-innovations; Chris Trimble, Jeffrey R. Immelt, and Vijay Govindarajan, "How GE Does Reverse Innovation," *Harvard Business Review*, podcast, October 23, 2009, https://hbr.org/podcast/2009/10/how-ge-does-reverse-innovation; "Reverse Innovation Gets Real: Announcing the McKinsey Award Winners," McKinsey & Company, March 22, 2016, https://www.mckinsey.com/about-us/new-at-mckinsey-blog/innovating-for-the-world.

8   Natalie Zmuda, "P&G, Levi's, GE Innovate by Thinking in Reverse," *Ad Age*, June 13, 2011, https://adage.com/article/global-news/p-g-levi-s-ge-innovate-thinking-reverse/228146.

9   Aziz Ansari, *Modern Romance* (New York: Penguin Books, 2016); Sridhar Pappu, "A Hit Netflix Show. A Best-Selling (and Scholarly!) Book. A Powerful 'S.N.L.' Monologue. Can You Blame Him for Wanting to Hide?," *New York Times*, June 8, 2017, https://www.nytimes.com/ spotlight/master-of-none.

10 Peter Sims, *Little Bets: How Breakthrough Ideas Emerge from Small Discoveries* (New York: Simon & Schuster Paperbacks, 2011).

11 Skip Hollandsworth, "How Many of You Have Heard of Zig Ziglar Before—or Is This Your First Time-uh?," *Texas Monthly*, July 1, 1999, https://www.texasmonthly.com/articles/ how-many-of-you-have-heard-of-zig-ziglar-before-or-is-this-your-first-time-uh/; dallasnews Administrator, "Zig Ziglar, Dallas Motivational Speaker of 'See You at the Top' Fame, Dies at 86," *Dallas Morning News*, November 28, 2012, https://www.dallasnews.com/news/ obituaries/2012/11/29/zig-ziglar-dallas-motivational-speaker-of-see-you-at-the-top-fame-dies-at-86/; "Motivational Speaker Zig Ziglar Dead at Age 86," *New York Daily News*, November 28, 2012, https://www.nydailynews.com/news/national/zig-ziglar-dies-age-86-article-1.1209642.

12 Scott Adams, *How to Fail at Almost Everything and Still Win Big: Kind of the Story of My Life* (New York: Penguin Group, 2013).

13 Adam Grant, *Originals: How Non-Conformists Move the World* (New York: Penguin Books,

2017).

14 Gillian Zoe Segal, *Getting There: A Book of Mentors* (New York: Abrams Books, 2015).

15 Sara Plourde, "Workshop 54: Atul Gawande," *10-Minute Writer's Workshop*, NHPR, podcast, October 6, 2017, https://www.nhpr.org/post/10-minute-writers-workshop-atul-gawande#stream/0.

16 Cory Doctorow, "HOWTO Use Google AdWords to Prototype and Test a Book Title," BoingBoing, October 24, 2010, https://boingboing.net/2010/10/25/howto-use-google-adw. html; wei danger, "64) The 4-Hour Workweek—Smoke Test in the Physical World," Thulme. com, October 25, 2010, http://thulme.com/weiji/64-the-4-hour-workweek-escape-9-5-live-any where-and-join-the-new-rich/.

17 David Bidini, "The Hidden History of How the Rolling Stones Pulled Off Their Legendary Secret El Mocambo Show," *National Post*, May 12, 2015, https://nationalpost.com/ entertainment/music/the-hidden-history-of-how-the-rolling-stones-pulled-off-their-legendary-secret-el-mo cambo-show; Chet Flippo, "Rolling Stones Gather Momentum," *Rolling Stone*, July 27, 1978, https://www.rollingstone.com/music/music-news/roll ing-stones-gather-momentum-236799/; "Rolling Stones—Mick Jagger's Handwritten Set List for 1981 Secret Show as 'The Cockroaches,'" Record Mecca, accessed December 16, 2019, https:// recordmecca.com/item-archives/rolling-stones-mick-jaggers-handwritten-set-list-for-1981-secret-show-as-the-cockroaches/.

18 Garin Pirnia, "Facts About the Gap," Mental Floss, September 2, 2019, https://www. mentalfloss.com/article/596712/the-gap-facts; Bethany Biron, "The Rise and Fall of Gap, One of the Most Iconic and Beloved American Retailers," Business Insider, November 12, 2019, https://www.businessinsider.com/gap-company-history-rise-and-fall-pictures-2019-11.

19 Gary Mortimer, "Phantom Brands Haunting Our Supermarket Shelves as Home Brand in Disguise," The Conversation, October 27, 2016, https://theconversation.com/phantom-brands-haunting-our-super market-shelves-as-home-brand-in-disguise-67774.

20 Annie Gasparro and Laura Stevens, "Brands Invent New Lines for Only Amazon to Sell," *Wall Street Journal*, January 25, 2019, https://www.wsj.com/articles/food-makers-invent-brands-for-only-amazon-to-sell-11548414001.

21 Jordan Vallinsky, "Payless Fools Influencers with a Fake Store," CNN Business, November 29, 2018, https://www.cnn.com/2018/11/29/bus iness/payless-fake-store/index.html; Megan Cerullo, "Payless Sold Discount Shoes at Luxury Prices—and It Worked," CBS News, November 29, 2018, https://www.cbsnews.com/news/payless-sold-discount-shoes-at-luxury-prices-and-it-worked/.

22 Agatha Christie, *An Autobiography* (New York: William Morrow Paperbacks, 2012); "The Mary Westmacotts," Agatha Christie, https://www.agathachristie.com/about-christie/family-memories/the-mary-westmacotts.

23 "Singer and Musician David Johansen," *Fresh Air*, podcast, NPR, February 22, 2001, https://www.npr.org/templates/story/story.php?storyId=1118947; "Singer David Johansen: Return of the N.Y. Dolls," *Fresh Air*, podcast, NPR, December 7, 2004, https://www.npr.org/templates/story/story.php?storyId=4206764; Margot Dougherty, "David Johansen Used to Bare It with the Dolls, but Alter Ego Buster Poindexter Is a Bigger Grin," *People*, January 25, 1988, https://people.com/archive/david-johansen-used-to-bare-it-with-the-dolls-but-alter-ego-buster-poindexter-is-a-bigger-grin-vol-29-no-3/; Colin Larkin, ed., *The Virgin Encyclopedia of Popular Music* (London: Virgin Books, 1997), 676.

24 Dinah Eng, "Nick Swinmurn: Zappos' Silent Founder," *Fortune*, September 5, 2012, https://fortune.com/2012/09/05/nick-swinmurn-zappos-silent-founder/; "Who We Are," Zappos, https://www.zappos.com/about/who-we-are.

25 Walter Isaacson, *The Innovators: How a Group of Hackers, Geniuses, and Geeks Created the Digital Revolution* (New York: Simon & Schuster Paperbacks, 2015).

26 Andrew J. Hawkins, "Tesla Has Received 325,000 Preorders for the Model 3," The Verge, April 7, 2016, https://www.theverge.com/2016/4/7/11385146/tesla-model-3-preorders-375000-elon-musk.

27 Michael Korda, "The King of the Deal," *New Yorker*, March 22, 1993, https://www.newyorker.com/magazine/1993/03/29/the-king-of-the-deal; Amy Wallace, "Agent Swifty Lazar, Pioneer Deal-Packager, Dies at 86: Hollywood: He Parlayed Boldness into a Star-Studded Client List and Hosted Legendary Oscar Night Parties," *Los Angeles Times*, December 31, 1993, https://www.latimes.com/archives/la-xpm-1993-12-31-mn-7149-story.html.

28 Tom Nicholas, *VC: An American History* (Cambridge, MA: Harvard University Press, 2019).

29 John-Erik Koslosky, "Walt Disney Co.'s Biggest Strength:Diversification," The Motley Fool, October 29, 2018, https://www.fool.com/investing/general/2015/07/31/disneys-biggest-strength-diversification.aspx; Constantinos C. Markides, "To Diversify or Not to Diverify," *Harvard Business Review*, November–December 1997, https://hbr.org/1997/11/to-diversify-or-not-to-diversify.

30 Matthew Frankel, "3 Big Competitive Advantages of Berkshire Hathaway," The Motley Fool, March 10, 2016, https://www.fool.com/investing/general/2016/03/10/3-big-competitive-advantages-of-berkshire-hathaway.aspx.

31 Jonah Peretti,"9 Boxes: Building Out Our Multirevenue Model," BuzzFeed, December 12, 2017, https://www.buzzfeed.com/jonah/9-boxes; Jonah Peretti, "BuzzFeed in 2020," BuzzFeed, January 3, 2020, https://www.buzzfeed.com/jonah/buzzfeed-in-2020.

32 Rachel Emma Silverman and Nikki Waller, "Lynda.com: A 60-Year-Old Earns Internet Glory," *Wall Street Journal*, November 10, 2015, https://www.wsj.com/articles/lynda-com-a-60-year-old-earns-internet-glory-1428625176; Jane Porter, "From Near Failure to a $1.5 Billion Sale: The Epic Story of Lynda.com," *Fast Company*, April 27, 2015, https://www.

fastcompany.com/3045404/from-near-failure-to-a-15-billion-sale-the-epic-story-of-lyndacom.

33 Joseph Raffiee and Jie Feng, "Should I Quit My Day Job?: A Hybrid Path to Entrepreneurship," *Academy of Management Journal* 57, no. 4 (2014): 936–63, https://doi.org/10.5465/amj.2012.0522. See also Adam Grant, "Entrepreneurs, Don't Give Up Your Day Jobs (Yet)," *Wired*, February 19, 2016, https://www.wired.co.uk/article/entrepreneurs-dont-quit-your-day-job.

6장. 뻔한 연습이 아니라 전략적 연습이 필요하다

1 Michelle R. Martinelli, "Tony Romo Is Statistically Better at Predicting NFL Plays than Completing NFL Passes," *USA Today*, January 30, 2019, https://ftw.usatoday.com/2019/01/tony-romo-nfl-prediction-accuracy-super-bowl; Harry Lyles, Jr., "Tony Romo's First Season in the Broadcast Booth Was an Incredible Success," SBNation, January 23, 2018, https://www.sbnation.com/2018/1/23/16918858/tony-romo-broadcast-nfl-cbs-2017-season; Zach Helfand, "Why Tony Romo Is a Genius at Football Commentary," *New Yorker*, January 28, 2019, https://www.new yorker.com/sports/sporting-scene/why-tony-romo-is-a-genius-at-football-commentary; Richard Dietsch, "How Did Tony Romo Do in His CBS Broadcast Debut?," *Sports Illustrated*, September 11, 2017, https://www.si.com/media/2017/09/11/tony-romo-broadcast-debut-cbs-former-cowboys-qb-impresses; David Barron, "On TV/Radio: CBS' Tony Romo Riding High Entering First Super Bowl Broadcast," *Houston Chronicle*, January 24, 2019, https://www.houstonchronicle.com/texas-sports-nation/texans/article/On-TV-Radio-CBS-Tony-Romo-riding-high-entering-13558717.php; Tom Goldman, "How Former NFL Quarterback Tony Romo Got His Broadcast Break," NPR, February 1, 2019, https://www.npr.org/2019/02/01/690822731/how-former-nfl-quarterback-tony-romo-got-his-broadcast-break.

2 K. Anders Ericsson et al., eds., *The Cambridge Handbook of Expertise and Expert Performance*, 2nd ed. (Cambridge, UK: Cambridge University Press, 2018); Eduardo Salas, Michael A. Rosen, and Deborah DiazGrenados, "Expertise-Based Intuition and Decision Making in Organizations," *Journal of Management* 36, no. 4 (July 2010): 941–73, https://doi.org/10.1177/0149206309350084; Merim Bilalic´, "The Brains of Experts," *The Psychologist* 31 (March 2015): 24–29, https://thepsychologist.bps.org.uk/volume-31/march-2018/brains-experts; Jaeho Shim et al., "The Use of Anticipatory Visual Cues by Highly Skilled Tennis Players," *Journal of Motor Behavior* 37, no. 2 (April 2005): 164–75, https://doi.org/10.1.1.526.1345; Kevin Woodley, "Goalies Rely on Reading Shooter Before Reacting," NHL, April 8, 2016, https://www.nhl.com/news/nhl-goalies-react-to-shots-unmasked/c-280181412; Wilfried Kunde, Katrin Elsner, and Andrea Kiesel, "No Anticipation—No Action: The Role of Anticipation in Action and Perception," *Cognitive Processes* 8, no. 2 (June 2007): 71–78, https://doi.org/10.1007/s10339-007-0162-2; Chris Berdik, *Mind over Mind:*

The Surprising Power of Expectations (New York: Penguin, 2012).

3   Ericsson et al., *The Cambridge Handbook of Expertise and Expert Performance*; Robert L. Solso, "Brain Activities in a Skilled Versus Novice Artist: An fMRI Study," *Leonardo* 34, no. 1 (February 2001): 31–34, https://doi.org/10.1162.002409401300052479; K. Anders Ericsson, Michael J. Prietula, and Edward T. Cokely, "The Making of an Expert," *Harvard Business Review*, July–August 2007, https://hbr.org/2007/07/the-making-of-an-expert.

4   C. M. Jones and T. Miles, "Use of Advance Cues in Predicting the Flight of a Lawn Tennis Ball," *Journal of Human Movement Studies* 4, no. 4 (1978): 231–35.

5   Ericsson et al., *The Cambridge Handbook of Expertise and Expert Performance*; A. M. Williams and R. C. Jackson, "Anticipation in Sport: Fifty Years On, What Have We Learned and What Research Still Needs to Be Undertaken?," *Psychology of Sport and Exercise* 42 (May 2019): 16–24, https://doi.org/10.1016/j.psychsport.2018.11.014; Philip E. Ross, "The Expert Mind," *Scientific American*, August 2006, https://wimse.fsu.edu/media/expert-mind.pdf.

6   Shunryu Suzuki, *Zen Mind, Beginner's Mind* (New York: John Weatherhill, 1970), 21.

7   Merim Bilalić, "The Double Take of Expertise: Neural Expansion Is Associated with Outstanding Performance," *Current Directions in Psychological Science* 27, no. 6 (December 2018): 462–69, https://doi.org/10.1177/0963721418793133.

8   Eleanor A. Maguire et al., "Navigation-Related Structural Change in the Hippocampi of Taxi Drivers," *Proceedings of the National Academy of Sciences of the United States of America* 97, no. 8 (April 2000): 4398–403, https://doi.org/10.1073/pnas.070039597; Katherine A. Woollett and Eleanor A. Maguire, "Acquiring 'the Knowledge' of London's Layout Drives Structural Brain Changes," *Current Biology* 21, no. 24 (December 2011): 2109–14, https://doi.org/10.1016/j.cub.2011.11.018; Ursula Debarnot et al., "Experts Bodies, Experts Minds: How Physical and Mental Training Shape the Brain," *Frontiers in Human Neuroscience* 8, article 280 (May 2014), https://doi.org/10.3389/fnhum.2014.00280.

9   Caseen Gaines, *We Don't Need Roads: The Making of the Back to the Future Trilogy* (New York: Plume, 2015); Susannah Gora, *You Couldn't Ignore Me if You Tried: The Brat Pack, John Hughes, and Their Impact on a Generation* (New York: Three Rivers Press, 2010).

10 Heather J. Rice and David C. Rubin, "I Can See It Both Ways: First-and Third-Person Visual Perspectives at Retrieval," *Consciousness and Cognition* 18, no. 4 (September 2009): 877–90, https://doi.org/10.1016/j.concog.2009.07.004.

11 Baxter Holmes, "Inside the Warriors' Most Devastating Quarter," ESPN, June 7, 2018, https://www.espn.com/nba/story/_/id/23719065/nba-breaking-warriors-incredible-third-quarter-runs; Marc Stein and Scott Cacciola, "Why Do the Warriors Dominate the 3rd Quarter? Consider Their Halftime Drill," *New York Times*, May 31, 2018, https://www.nytimes.com/2018/05/31/sports/warriors-third-quarter.html.

12 Giada Di Stefano et al., "Learning by Thinking: How Reflection Aids Performance," Harvard

Business School, March 25, 2014, http://www.sc.edu/uscconnect/doc/Learning%20by%20 Thinking,%20How%20Reflection%20Aids%20Performance.pdf.

13 John Dewey, *How We Think: A Restatement of the Relation of Reflective Thinking to the Educative Process* (Boston: Houghton Mifflin, 1998); Donald A. Schön, *The Reflective Practitioner: How Professionals Think in Action* (New York: Basic Books, 1983); Carol Rogers, "Defining Reflection: Another Look at John Dewey and Reflective Thinking," *Teachers College Record* 104, no. 4 (June 2002): 842–66.

14 Karen A. Baikie and Kay Wilhelm, "Emotional and Physical Health Benefits of Expressive Writing," *Advances in Psychiatric Treatment* 11, no. 5 (September 2005): 338–46, https:// doi.org/10.1192/apt.11.5.338; James W. Pennebaker, *Opening Up by Writing It Down: How Expressive Writing Improves Health and Eases Emotional Pain* (New York: Guilford Press, 2016); K. Klein and A. Boals, "Expressive Writing Can Increase Working Memory Capacity," *Journal of Experimental Psychology* 130, no. 3 (September 2001): 520–33, https:// doi.org/10.1037//0096-3445.130.3.520; Joshua M. Smyth and James W. Pennebaker, "Exploring the Boundary Conditions in Expressive Writing: In Search of the Right Recipe," *British Journal of Health Psychology* 13, no. 1 (February 2008): 1–7, https://doi. org/10.1348/135910707X260117; James W. Pennebaker, "Writing About Emotional Experiences as a Therapeutic Process," *Psychological Science* 8, no. 3 (May 1997): 162–66, https://doi.org/10.1111/j.1467-9280.1997. tb00403.x; James W. Pennebaker and Cindy K. Chung, "Expressive Writing: Connections to Physical and Mental Health," in *The Oxford Handbook of Health Psychology*, edited by Howard S. Friedman (New York: Oxford University Press, 2011), 000–000, https://c3po.media.mit.edu/wp-content/uploads/sites/45/2016/01/ PennebakerChung_FriedmanChapter.pdf; Ting Zhang et al., "A 'Present' for the Future: The Unexpected Value of Rediscovery," *Psychological Science* 25, no. 10 (October 2014): 1851–60, https://doi.org.10.1177/0956797614542274; Dan Ciampa, "The More Senior Your Job Title, the More You Need to Keep a Journal," *Harvard Business Review*, July 7, 2017, https:// hbr.org/2017/07/the-more-senior-your-job-title-the-more-you-need-to-keep-a-journal; Oliver Burkeman, "Consumed by Anxiety? Give It a Day or Two," *The Guardian*, September 15, 2017, https://www.theguardian.com/lifeandstyle/2017/sep/15/consumed-by-anxiety-give-it-day-or-two; Colin Patterson and Judith A. Chapman, "Enhancing Skills of Critical Reflection to Evidence Learning in Professional Practice," *Physical Therapy in Sport* 14, no. 3 (April 2013): 133–38, https://doi.org/10.1016/j.ptsp.2013.03.004; D. Scott DeRue et al., "A Quasi-Experimental Study of After-Event Reviews and Leadership Development," *Journal of Applied Psychology* 97, no. 5 (September 2012): 997-1015, https://doi.org/10.1037/a0028244.

15 Jocko Willink and Leif Babin, *Extreme Ownership: How U.S. Navy SEALs Lead and Win* (New York: St. Martin's Press, 2017).

16 5년 일기장 제품은 다음에서 볼 수 있다. https://amzn.to/3nNhrnK.

17 Donna J. Bridge and Joel L. Voss, "Active Retrieval Facilitates Across-Episode Binding by Modulating the Content of Memory," *Neuropsychologia* 63 (October 2014): 154–64, https://doi.org/10.1016/j.neuropsychologia.2014.08.024; Kimberly S. Chiew et al., "Motivational Valence Alters Memory Formation Without Altering Exploration of Real-Life Spatial Environment," *PLOS ONE* 13, no. 3 (March 2018): e0193506, https://doi.org/10.1371/journal.pone.0193506; Johannes Gräff et al., "Epigenetic Priming of Memory Updating During Reconsolidation to Attenuate Remote Fear Memories," *Cell* 156, nos. 1–2 (January 2014): 261–76, https://doi.org/10.1016/j.cell.2013.12.020; Daniel Kahneman, *Thinking, Fast and Slow* (New York: Farrar, Straus and Giroux, 2011).

18 Michael Phelps and Alan Abrahamson, *No Limits: The Will to Succeed* (New York: Free Press, 2008); Duncan White, "London 2012 Olympics: Michael Phelps Sets Mind's Eye on Triumphant Role in Final Part of Lord of the Rings Trilogy," *The Telegraph*, July 15, 2012, https://www.telegraph.co.uk/sport/olympics/swimming/9401518/London-2012-Olympics-Michael-Phelps-sets-minds-eye-on-triumphant-role-in-final-part-of-Lord-of-the-Rings-trilogy.html.

19 Tim Layden, "Ready to Rock," *Sports Illustrated*, February 17, 2010, https://www.si.com/more-sports/2010/02/17/vonn.

20 D. C. Gonzalez, *The Art of Mental Training: A Guide to Performance Excellence* (CreateSpace Independent Publishing Platform, 2013).

21 Mark Bailey, "Sports Visualisation: How to Imagine Your Way to Success," *The Telegraph*, January 22, 2014, https://www.telegraph. co.uk/men/active/10568898/Sports-visualisation-how-to-imagine-your-way-to-success.html.

22 "Jim Flick and Jack Nicklaus: Go to the Movies," *Golf Digest*, April 27, 2010, https://www.golfdigest.com/story/flick-nicklaus-film.

23 Wayne Gretzky and Rick Reilly, *Gretzky: An Autobiography* (New York: HarperCollins, 1990).

24 David Sammel, *Locker Room Power: Building an Athlete's Mind* (Great Britain: Westbrook Publishing, 2019).

25 Sheryl Ubelacker, "Surgeons Study Benefits of Visualizing Procedures," *Globe and Mail*, January 28, 2019, https://www.theglobeandmail.com/life/health-and-fitness/health/surgeons-study-benefits-of-visualizing-procedures/article22681531/; Joe Ayres and Tim Hopf, "Visualization: Reducing Speech Anxiety and Enhancing Performance," *Communication Reports* 5, no. 1 (Winter 1992): 1–10, https://doi.org/10.1080/08934219209367538; Nicolò F. Bernardi et al., "Mental Practice Promotes Motor Anticipation: Evidence from Skilled Music Performance," *Frontiers in Human Neuroscience* 7 (August 2013): 451, https://doi.org/10.3389/fnhum.2013.00451; John Perry, *Sport Psychology: A Complete Introduction* (London: Hodder & Stoughton, 2016).

26 "Andreescu Wins US Open; Serena Still Stuck on 23," ESPN, September 7, 2019, https://

www.espn.com/tennis/story/_/id/275621 53/andreescu-wins-us-open-serena-stuck-23.

27 "What Oprah Learned from Jim Carrey," *Oprah's Life Class*, Oprah Winfrey Network, https://www.youtube.com/watch?v=nPU5bjzLZX0.

28 Lien B. Pham and Shelley E. Taylor, "From Thought to Action: Effects of Process-Versus Outcome-Based Mental Simulations on Performance," *Personality and Social Psychology Bulletin* 25, no. 2 (February 1999): 250–60, https://doi.org/10.1177/0146167299025002010.

29 Robert M. G. Reinhart, Laura J. Mc-Clenahan, and Geoffrey F. Woodman, "Visualizing Trumps Vision in Training Attention," *Psychological Science* 26, no. 7 (May 2015): 1114–22, https://doi.org/10.1177/0956797615577619; Maamer Slimani et al., "Effects of Mental Imagery on Muscular Strength in Healthy and Patient Participants: A Systematic Review," *Journal of Sports Science & Medicine* 15, no. 3 (September 2016): 434–50; Sophie M. A. Wallace-Hadrill and Sunjeev K. Kamboj, "The Impact of Perspective Change as a Cognitive Reappraisal Strategy on Affect: A Systematic Review," *Frontiers in Psychology*, November 4, 2016, https://doi.org/10.3389/fpsyg.2016.01715; Sonal Arora et al., "Mental Practice Enhances Surgical Technical Skills: A Randomized Control Study," *Annals of Surgery* 253, no. 2 (February 2011): 265–70, https://doi.org/10.1097/SLA.0b013e318207a789; Rachel J. Bar and Joseph F. X. DeSouza, "Tracking Plasticity: Effects of Long-Term Rehearsal in Expert Dancers Encoding Music to Movement," *PLOS ONE* 11, no. 1 (January 2016): e0147731, https://doi.org/10.1371/journal.pone.0147731; Heather J. Rice and David C. Rubin, "I Can See It Both Ways: First-and Third-Person Visual Perspectives at Retrieval," *Consciousness and Cognition* 18, no. 4 (September 2009): 877–90, https://doi.org/10.1016/j.concog.2009.07.004; Brain C. Clark et al., "The Power of the Mind: The Cortex as a Critical Determinant of Muscle Strength/Weakness," *Journal of Neurophysiology* 112, no. 12 (December 2014): 3219–26, https://doi.org/10.1152/jn.00386.2014; Giuliano Fontani et al., "Effect of Mental Imagery on the Development of Skilled Motor Actions," *Perceptual and Motor Skills* 105, no. 3 (December 2007): 803–26, https://doi.org/10.2466/PMS.105.7.803-826; Caroline J. Wright and Dave Smith, "The Effect of PETTLEP Imagery on Strength Performance," *International Journal of Sport and Exercise Psychology* 7, no. 1 (2009): 18–31, https://doi.org/10.1080/1612197X.2009.9671890.

30 Dave Davies, "Pioneer Billie Jean King Moved the Baseline for Women's Tennis," Fresh Air, NPR, January 31, 2004, https://www.npr.org/transcripts/269423125.

31 Bianca A. Simonsmeier et al., "The Effects of Imagery Interventions in Sports: A Meta-analysis," *International Review of Sport and Exercise Psychology*, June 2020, https://doi.org/10.1080/1750984X.2020.1780627; Adam J. Toth et al., "Does Mental Practice Still Enhance Performance? A 24 Year Follow-up and Meta-analytic Replication and Extension," *Psychology of Sport and Science* 48 (May 2020): 101672, https://doi.org/10.1016/j.psychsport.2020.101672;

J. E. Driskell, Carolyn Copper, and Aidan Moran, "Does Mental Practice Enhance Performance?," *Journal of Applied Psychology* 79, no. 4 (August 1994): 481–92, https://doi.org/10.1037/0021-9010.79.4.481.

32 David Waldstein, "Batting Practice: Cherished Tradition or a Colossal Waste of Time?," *New York Times*, August 16, 2012, https://www.nytimes.com/2012/08/17/sports/baseball/batting-practice-cherished-tradition-or-colossal-waste-of-time.html; Brandon Hall, "Why Traditional MLB Batting Practice Is Dying a Slow Death," Stack, March 7, 2019, https://www.stack.com/a/why-traditional-mlb-batting-practice-is-dying-a-slow-death; Joe Lemire, "A Novel Idea in the Majors: Using Batting Practice to Get Better," *New York Times*, May 23, 2019, https://www.nytimes.com/2019/05/23/sports/batting-practice.html.

33 Mary Brabeck, Jill Jeffrey, and Sara Fry, "Practice for Knowledge Acquisition (Not Drill and Kill)," American Psychological Association, 2010, https://www.apa.org/education/k12/practice-acquisition.

34 Ericsson et al., *The Cambridge Handbook of Expertise and Expert Performance*; Wayne D. Gray and John K. Lindstedt, "Plateaus, Dips, and Leaps: Where to Look for Inventions and Discoveries During Skilled Performance," *Cognitive Science* 41, no. 7 (September 2017): 1838–70, https://doi.org/10.1111/cogs.12412; Jeff Huang et al., "Master Maker: Understanding Gaming Skill Through Practice and Habit From Gameplay Behavior," *Topics in Cognitive Science* 9, no. 9 (April 2017): 437–66, https://doi.org/10.1111/tops.12251; Gordon D. Logan, "Skill and Automaticity: Relations, Implications, and Future Directions," *Canadian Journal of Psychology* 39, no. 2 (1985): 367–86, https://core.ac.uk/download/pdf/208483003.pdf; Gordon D. Logan, "Toward an Instance Theory of Automatization," *Psychological Review* 95, no. 4 (1988): 492–527, https://citeseerx.ist.psu.edu/viewdoc/download?doi=10.1.1.418.1417&rep=rep1&type=pdf; see also Atul Gawande, *The Checklist Manifesto: How To Get Things Right* (New York: Picador, 2011); Josh Waitzkin, *The Art of Learning: An Inner Journey to Optimal Performance* (New York: Free Press, 2008); Joshua Foer, *Moonwalking with Einstein: The Art and Science of Remembering Everything* (New York: Penguin, 2011).

35 ERICSSON TEXT; Anders Ericsson and Robert Pool, *Peak: Secrets from the New Science of Expertise* (Boston: Houghton Mifflin Harcourt, 2016); Brabeck, Jeffrey, and Fry, "Practice for Knowledge Acquisition (Not Drill and Kill)." For popular accounts and applications of Ericsson's work, see Daniel Coyle, *The Little Book of Talent: 52 Tips for Improving Your Skills* (New York: Bantam Books, 2012); Matthew Syed, *Bounce: Mozart, Federer, Picasso, Beckham, and the Science of Success* (New York: HarperCollins, 2010); Geoff Colvin, *Talent Is Overrated: What Really Separates World-Class Performers from Everybody Else* (New York: Portfolio/Penguin, 2018); Malcolm Gladwell, *Outliers: The Story of Success* (New York: Little, Brown and Company, 2008); David Epstein, *The Sports Gene: Inside the Science of Extraordinary Athletic Performance* (New York: Penguin Group, 2014).

36 "Inside the World of Competitive Rubik's Cube Solving," *The Leonard Lopate Show*, podcast, WNYC, December 29, 2016, https://www.wnyc.org/story/ian-scheffler-cracking-cube/. 또한 다음을 참고하라. Ian Scheffler, *Cracking the Cube: Going Slow to Go Fast and Other Unexpected Turns in the World of Competitive Rubik's Cube Solving* (New York: Touchstone, 2016). 나이츠가 스카이다이빙을 하면서 큐브를 맞추는 것을 녹화한 영상은 다음에서 볼 수 있다. https://www.you tube.com/watch?v=dtRsKWAECbs.

37 Stewart Cotterill, *Performance Psychology: Theory and Practice* (London: Routledge, 2017); Tripp Driskell, Steve Sciafani, and James E. Driskell, "Reducing the Effects of Game Day Pressures Through Stress Exposure Training," *Journal of Sport Psychology in Action* 5, no. 1 (January 2014): 28–43, https://doi.org/10.1080/21520704.2013.86660.

38 Tomonori Takechu et al., "Locus Coeruleus and Dopaminergic Consolidation of Everyday Memory," *Nature* 537, no. 7620 (September 2016): 357–62, https://doi.org/10.1038/nature19325; Steven C. Pan, "The Interleaving Effect: Mixing It Up Boosts Learning," *Scientific American*, August 4, 2015, https://www.scientificamerican.com/article/the-interleaving-effect-mixing-it-up-boosts-learning/; Chandramallika Basak and Margaret A. O'Connell, "To Switch or Not to Switch: Role of Cognitive Control in Working Memory Training in Older Adults," *Frontiers in Psychology* 7, article 230 (March 2, 2016), https://doi.org/10.3389/fpsyg.2016.00230; Nicholas F. Wymbs, Amy J. Bastian, and Pablo A. Celnik, "Motor Skills Are Strengthened Through Reconsolidation," *Current Biology* 23, no. 3 (February 2016): 338–43, https://doi.org/10.1016/j.cub.2015.11.066.

39 Dennis Landin, Edward P. Hebert, and Malcolm Fairweather, "The Effects of Variable Practice on the Performance of a Basketball Skill," *Research Quarterly for Exercise and Sport* 64, no. 2 (July 1993): 232–37, https://doi.org/10.1080/02701367.1993.10608803; Ulrich Boser, *Learn Better: Mastering the Skills for Success in Life, Business, and School, or How to Become an Expert in Just About Anything* (New York: Rodale, 2017).

40 John McPhee, "A Sense of Where You Are," *New Yorker*, January 25, 1965, https://www.newyorker.com/magazine/1965/01/23/a-sense-of-where-you-are.

41 Daniel Chao, "Human Athletes Are Using Training Technology from the Future to Become More like Robots," Quartz, August 7, 2016, https://qz.com/749746/human-athletes-are-using-training-technology-from-the-future-to-become-more-like-robots/; Max Whittle, "The Pre-Game Routine That Makes Steph Curry the Best in the NBA," *The Guardian*, April 18, 2016, https://www.theguardian.com/sport/2016/apr/18/steph-curry-golden-state-warriors-nba-pre-game.

42 Michael Phelps and Brian Cazaneuve, *Beneath the Surface: My Story* (New York: Sports Publishing, 2016). See also Charles Duhigg, *The Power of Habit: Why We Do What We Do in Life and Business* (New York: Random House, 2012).

43 Thomas C. Hayes, "Walker Balances Bulk with Ballet," *New York Times*, April 11, 1988,

https://www.nytimes.com/1988/04/11/sports/walker-balances-bulk-with-ballet.html; Josh Katzowitz, "Steve McLendon: Ballet Is 'Harder than Anything Else I Do,'" CBS Sports, July 31, 2013, https://www.cbssports.com/nfl/news/steve-mclendon-ballet-is-harder-than-anything-else-i-do/; "Lynn Swann Lake?," *Pittsburgh Post-Gazette*, August 2, 2013, https://newsinteractive.post-gazette.com/thedigs/2013/08/02/lynn-swann-lake/.

44 Hirofumi Tanaka and Thomas Swensen, "Impact of Resistance Training on Endurance Performance," *Sports Medicine* 25, no. 3(March 1998): 191–200, https://doi.org/10.2165/00007256-199825030-00005;Matt Fitzgerald, "Eight Benefits of Cross-Training," *Runner's World*, November 22, 2004, https://www.runnersworld.com/training/a20813186/eight-benefits-of-cross-training/; "Mixing in Martial Arts to Improve On-Field Performance," NFL News, October 28, 2015, https://www.nfl.com/news/mixing-in-martial-arts-to-improve-on-field-performance-0ap3000000567511.

45 Haruki Murakami, *What I Talk About When I Talk About Running: A Memoir* (New York: Vintage Books, 2009).

46 *Wordplay*, directed by Patrick Creadon, April 6, 2006; "Will Shortz," *The Daily Show with Jon Stewart*, August 20, 2003, http://www.cc.com/video-clips/e8ixc0/the-daily-show-with-jon-stewart-will-shortz; "1-Across and 2-Down: The History and Mysteries of the Crossword Puzzle," *The Sunday Edition*, CBC Radio, May 15, 2020, https://www.cbc.ca/radio/sunday/the-sunday-edition-for-may-17-2020-1.5564926/1-across-and-2-down-the-history-and-mysteries-of-the-crossword-puzzle-1.5564972.

47 Jesse Scinto, "Why Improv Training Is Great Business Training," *Forbes*, June 27, 2014, https://www.forbes.com/sites/forbesleadershipforum/2014/06/27/why-improv-training-is-great-business-training/#16e935ea6bcb; Elizabeth Doty, "Using Improv to Transform How You Lead," Strategy+Business, May 24, 2018, https://www.strategy-business.com/blog/Using-Improv-to-Transform-How-You-Lead?gko=afcc2.

7장. 전문가에게서 값진 조언을 얻는 법

1 Benjamin Svetkey, "Marlon Brando's Real Last Tango: The Never-Told Story of His Secret A-List Acting School," *Hollywood Reporter*, June 11, 2015, https://www.hollywoodreporter.com/news/marlon-brandos-real-last-tango-801232; William J. Mann, *The Contender: The Story of Marlon Brando* (New York: HarperCollins, 2019).

2 Elliott Pohnl, "Magic Johnson, Wayne Gretzky, and 13 Great Players Who Couldn't Coach," Bleacher Report, November 17, 2010, https://bleacherreport.com/articles/520877-magic-johnson-wayne-gretzky-and-13-great-players-who-couldnt-coach.

3 Ibid.

4 "Tony La Russa Stats," Baseball Reference, https://www.baseball-reference.com/players/l/larusto01.shtml.

5   John Hattie and H. W. Marsh, "The Relationship Between Research and Teaching: A Meta-analysis," *Review of Educational Research* 66, no. 4 (Winter 1996): 507–42, https://doi.org/10.2307/1170652. See also Jordan Weissmann, "Study: Tenured Professors Make Worse Teachers," *The Atlantic*, September 9, 2013, https://www.theatlantic.com/business/archive/2013/09/study-tenured-professors-make-worse-teachers/279480/; Adam Grant, "A Solution for Bad Teaching," *New York Times*, February 5, 2014, https://www.nytimes.com/2014/02/06/opinion/a-solution-for-bad-teaching.html.

6   "Charades with Gal Gadot and Miley Cyrus," *The Tonight Show Starring Jimmy Fallon*, October 5, 2017, https://www.youtube.com/watch?v=qXH1dVI8Jic&feature=youtu.be.

7   Elizabeth Louise Newton, "The Rocky Road from Actions to Intentions," PhD diss., Stanford University, 1990, https://creatorsvancouver.com/wp-content/uploads/2016/06/rocky-road-from-actions-to-intentions.pdf. See also Chip Heath and Dan Heath, *Made to Stick: Why Some Ideas Survive and Others Die* (New York: Random House, 2008).

8   Siba E. Ghrear, Susan A. J. Birch, and Daniel M. Bernstein, "Outcome Knowledge and False Belief," *Frontiers in Psychology*, February 12, 2016, https://doi.org/10.3389/fpsyg.2016.00118; Colin Camerer, George Loewenstein, and Martin Weber, "The Curse of Knowledge in Economic Settings: An Experimental Analysis," *Journal of Political Economy* 97, no. 5 (October 1989): 1232–54, https://doi.org/10.1086/261651.

9   Pamela J. Hinds, "The Curse of Expertise: The Effects of Expertise and Debiasing methods on Predictions of Novice Performance," *Journal of Experimental Psychology: Applied* 5, no. 2 (1999): 205–21, https://doi.org/10.1037/1076-898X.5.2.205; Susan A. J. Birch et al., "A 'Curse of Knowledge' in the Absence of Knowledge? People Misattribute Fluency When Judging How Common Knowledge Is Among Their Peers," *Cognition* 166 (September 2017): 447–58, https://doi.org/10.1016/j.cognition.2017.04.015.

10 Richard E. Clark et al., "Cognitive Task Analysis," in *Handbook of Research on Educational Communications and Technology*, 3rd ed., edited by J. Michael Spector et al. (New York: Routledge, 2007), 1801–56; Richard E. Clark et al., "The Use of Cognitive Task Analysis to Improve Instructional Descriptions of Procedures," *Journal of Surgical Research* 173, no. 1 (March 2012): e37–42, https://doi.org/10.1016/j.jss.2011.09.003; Maura E. Sullivan et al., "Cognitive-Task-Analysis," in *Textbook of Simulation, Skills, and Team Training*, edited by Shawn T. Tsuda, Daniel J. Scott, and Daniel B. Jones (Woodbury, CT: Ciné-Med, 2012), 000–000.

11 Kristin E. Flegal and Michael C. Anderson, "Overthinking Skilled Motor Performance: Or Why Those Who Teach Can't Do," *Psychonomic Bulletin & Review* 15, no. 5 (November 2008): 927–32, https://pubmed.ncbi.nlm.nih.gov/18926983/.

12 Matthew Fisher and Frank C. Keil, "The Curse of Expertise: When More Knowledge Leads to Miscalibrated Explanatory Insight," *Cognitive Science* 40, no. 5 (2015): 1–19, https://

onlinelibrary.wiley.com/doi/full/10.1111/cogs.12280.

13 이 내용은 필자가 포커스 그룹 인터뷰의 진행을 맡았던 경험을 토대로 한다.

14 Kate Murphy, *You're Not Listening: What You're Missing and Why It Matters* (New York: Celadon Books, 2020).

15 Tamara van Gog and Nikol Rummel, "Example-Based Learning: Integrating Cognitive and Social-Cognitive Research Perspectives," *Educational Psychology Review* 22, no. 2 (June 2010): 155–74, https://doi.org/10.1007/s10648-010-9134-7; Alexander Renkl, "Toward an Instructionally Oriented Theory of Example-Based Learning," *Cognitive Science* 38, no. 1 (January–February 2014): 1–37, https://doi.org/10.1111/cogs.12086; Ruth Colvin Clark, *Building Expertise: Cognitive Methods for Training and Performance Improvement* (San Francisco: John Wiley & Sons, 2008); Ruth Colvin Clark, *Evidence-Based Training Methods: A Guide for Training Professionals* (Alexandria, VA: ATD Press, 2020); James Geary, *I Is an Other: The Secrets of Metaphor and How It Shapes the Way We See the World* (New York: HarperCollins, 2011).

16 Dedre Gentner and Christian Hoyos, "Analogy and Abstraction," *Topics in Cognitive Science* 9, no. 3 (2017): 672–93, https://doi.org/10.1111/tops.12278; Clark, *Building Expertise*; Clark, *Evidence-Based Training Methods*.

17 Wojciech Kulesza et al., "The Echo Effect: The Power of Verbal Mimicry to Influence Prosocial Behavior," *Journal of Language and Social Psychology* 33, no. 2 (March 2014): 182–201, https://doi.org/10.1177/02619 27X13506906; Roderick I. Swaab, William W. Maddux, and Marwan Sinaceur, "Early Words That Work: When and How Virtual Linguistic Mimicry Facilitates Negotiation Outcomes," *Journal of Experimental Social Psychology* 47, no. 3 (May 2011): 616–21, https://doi.org/10.1016/j.jesp.2011.01.005; Rick B. van Baaren et al., "Mimicry and Prosocial Behavior," *Psychological Science* 15, no. 1 (January 2004): 71–74, https://doi.org/10.1111/j.0963-7214.2004.01501012.x.

18 Clark et al., "Cognitive Task Analysis"; Clark, *Building Expertise*.

19 Askold W., customer review, Amazon, December 27, 2018, https://www.amazon.com/gp/customer-reviews/R1LRV 1GEV2MH4/ref=cm_cr_arp_d_rvw_ttl?ie=UTF8&ASIN=B00BO4GSA2.

20 "War and Peace," Emma's Reviews, Goodreads, September 3, 2020, https://www.goodreads.com/review/show/119972526.

21 Flying Scot, customer review, Amazon, July 18, 2018, https://www.amazon.com/gp/customer-reviews/R15605 MMCOE2OW?ASIN=0312421273.

22 Michael R. Gallagher, customer review, Amazon, May 22, 2014, https://www.amazon.com/gp/customer-reviews/R37ACXID9Q86VD/ref=cm_cr_arp_d_rvw_ttl?ie=UTF8&ASIN=B00MOQOFJK.

23 mbryson, customer review, Amazon, June 13, 2012, https://www.amazon.com/gp/customer-reviews/R1IPG4Q2YBC8KR/ref=cm_cr_getr_d_rvw_ttl?ie=UTF8&ASIN=1400033411.

24 Cliff Kuang and Robert Fabricant, *User Friendly: How the Hidden Rules of Design Are Changing the Way We Live, Work, and Play* (New York: Farrar, Straus and Giroux, 2019).

25 Avraham N. Kluger and Angelo DeNisi, "The Effects of Feedback Interventions on Performance: A Historical Review, a Meta-Analysis, and a Preliminary Feedback Intervention Theory," *Psychological Bulletin* 119, no. 2 (March 1996): 254–84, https://doi.org/10.1037/0033-2909.119.2.254.

26 Mark Seal, "Cinema Tarantino: The Making of *Pulp Fiction*," *Vanity Fair*, February 13, 2013, https://www.vanityfair.com/holly wood/2013/03/making-of-pulp-fiction-oral-history.

27 Oliver Burkeman, "Jerry Seinfeld on How to Be Funny Without Sex and Swearing," *The Guardian*, January 5, 2014, https://www.the guardian.com/culture/2014/jan/05/jerry-seinfeld-funny-sex-swearing-sitcom-comedy; *Dying Laughing*, directed by Lloyd Stanton and Paul Toogood, released June 4, 2016.

28 Dan Amira, "Jerry Seinfeld Says Jokes Are Not Real Life," *New York Times Magazine*, August 15, 2018, https://www.nytimes.com/2018/08/15/magazine/jerry-seinfeld-says-jokes-are-not-real-life.html.

29 Burkeman, "Jerry Seinfeld on How to Be Funny Without Sex and Swearing."

30 Colin Marshall, "David Sedaris Breaks Down His Writing Process: Keep a Diary, Carry a Notebook, Read Out Loud, Abandon Hope," Open Culture, June 27, 2017, http://www.openculture.com/2017/06/david-sedaris-breaks-down-his-writing-process.html.

31 Jaewon Yoon et al., "Framing Feedback Giving as Advice Giving Yields More Critical and Actionable Input," Harvard Business School, working paper 20-021, August 2019, https://www.hbs.edu/faculty/Publication%20Files/20-021_b907e614-e44a-4f21-bae8-e4a722babb25.pdf.

32 Mike Birbiglia, "6 Tips for Getting Your Solo Play to Broadway," *New York Times*, October 30, 2018, https://www.nytimes.com/2018/10/30/theater/mike-birbiglia-broadway-the-new-one.html; Mike Birbiglia, "Mike Birbiglia's 6 Tips for Making It Small in Hollywood. Or Anywhere," *New York Times*, August 30, 2016, https://www.nytimes.com/2016/09/04/movies/mike-birbiglias-6-tips-for-making-it-small-in-hollywood-or-any where.html.

33 Stephan Wojcik and Adam Hughes, "Sizing Up Twitter Users," Pew Research Center, April 24, 2019, https://www.pewresearch.org/internet/2019/04/24/sizing-up-twitter-users/; "National Politics on Twitter: Small Share of U.S. Adults Produce Majority of Tweets," Pew Research Center, October 23, 2019, https://www.pewresearch.org/politics/2019/10/23/national-politics-on-twitter-small-share-of-u-s-adults-produce-majority-of-tweets/.

34 Nakkyeong Choi and Rohae Myung, "Feedback Frequency Effect on Performance Time in Dynamic Decision Making Task," *Proceedings of the Human Factors and Ergonomics Society Annual Meeting*, September 28, 2017, https://doi.org/10.1177/1541931213601531; Chak

Fu Lam et al., "The Impact of Feedback Frequency on Learning and Task Performance: Challenging the 'More Is Better' Assumption," *Organizational Behavior and Human Decision Processes* 116, no. 2 (November 2011): 217–28, https://doi.org/10.1016/j.obhdp.2011.05.002.

35 David J. Bland and Alexander Osterwalder, *Testing Business Ideas: A Field Guide for Rapid Experimentation* (Hoboken, NJ: Wiley, 2019).

36 Clint Fontanella, "Everything You Need to Get Started with Concept Testing," HubSpot, August 5, 2019, https://blog.hubspot.com/service/concept-testing.

37 Alison Beard, "Life's Work: An Interview with Salman Rushdie," *Harvard Business Review*, September 2015, https://hbr.org/2015/09/lifes-work-salman-rushdie.

38 Salman Rushdie, "10-Minute Writer's Workshop: Salman Rushdie," NHPR, October 9, 2015, https://www.nhpr.org/post/10-minute-writers-workshop-salman-rushdie#stream/0.

39 Salman Rushdie, "10-Minute Writer's Workshop: Salman Rushdie," NHPR, October 9, 2015, https://www.nhpr.org/post/10-minute-writers-workshop-salman-rushdie#stream/0.

40 Yoichi Chida and Mark Hamer, "Chronic Psychosocial Factors and Acute Physiological Responses to Laboratory-Induced Stress in Healthy Populations: A Quantitative Review of 30 Years of Investigations," *Psychological Bulletin* 134, no. 6 (December 2008): 829– 85, https://doi.org/10.1037/a0013342; Sally S. Dickerson and Margaret E. Kemeny, "Acute Stressors and Cortisol Responses: A Theoretical Integration and Synthesis of Laboratory Research," *Psychological Bulletin* 130, no. 3 (May 2004): 355–91, https://doi.org/10.1037/0033-2909.130.3.355.

41 Stefano Palminteri et al., "Contextual Modulation of Value Signals in Reward and Punishment Learning," *Nature Communications* 6, article 8096 (August 25, 2015), https://doi.org/10.1038/ncomms9096.

42 Jennifer N. Belding, Karen Z. Naufel, and Kentaro Fujita, "Using High-Level Construal and Perceptions of Changeability to Promote Self-Change over Self-Protection Motives in Response to Negative Feedback," *Personality and Social Psychology Bulletin* 41, no. 6 (April 2015): 1250–63, https://doi.org/10.1177/0146167215580776.

43 Noelle Nelson, Selin A. Malkoc, and Baba Shiv, "Emotions Know Best: The Advantage of Emotional Versus Cognitive Responses to Failure," *Journal of Behavioral Decision Making* 31, no. 1 (January 2018): 40–51, https://doi.org/10.1002/bdm.2042.

44 Janine Bempechat, Jin Li, and Samuel Ronfard, "Relations Among Cultural Learning Beliefs, Self-Regulated Learning, and Academic Achievement for Low-Income Chinese American Adolescents," *Child Development* 89, no. 3 (December 2016): 851–61, https://doi.org/10.1111/cdev.12702; Jin Li et al., "How European American and Taiwanese Mothers Talk to Their Children About Learning," *Child Development* 85, no. 3 (May–June 2014): 1206–21, https://doi.org/10.1111/cdev.12172; Jin Li, "Mind or Virtue: Western and Chinese

Beliefs About Learning," *Current Directions in Psychological Science* 14, no. 4 (August 2005): 190–94, https://doi.org/10.1111/j.0963-7214.2005.00362.x; Jin Li, "U.S. and Chinese Cultural Beliefs About Learning," *Journal of Educational Psychology* 95, no. 2 (June 2003): 258–67, https://doi.org/10.1037/0022-0663.95.2.258; Jin Li, "Learning Models in Different Cultures," *New Directions for Childhood and Adolescent Development* 2002, no. 96 (Summer 2002): 45–64, https://doi.org/10.1002/cd.43; Alix Spiegel, "Struggle Means Learning: Difference in Eastern and Western Cultures," KQED, November 15, 2012, https://www.kqed.org/mindshift/24944/struggle-means-learning-difference-in-eastern-and-western-cultures; Kathryn Schulz, *Being Wrong: Adventures in the Margin of Error* (New York: HarperCollins, 2010).

45 "Worst I Ever Bombed: John Oliver," *Late Night with Jimmy Fallon*, August 21, 2013, https://www.youtube.com/watch?v=gaLRhx1znF4&list=FL3YEnKSND_ZWHcakqCQzewQ&index=4.

46 Judd Apatow, *Sick in the Head: Conversations About Life and Comedy* (New York: Random House, 2015), 55.

47 Terry Gross, "Aziz Ansari on 'Master of None' and How His Parents Feel About Acting," Fresh Air, NPR, May 24, 2017, https://www.npr.org/transcripts/529815176.

48 Stacey R. Finkelstein and Ayelet Fishbach, "Tell Me What I Did Wrong: Experts Seek and Respond to Negative Feedback," *Journal of Consumer Research* 39, no. 1 (June 2012): 22–38, https://doi.org/10.1086/661934.

49 Chuck Klosterman, *I Wear the Black Hat: Grappling with Villains (Real and Imagined)* (New York: Scribner, 2014), 000.

결론: 탁월함에 이르는 길

1 Steven Naifeh and Gregory White Smith, *Van Gogh: The Life* (New York: Random House Trade Paperbacks, 2012); "Distant Beauty: How van Gogh Bent Japanese Art to His Own Will," BBC Arts, March 20, 2018, https://www.bbc.co.uk/programmes/articles/14cB7k5NYw3YRDtLQ2ftnMF/distant-beauty-how-van-gogh-bent-japanese-art-to-his-own-will; Nina Siegal, "He Was More than His Madness," *New York Times*, December 9, 2014, https://www.nytimes.com/2014/12/10/arts/design/changes-at-the-van-gogh-museum-in-amsterdam.html; William Cook, "Where Van Gogh Learned to Paint," *The Spectator*, February 14, 2015, https://www.spectator.co.uk/article/where-van-gogh-learned-to-paint; Henry Adams, "Seeing Double: Van Gogh the Tweaker," *New York Times*, October 2, 2013, https://www.nytimes.com/2013/10/06/arts/design/seeing-double-van-gogh-the-tweaker.html; Alastair Sooke, "Van Gogh and Japan: The Prints That Shaped the Artist," BBC Arts, June 11, 2018, https://bbc.com/culture/story/20180611-van-gogh-and-japan-the-prints-that-shaped-the-artist; "Vincent van Gogh Copies," Van Gogh Studio, https://www.vangoghstudio.com/; "Practice Makes

Perfect," Van Gogh Museum, https://vangoghmuseum.com/en/vincent-van-gogh-life-and-work/practice-makes-perfect; Kathryn Hughes, "How Dickens, Brontë, and Eliot Influenced Vincent van Gogh," *The Guardian*, April 5, 2019, https://www.theguardian.com/books/2019/apr/05/how-dickens-bronte-and-eliot-influenced-vincent-van-gogh; Vincent van Gogh, *The Letters of Vincent van Gogh*, translated by Arnold Pomerans, edited by Ronald de Leeuw (New York: Penguin Classics, 1998); Takeshi Okada and Kentaro Ishibashi, "Imitation, Inspiration, and Creation: Cognitive Process of Creative Drawing by Copying Others' Artworks," *Cognitive Science* 41, no. 7 (September 2017): 1804–37, https://doi.org/10.1111/cogs.12442; Victoria Moore, "Letters from the Edge: Van Gogh's Poignant Story Revealed Through His Writing," *Daily Mail*, January 23, 2010, https://www.dailymail.co.uk/news/article-145373/Van-Goghs-poignant-story-revealed-writing.html; "Getting to Know van Gogh: Steven Naifeh," Columbia Museum of Art, October 18, 2019, https://www.youtube.com/watch?v=R 1zUpp6UzYc; "The Starry Night," Vincent van Gogh, MoMA Learning, https://www.moma.org/learn/moma_learning/vincent-van-gogh-the-starry-night-1889/; "Inspiration from Japan," Van Gogh Museum, https://www.vangoghmuseum.nl/en/stories/inspiration-from-japan#8; Kristin Bonk Fong, "Sharing van Gogh's Creative Process," Denver Art Museum, February 14, 2013, https://www.denverartmuseum.org/en/blog/sharing-van-goghs-creative-process; "Letters," Van Gogh Museum, https://www.vangoghmuseum.nl/en/highlights/letters/528; Colta Ives and Susan Alyson Stein, "Vincent van Gogh (1853–1890): The Drawings," Heilbrunn Timeline of Art History, Metropolitan Museum of Art, October 2005, https://www.metmuseum.org/toah/hd/gogh_d/hd_gogh_d.htm; Cornelia Homburg, *The Copy Turns Original* (Amsterdam: John Benjamins Publishing Company, 1996).

2   John R. Hughes, "A Reappraisal of the Possible Seizures of Vincent van Gogh," *Epilepsy Behavior* 6, no. 4 (June 2005): 504–10, https://doi.org/10.1016/j.ybeh.2005.02.014; Paul Wolf, "Creativity and Chronic Disease Vincent van Gogh (1853–1890)," *Western Journal of Medicine* 175, no. 5 (November 2001): 348, https://doi.org/10.1136/ewjm.175.5.348; Martin Cartwright et al., "Temporal Lobe Epilepsy and Creativity: A Model of Association," *Creativity Research Journal* 16, no. 1 (March 2004): 27–34, https://doi.org/10.1207/s15326934crj1601_3.

3   Kathryn Hughes, "How Dickens, Brontë, and Eliot Influenced Vincent van Gogh," *The Guardian*, April 5, 2019, https://www.theguardian.com/books/2019/apr/05/how-dickens-bronte-and-eliot-influenced-vincent-van-gogh.

역설계

초판 1쇄 발행 2022년 9월 13일
초판 6쇄 발행 2023년 5월 10일

지은이 | 론 프리드먼
옮긴이 | 이수경
발행인 | 김형보
편집 | 최윤경, 강태영, 임재희, 홍민기, 김수현
마케팅 | 이연실, 이다영, 송신아
디자인 | 송은비
경영지원 | 최윤영

발행처 | 어크로스출판그룹(주)
출판신고 | 2018년 12월 20일 제 2018-000339호
주소 | 서울시 마포구 양화로10길 50 마이빌딩 3층
전화 | 070-5080-4037(편집) 070-8724-5877(영업) 팩스 | 02-6085-7676
이메일 | across@acrossbook.com

한국어판 출판권 ⓒ 어크로스출판그룹(주) 2022

ISBN 979-11-6774-069-4 03320

만든 사람들

편집 | 최윤경
교정교열 | 안덕희
표지디자인 | THIS COVER
본문조판 | 박은진